SIGNETS

BELLES LETTRES

Collection dirigée
par
Laure de Chantal

SÉDUIRE COMME UN DIEU

Leçons de flirt antique

SÉDUIRE
COMME UN DIEU

Leçons de flirt antique

Précédé

d'un entretien avec Lucy Vincent

Textes réunis et présentés
par
Karine Descoings
et
Laure de Chantal

Deuxième tirage

LES BELLES LETTRES

2014

© 2014, Société d'édition Les Belles Lettres
95, bd Raspail 75006 Paris

www.lesbelleslettres.com

Premier tirage 2008

ISBN : 978-2-251-03003-6

ENTRETIEN AVEC LUCY VINCENT

Neurobiologiste, Lucy Vincent est notamment l'auteur de Comment devient-on amoureux? *(Odile Jacob, 2004), de* Petits Arrangements avec l'amour *(Odile Jacob, 2005) et d'*Où est passé l'amour? *(Odile Jacob, 2007), qui ont été de grands succès.*

Karine Descoings et Laure de Chantal: Commençons par les origines. Le verbe « séduire » a pour étymologie latine se-ducere, *qui signifie « entraîner à part, séparer des autres ». Cela revient-il à dire que, dès l'origine, la séduction ne va pas sans sélection et isolement des partenaires ?*

Lucy Vincent: Je voudrais commencer en rappelant que la séduction à l'œuvre dans le rapport amoureux n'est qu'un aspect d'une tendance humaine plus vaste. Cette stratégie est déployée également en politique par exemple: elle cherche à amener l'autre à adhérer à son point de vue et à ses valeurs. Cela implique, pour être efficace, de bien choisir sa cible en fonction des objectifs que l'on veut atteindre.

Quels sont les critères qui président à ce choix, en apparence aveugle et inexplicable ?

Dans le cas de l'amour sexuel, on choisit son partenaire en fonction de critères naturels, mis en place par l'évolution pour la survie de l'espèce. Ce sont donc des mécanismes très anciens, qui ont commencé à se forger dans les rudes conditions d'existence de l'espèce humaine, il y a cent mille ans, et qui sont constamment réadaptés en fonction des changements qui l'affectent au cours de son évolution. Il fallait deux parents pour faire, puis protéger, l'enfant humain, extrêmement vulnérable.

L'homme choisissait donc une femme dont la fécondité était manifeste, tandis que la femme privilégiait l'homme fort, capable de lui rapporter de quoi la nourrir, pendant qu'elle-même serait immobilisée par sa grossesse, puis de l'épauler pendant les premiers mois après la naissance où l'enfant la mobiliserait encore beaucoup. Le but était la transmission des gènes à la génération suivante : pour la nature, c'est cela qui fait une existence réussie. Ce sont des moyens biologiques qui permettent de détecter si l'autre possède les caractères recherchés. Le cerveau est capable, au terme de calculs complexes et inconscients, de reconnaître les indices physiques laissés par ces caractères : il transmet ensuite l'information à notre conscience sous la forme de jugements comme « il est mignon », « il me plaît ».

Pouvons-nous imaginer que ces critères ont évolué depuis l'Antiquité ?

Pour la biologie, vingt-cinq siècles ne représentent pas grand-chose. Nos critères devraient toujours être assez proches de ceux des Anciens. Pourtant, les recherches récentes ont montré que certains gènes pouvaient évoluer très rapidement, en particulier les gènes du comportement sexuel. Si de nouveaux caractères masculins se révèlent propres à susciter un intense désir sexuel chez les femmes, les individus qui les portent se reproduiront proportionnellement plus et ces gènes se répandront en l'espace de quelques générations. Des évolutions de ce genre sont nécessairement intervenues depuis l'Antiquité. La sélection naturelle, en quelque sorte, favorise les séducteurs et les séductrices.

Vous avez montré que la séduction, chez les êtres humains, doit encore beaucoup à l'action des phéromones, des substances émises par le corps et capables de conduire les individus à une communication non verbale inconsciente. D'un point de vue biologique, pourrait-on dire que les grands séducteurs et les grandes séductrices sont ceux qui en exhalent le plus ?

De nombreux facteurs entrent en jeu dans la séduction. D'un point de vue personnel, j'accorde une très grande importance aux phéromones. Bien que l'organe voméronasal, qui sert à les détecter chez les autres espèces, soit absent chez l'homme adulte, l'existence des phéromones et leurs effets chez l'être humain ont été prouvés. Il semblerait qu'elles soient reconnues par l'odorat. La présence de « l'empathie instinctive » entre certains partenaires sexuels potentiels ou même, plus généralement, entre certains individus peut-elle s'expliquer autrement que par l'influence de caractères physiques ou par l'intervention d'odeurs et de phéromones ?

En somme, le stéréotype « et leurs yeux se rencontrèrent » pourrait être remplacé par « et leurs nez se rencontrèrent ». On tombe nez à nez quand on tombe amoureux. Comment expliquer alors l'attirance que nous éprouvons pour des gens qui, physiquement, ne nous plaisent pas ? Je pense en particulier à l'exemple d'Alcibiade et de Socrate, dans l'Antiquité.

Nous ne sommes pas uniquement commandés par nos phéromones, ni par les atouts physiques de l'autre. Nous sommes plus profondément et plus durablement séduits par l'intellect de quelqu'un, par des valeurs communes, par la confiance, le respect et la complicité. Si les phéromones sont l'étincelle qui enflamme l'amoureux, elles ne sont pas indispensables : aujourd'hui, des couples se font sur Internet, avant tout contact physique. Les valeurs partagées, la complicité intellectuelle, créent un contexte favorable pour tomber amoureux.

La rencontre physique reste cependant déterminante. Chez certaines espèces, comme les campagnols des plaines, c'est même le rapport sexuel qui établit le lien pour la vie entre les partenaires. Chez l'être humain, le cerveau social est beaucoup plus complexe que celui des campagnols, mais les rapports physiques font libérer une hormone, l'ocytocine, appelée « hormone de l'attachement ». Elle renforce le lien entre les deux partenaires, au niveau du cerveau, où sont situés les récepteurs de cette hormone. Tous les rapports physiques qui font sécréter de l'ocytocine accentuent l'addiction au partenaire. Le baiser, par exemple, joue un rôle essentiel, il n'a pas été inventé par hasard. Imitant la succion de l'enfant sur le mamelon de la mère, il fait sécréter de l'ocytocine et consolide le lien amoureux, tout en permettant d'échanger phéromones et odeurs.

Quelles différences principales, dans le fonctionnement amoureux, peuvent être intervenues entre un Athénien du Ve siècle avant J.-C., un Romain du Ier siècle et un Parisien du XXIe siècle ?

Je suis convaincue que le rôle de l'odorat, et avec lui celui des phéromones, a largement évolué. À l'époque, les gens vivaient dans de petites villes ou à la campagne. Au contraire, depuis deux cents ans, nous avons tendance à vivre entassés dans des mégalopoles, ce qui a émoussé notre sens de l'odorat et notre sensibilité aux phéromones. Ces systèmes d'information qui renseignaient sur notre âge, notre fécondité, notre disponibilité sexuelle, notre nombre d'enfants se sont mis en place au temps où nous vivions dans des communautés d'une cinquantaine de personnes. Plus nous sommes nombreux, plus nous surchargeons le système, qui n'est pas fait pour que nous côtoyions, dans la grande proximité qui est celle du métro, par exemple, des centaines de personnes par jour. Les informations sont trop nombreuses et, en quelque sorte, « déconnectent » le système. Par conséquent, le système phéromonal a eu tendance à disparaître : même si la persistance des phéromones a été prouvée par diverses expériences, l'organe voméronasal, encore présent chez le fœtus, n'est plus qu'un vestige chez l'individu adulte.

Ovide, l'un des maîtres de la séduction, affirme que Rome se prête particulièrement à la chasse amoureuse, car l'extension de l'empire en a fait une capitale où les femmes du monde entier convergent. Il y en aurait ainsi pour tous les goûts. Le métissage a-t-il un impact sur la biologie de la séduction ?

Il est difficile de se prononcer sur les *stimuli* qui pouvaient toucher les contemporains d'Ovide. En revanche, les recherches contemporaines ont montré que plus un système immunitaire est éloigné du nôtre, plus l'odeur dégagée par son propriétaire nous paraît attractive. L'évolution cherche à construire un système immunitaire varié, qui nous protège du plus grand nombre d'agressions possibles au cours de nos existences. La nature encourage le brassage des gènes et rend les étrangers particulièrement séduisants. En revanche, en réalisant des tests à l'aveugle, les chercheurs ont montré qu'un vêtement imprégné de l'odeur de votre père, ou de votre frère, vous paraîtra répugnant. Les systèmes immunitaires sont trop proches pour que la séduction opère.

La mise en place du tabou de l'inceste fut progressive. Dans la mythologie grecque, les unions divines, par exemple, sont très souvent incestueuses. Quelles réflexions cela vous inspire-t-il?

J'aurais beaucoup de mal à vous expliquer la biologie des dieux et des déesses *(rires)*! La question de l'inceste est très délicate. Des expériences ont établi des données biologiques: la cohabitation dans l'enfance nous permettrait d'intégrer l'odeur des membres de notre famille et de la percevoir comme repoussante. En revanche, d'autres chercheurs pensent que l'inceste est moins un interdit biologique qu'un interdit culturel. Quoi qu'il en soit, si les auteurs anciens ont cantonné les relations incestueuses aux dieux, c'est sans doute pour exprimer qu'eux seuls, qui ne sont pas humains, peuvent se permettre de briser cet interdit.

À l'inverse, les dieux n'hésitent pas, pour séduire les mortelles, à se transformer en animaux. Zeus se change en cygne, en taureau. La séduction réveille-t-elle la bête en nous?

J'ai toujours pensé qu'il s'agissait de métaphores. Pour moi, les auteurs et les poètes, grâce à leurs dons d'observation, ont décrit les mécanismes de l'amour depuis longtemps, sans employer de termes scientifiques, mais en recourant à des images. Ils mettent en avant tous les éléments animaux qui séduisent chez les partenaires. Si la femme cherche chez un homme les indices physiques laissés par un taux élevé de testostérone, quel meilleur symbole que le taureau ?

Que pensez-vous du mythe du coup de foudre et de l'idée que « quelqu'un vous attend quelque part », déjà présente dans un texte de Platon qui narre le mythe de l'androgyne et a popularisé l'idée que chacun possède sa moitié ? Cette allégorie a-t-elle des fondements biologiques ?

Je suis heureuse que vous me posiez cette question, qui est à la source de nombreux contresens. L'idée que « quelqu'un nous attend quelque part » croise un processus biologique essentiel. L'amour passionnel, celui qui change le fonctionnement chimique du cerveau, vous fait trouver votre partenaire parfait et vous rend euphorique en sa présence, dure environ trois ans. C'est le temps nécessaire pour concevoir et élever un enfant jusqu'à ce qu'il soit capable d'accomplir un certain nombre de gestes élémentaires. Notre cerveau a conservé cette relique comportementale : au terme de ces trois ans, nous quittons un premier stade, celui de l'amour passionnel, pour un second, celui de la complicité. La représentation culturelle de « l'âme sœur », qu'il nous faudrait absolument découvrir, peut alors nous conduire à croire que nous nous sommes trompés. Nous n'aurions pas trouvé la bonne personne puisque la passion s'épuise, et il faudrait profiter du temps qui nous reste pour nous lancer de nouveau dans la quête de *Mr* ou *Mrs Right* comme disent les Anglo-Saxons. C'est l'une des raisons de l'augmentation des divorces.

Comment interprétez-vous la relation pédérastique telle que les Grecs la concevaient ? Rappelons qu'elle unissait un homme jeune et un homme plus âgé, qui l'initiait tout autant à la vie qu'à l'amour.

La mise en scène du comportement amoureux a été mise en place pour la survie de l'espèce et donc pour la reproduction, mais elle n'exclut pas certains faits de culture qui la modifient. L'objet du désir est aussi construit par l'éducation. La désirabilité de la femme est liée à un certain nombre d'indices comme la peau glabre, les cheveux soyeux et la petite taille, qui sont aussi présents chez les enfants. Dans l'Antiquité, où la relation pédérastique est strictement codifiée, un garçon jeune, qui n'a pas encore développé les caractères sexuels masculins est auréolé d'une séduction ambiguë, assez proche de celle de la femme.

Dans l'Antiquité, certains philtres d'amour étaient concoctés à partir de l'hippomane, une sécrétion produite par la jument en chaleur. Pourrait-on imaginer des philtres d'amour modernes composés à partir de phéromones de synthèse ?

Le parfum joue un rôle incontestable dans la séduction. Certains types de personnalités choisissent toujours le même parfum : il y a donc un lien physiologique entre nous et notre parfum de prédilection. Cette industrie ne remporterait pas un tel succès si elle n'était pas fondée sur des éléments physiques. Le vétiver, très prisé, est issu du musc de verrat, substance produite par les glandes annales. Beaucoup de sociétés vendent des phéromones de synthèse, qui sont censées vous rendre irrésistible. Il n'est pas exclu que l'on trouve une substance qui marche un jour, au moins pour certains, mais on courrait alors le risque d'attirer aussi ceux qui ne nous intéressent pas ! En revanche, il n'est pas possible de fabriquer des philtres buvables, ou alors il faudrait recourir aux stéroïdes, pour les hommes.

Pourquoi est-ce traditionnellement à l'homme qu'il revient de faire le premier pas ?

Cet usage s'appuie là encore sur des données biologiques. La femme est l'objet recherché et désiré tandis que l'homme est le chasseur qui doit la séduire. Les différences physiques

sont indéniables et elles commandent des attitudes comporte-
mentales distinctes. Il y a deux sexes parce qu'il y a deux stratégies mises en place pour la reproduction de l'espèce. La femme
ne produit qu'un ovule par mois ; à cela s'ajoute le fait que,
quand il est fertilisé, elle doit investir neuf mois de grossesse
puis un an d'allaitement. En contrepartie, elle est certaine de
transmettre ses gènes. L'homme, en revanche, produit des mil-
liards de spermatozoïdes par jour : en théorie, il peut inséminer
des centaines de femmes, mais jamais rien ne peut lui garantir
que ce sont ses enfants, qu'il a bien transmis son patrimoine
génétique. L'homme est donc en quête de la femme fidèle : il
est le chasseur, il doit la séduire et ensuite la garder. La femme
est la gardienne d'un bien précieux, l'ovule, et elle doit le
réserver pour un candidat qui en soit digne. À partir de là,
deux stratégies sont possibles : l'homme peut faire étalage de
ses ressources et ainsi la convaincre qu'il est « un bon parti » ou
il peut, par crainte de se la voir ravir, l'enfermer et la tenir sous
bonne garde, comme dans les gynécées grecs ou plus tard dans
les harems.

Quels sont les textes de l'Antiquité qui vous ont marquée ?

Outre l'étude de la mythologie, en traduction, j'ai fait du
latin au lycée et nous avons étudié l'*Énéide* de Virgile. J'ai adoré
cette œuvre et je me suis toujours dit que si, un jour, je ne pouvais plus travailler, je me consacrerais à une traduction person-
nelle de l'*Énéide*.

CARTES

La Méditerranée antique (1 cm = 280 km)

Le monde grec (1 cm = 98 km)

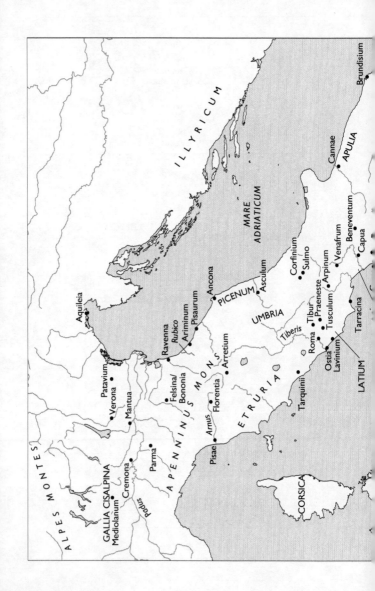

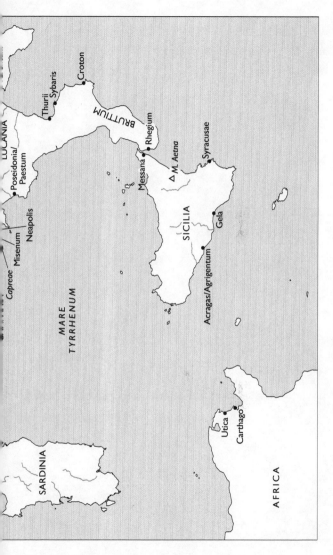

L'Italie antique (1 cm = 93 km)

I

À L'ORIGINE
ÉTAIT LE DÉSIR

LES DEUX ÉROS

L'amour est un dieu, pour les Grecs comme pour les Romains. Dans la *Théogonie,* le récit de la naissance du monde, Hésiode affirme même qu'il est l'un des premiers. Il y a Abîme, le chaos créateur, puis la Terre, la matière dont toutes les choses vont naître. Vient ensuite « Amour, le plus beau parmi les dieux immortels, celui qui rompt les membres et qui, dans la poitrine de tout dieu comme de tout homme, dompte le cœur et le sage vouloir ». Le dieu, auquel Hésiode ne donne aucune descendance, est la force qui contraint les éléments à s'unir. Gare à ceux qui pro-créent sans amour, ou seuls : leur descendance est mons-trueuse. S'il faut être deux, au moins, pour s'accoupler, Amour lui-même est double, car à l'énergie sans visage des débuts s'ajoute bientôt un nouvel Amour, le compagnon d'Aphrodite, déesse du Plaisir et de la Beauté. Il se nomme Éros pour les Grecs et Cupidon pour les Latins. Sous ces deux noms, il est représenté tantôt sous l'apparence d'un enfant, tantôt sous les traits d'un jeune adolescent à la beauté grave. Son lignage est ambigu : est-il né sans père, comme le suggère Hésiode, ou bien est-il le fruit adultérin de Vénus et de Mars ? Les philosophes, quant à eux, sont perplexes : à côté de l'amour sensuel, condamnable et bas, se tient l'amour intellectuel, le fameux « amour platonique », désir qui conduit les âmes jusqu'aux plus hautes sphères de la philosophie. La division entre amour sacré et amour pro-fane connaît par la suite une grande fortune dans la spiri-tualité chrétienne, attachée à la théologie du Dieu d'amour. Grecs, Romains, païens, philosophes et chrétiens, tous sacrifient à l'autel de l'amour.

HOMÈRE
VIIIe s. av. J.-C.

VIRGILE
Ier s. av. J.-C.

CLAUDIEN
Ve s. ap. J.-C.

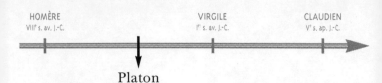

Platon

De quoi dissertent les philosophes lorsqu'ils ont bien bu ?
L'amour est le sujet choisi par les convives du Banquet *de Platon.*
Pausanias, emporté par la fougue que lui inspire son amant, le
poète Agathon, distingue l'amour trivial des âmes basses, hétéro-
sexuel, de l'amour céleste, qui touche uniquement les hommes et
élève l'âme autant que l'intelligence.

AMOUR SACRÉ ET AMOUR PROFANE

Nous savons tous qu'il n'y a pas, sans Amour, d'Aphrodite.
Si donc il n'y avait qu'une Aphrodite, il n'y aurait qu'un
Amour. Mais comme elle est double, il y a de même, nécessairement, deux Amours. Comment nier qu'il existe deux
déesses ? L'une, la plus ancienne sans doute, n'a pas de mère :
c'est la fille du Ciel[1], et nous l'appelons Uranienne, « la
Céleste » ; l'autre, la plus jeune, est fille de Zeus et de Dioné,
nous l'appelons Pandémienne, la « Populaire ». Dès lors,
nécessairement, l'Amour qui sert l'une doit s'appeler
Populaire, et celui qui sert l'autre, Céleste. Il faut sans doute
louer tous les dieux ; mais cela étant admis, quel domaine
revient à chacun des deux Amours ? C'est ce qu'on doit
essayer de dire. Toute pratique se caractérise en ceci : par elle-
même, quand elle a lieu, elle n'est ni belle ni laide. Ainsi ce
que maintenant nous faisons, boire, chanter, causer, rien de
tout cela n'est beau par soi-même ; mais, dans la pratique, à
telle manière correspond tel résultat, car en suivant les règles
du beau et de la rectitude une pratique devient belle, sans
rectitude au contraire, elle devient laide. Il en est de même
de l'acte d'aimer, et tout amour n'est pas beau, ni digne
d'éloge ; l'est seulement celui qui porte à aimer bien.

---

1. Chez Hésiode, Aphrodite fille d'Ouranos n'a pas de mère.

Or celui qui relève de l'Aphrodite Populaire est véritablement populaire et opère au hasard : c'est celui des hommes vulgaires. D'abord l'amour de ces gens-là ne va pas moins aux femmes qu'aux garçons ; ensuite au corps de ceux qu'ils aiment plutôt qu'à l'âme, enfin aux plus sots qu'ils puissent trouver : ils n'ont en vue que d'arriver à leurs fins, sans nul souci de la manière – belle, ou non. D'où vient que dans la pratique ils rencontrent au hasard soit le bien, soit également son contraire. Cet Amour-là, en effet, se rattache à la déesse qui de beaucoup est des deux la plus jeune, et qui par son origine participe de la femelle comme du mâle. L'autre Amour, lui, participe de l'Aphrodite Céleste : celle-ci, tout d'abord, est étrangère à l'élément féminin et participe seulement du sexe masculin ; ensuite, elle est la plus ancienne et ignore l'impulsion brutale. De là vient que se tournent vers le sexe mâle ceux que cet Amour inspire : ils chérissent ainsi le sexe qui par nature est le plus fort, le plus intelligent. Et l'on peut reconnaître, jusque dans ce penchant à aimer les garçons, ceux qui sont purement poussés par cet amour, car ils n'aiment pas les garçons avant qu'ils commencent à faire preuve d'intelligence. Or, cela n'arrive que vers le temps où la barbe leur pousse. Ils sont prêts, je crois, en commençant de les aimer à partir de cet âge, à rester liés avec eux toute la vie, à partager leur existence, au lieu d'abuser de la crédulité d'un jeune sot, de se moquer de lui et de s'en aller courir après un autre.

Le Banquet, 180d-181d

HOMÈRE
VIIIe s. av. J.-C.

VIRGILE
Ier s. av. J.-C.

CLAUDIEN
Ve s. ap. J.-C.

Apulée

*L'*Apologie *fut composée par Apulée pour se défendre d'une accusation de magie dans un procès intenté par l'un de ses anciens disciples, devenu son beau-fils. Cet homme accusait l'écrivain d'avoir ensorcelé sa mère pour l'épouser et capter sa fortune. L'auteur reprend la distinction platonicienne entre l'amour charnel et bestial de la Vénus commune et l'amour intellectuel de la Vénus céleste.*

Il y a deux déesses Vénus, dont chacune préside à un genre d'amour et règne sur des amants distincts. L'une est la Vénus populaire : agitée d'un amour vulgaire, elle incite, impérieuse, aux dérèglements de la passion l'esprit non seulement des humains, mais des animaux domestiques et sauvages, subjugue les créatures par sa violence effrénée et brutale, et tient leurs corps asservis et captifs dans ses embrassements. L'autre, la Vénus céleste, est celle de l'amour noble ; elle ne veille que sur les hommes, et encore sur un petit nombre ; elle n'a ni aiguillons ni charmes pour faire tomber ses fidèles en de honteux égarements. Car son amour n'a rien de voluptueux ni de lascif : sans parure, au contraire, et plein de gravité, c'est sur la beauté morale qu'il compte pour incliner ses amants à la vertu et, si parfois il éveille de l'intérêt pour un beau corps, il en écarte tout manque de respect ; car si la beauté corporelle est digne d'être aimée, c'est dans la mesure où elle rappelle aux âmes, qui sont d'essence divine, la beauté qu'elles ont jadis contemplée, vraie et pure, au séjour des dieux. Aussi, et bien qu'Afranius[1], avec beaucoup d'élégance, ait écrit : « L'amour est pour le sage ; aux autres, le désir », si tu veux savoir le vrai, Emilianus, et si tu es capable de comprendre ces choses, c'est moins d'amour qu'il s'agit pour le sage que de réminiscence.

Apologie, XII

---

1. Auteur de comédies latines de la fin du IIe siècle avant J.-C.

PORTRAITS DE CUPIDON

Amour est volage. Souvent figuré avec une paire d'ailes sur son corps nu, semblable aux anges chrétiens, quoique beaucoup moins sage, le vaurien change de cœur, de visage, voire de sexe. En latin, si le nom propre *Cupido* est masculin, le nom commun *cupido* est féminin. Les représentations picturales du petit dieu, aussi nombreuses dans l'Antiquité que les réflexions sur son lignage et sa nature, ont inspiré d'infinies variations aux auteurs littéraires. Dans *Le Banquet,* Platon en fait le fils du manque et de l'abondance personnifiés[1], soit un dieu capable de concilier l'inconciliable. Parfois figuré avec un bandeau sur les yeux car « l'Amour est aveugle », cet archer décoche des flèches infaillibles. Il ne se départ que rarement de son carquois mais règne autant par le fer que par le feu. Le désir brille dans les yeux des belles, ces flambeaux auxquels il allume la flamme jetée dans les cœurs sans méfiance pour qu'elle y devienne brasier. Qu'il soit triomphant ou désemparé, malicieux ou piteux, enfant ou jeune homme, Amour désarme toujours ses victimes par son charme.

---

1. *Poros* et *Penia* en grec.

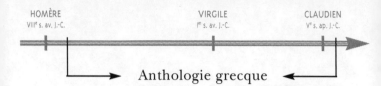

HOMÈRE
VIIIe s. av. J.-C.

VIRGILE
Ier s. av. J.-C.

CLAUDIEN
Ve s. ap. J.-C.

Anthologie grecque

Il faut se méfier d'Éros : le vaurien s'introduit dans tous les cœurs qui se découvrent épris, malgré eux. C'est un lieu commun de l'Antiquité : il ne fait pas bon être amoureux. Même Aphrodite, déesse de l'Amour, s'en défend. Paul le Silentiaire et Méléagre prodiguent leurs conseils pour reconnaître le bambin perfide, caché jusque dans les yeux des femmes.

ÉROS MIS À PRIX

DE MÉLÉAGRE

Je fais publier le signalement d'Éros le vaurien : à l'instant même, ce matin, il a quitté ma couche à tire-d'aile. C'est un enfant aux larmes douces, toujours babillant, leste, intrépide, riant d'un nez retroussé, des ailes au dos, portant carquois. Quel est son père ? je n'en sais plus rien : ni le Ciel ni la Terre ne veulent avoir donné le jour au mutin, pas plus que l'Océan, car partout et à tous il est odieux. Prenez garde qu'il n'aille maintenant, ici ou là, tendre encore ses pièges à vos âmes. Mais le voici, tenez, tout près du gîte. Je te vois, petit archer, tu as beau te cacher dans les yeux de Zénophila.

Qu'on le vende, bien qu'endormi encore sur le sein de sa mère ; qu'on le vende ! Pourquoi nourrir cet effronté-là ? Il est né camard et ailé, ses ongles font de profondes égratignures et souvent au milieu des larmes il éclate de rire. Par-dessus le marché têtu, babillard, l'œil perçant, sauvage, intraitable même pour sa mère : un monstre fini. Donc il sera vendu. Si, prenant la mer, un marchand veut acheter un enfant, qu'il s'avance. Mais quoi ! voyez-le, qui supplie tout en larmes. Non, je ne te vends plus ; rassure-toi ; reste ici, tu vivras avec Zénophila.

Quoi d'étonnant si Éros, le fléau des mortels, lance des traits de feu, si ses yeux sont étincelants et méchant son rire? Sa mère n'aime-t-elle point Arès et n'est-elle pas l'épouse d'Héphaïstos, se partageant ainsi entre le feu et le fer? Et la mère de sa mère, n'est-ce pas la Mer qui, sous le fouet des vents, hurle avec sauvagerie? Quant à son père, c'est... Personne, fils de Personne. Voilà pourquoi d'Héphaïstos il possède les feux; sa colère, quand il s'emporte, est semblable à celle des flots; d'Arès, enfin, il a les armes souillées de sang.

De Paul le Silentiaire

Que personne ne tremble plus devant les traits de l'Amour, car le farouche Éros a vidé sur moi son carquois tout entier. Que personne ne se trouble plus à l'approche de ses ailes, car depuis qu'il m'a remis son talon sur la poitrine et y a planté son pied cruel, ferme et impassible, il y reste assis sans bouger, s'étant fait couper à mon intention sa paire d'ailes.

Épigrammes, V, 177, 178, 180, 268

HOMÈRE
VIIIe s. av. J.-C.

VIRGILE
Ier s. av. J.-C.

CLAUDIEN
Ve s. ap. J.-C.

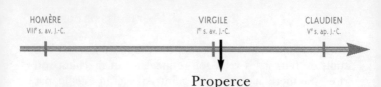

Properce

Des affinités naissent entre les arts : Properce s'inspire des représentations picturales de Cupidon pour composer une ekphrasis[1] *du petit dieu. Loin de s'envoler à tire-d'aile après l'avoir atteint, il s'est établi à demeure dans le cœur du poète.*

AMOUR ENFANT

Celui, quel qu'il fût, qui peignit l'Amour comme un enfant, ne penses-tu pas qu'il eut de merveilleuses mains ? Il vit d'abord que les amants vivent sans bon sens et que pour de légers émois, de grands biens périssent. Ce n'est pas en vain non plus qu'il lui ajouta des ailes de vent et fit qu'un dieu vole dans le cœur humain, puisqu'évidemment nous sommes ballottés dans les vagues d'un côté et de l'autre et que le souffle qui nous pousse ne se pose en aucun lieu. Et c'est justement que sa main est armée de flèches crochues et qu'un carquois de Gnosse est posé sur ses épaules, car il frappe avant que, nous sentant en sécurité, nous ne distinguions l'ennemi, et personne ne réchappe en bonne santé de cette blessure. Ses traits restent en moi, comme reste son image d'enfant, mais assurément il a perdu ses ailes puisque hélas ! il ne s'envole jamais de mon cœur et fait assidûment la guerre dans mon sang. En quoi t'est-il agréable d'habiter des entrailles desséchées ? Si tu as quelque respect, jette ailleurs tes flèches ! Il est préférable d'empoisonner de ton venin ceux qui sont intacts : ce n'est pas moi mais une ombre mince que tu malmènes. Si tu la perds, qui chantera de tels sujets (ma Muse légère fait ta grande gloire), qui chantera le visage, les doigts et les yeux noirs de mon amie et la souplesse de sa démarche ?

Élégies, II, 12

---

1. Description d'une œuvre d'art dans un texte littéraire.

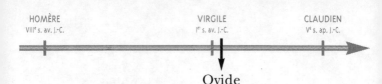

HOMÈRE
VIIIᵉ s. av. J.-C.

VIRGILE
Iᵉʳ s. av. J.-C.

CLAUDIEN
Vᵉ s. ap. J.-C.

Ovide

Quel visage prend l'amour quand il apparaît à un poète vieillissant, condamné à l'exil pour les vers érotiques écrits dans sa jeunesse ? Cupidon a perdu l'air triomphant et insolent qu'il affichait autrefois ; embarrassé, épuisé, anéanti par son voyage et par la douleur de celui qui fut son « maître », il ose à peine se présenter devant lui.

AMOUR PENAUD

C'était la nuit et la lune entrait par les deux battants de la fenêtre, brillante comme elle l'est au milieu du mois. Le sommeil, repos commun des soucis, me tenait et mes membres alanguis étaient étendus sur tout le lit, quand soudain l'air frémit, agité par des ailes, et la fenêtre déplacée gémit doucement. Effrayé, je me soulève, appuyé sur le coude gauche et le sommeil s'enfuit, chassé de ma poitrine tremblante. L'Amour se tenait là, non pas avec les traits d'autrefois, mais triste, tenant de sa main gauche le montant du lit d'érable, sans collier au cou, sans peigne dans les cheveux ; sa chevelure n'était pas comme autrefois ordonnée avec soin. Ses cheveux pendaient mollement sur son visage hirsute, et ses plumes m'apparurent hirsutes, comme sur le dos d'une colombe aérienne touchée et caressée de bien des mains.

Pontiques, III, 3, 5-20

HOMÈRE
VIIIe s. av. J.-C.

VIRGILE
Ier s. av. J.-C.

CLAUDIEN
Ve s. ap. J.-C.

Apulée

Jamais en repos, toujours voletant pour mieux décocher ses traits, Cupidon est insaisissable. Seule son épouse, Psyché, parvient à le surprendre dans son sommeil et à rassasier ses yeux de chacun des détails charmants qui font sa beauté. Elle en est châtiée impitoyablement, car l'inconnu qu'elle a épousé lui a interdit de chercher à voir son visage.

AMOUR JEUNE HOMME

Mais sitôt le secret du lit éclairé par la lumière levée, elle vit le plus aimable des fauves, la plus douce des bêtes féroces, le fameux Cupidon lui-même, le dieu joli bellement allongé, à l'apparition duquel même la lumière de la lampe, égayée, brilla plus clair, cependant que le rasoir prit honte de sa pointe sacrilège, et qu'elle-même, atterrée par ce qu'elle voyait, l'esprit égaré, livide, décomposée, défaite, tremblante, s'affaissa sur ses jarrets et chercha maladroitement à enfouir le fer en se l'enfonçant dans sa propre poitrine, ce qu'elle eût infailliblement accompli si le fer, effrayé d'un tel forfait, ne lui avait échappé des mains pour tomber par terre. Cependant, épuisée, défaillante, à mesure qu'elle contemplait plus longuement la beauté du visage divin, elle se sentait renaître. C'était, sur une tête d'or, une chevelure touffue saturée d'ambroisie, un élégant fouillis de bouclettes errant parmi un cou de lait et des joues purpurines, ondulant sur la face, ondoyant sur la nuque, et fulgurant d'éclairs aux rayons si splendides qu'ils en faisaient vaciller la lumière même de la lampe. Aux épaules du dieu ailé palpitait l'éclatante blancheur de plumes pareilles à des fleurs baignées de rosée, et quoique les ailes fussent au repos, à leur extrême bord, un petit duvet tendrelet et délicat, jamais immobile, frémissait et frissonnait folâtrement. Le reste du corps, blanc, lisse et lumineux, était tel qu'il ne pût faire honte à Vénus de l'avoir engendré, et devant les pieds du lit étaient posés l'arc, le carquois et les flèches, bienfaisantes armes du grand dieu.

Durant que Psyché, qui, étant fort curieuse, considérait insatiablement toutes choses, tripotait admirativement les armes de son mari, elle ôta une flèche du carquois, voulut en éprouver le bout de la pointe en la piquant sur son pouce, appuya plus fort, et, comme son poignet tremblait encore, piqua assez profondément pour que perlent à la surface de la peau de minuscules gouttelettes de sang vermeil, et c'est ainsi que Psyché, d'elle-même et sans y penser, se rendit amoureuse de l'Amour. Lors, de plus en plus fort enfiévrée de désir pour le dieu du Désir, penchée sur lui, haletante, elle lui appliqua une grêle de gros baisers lascifs et goulus, en toute hâte, de crainte d'abréger son sommeil. Mais comme, ivre de bonheur, elle défaillait et cherchait son souffle, la lampe fatale, soit pire des perfidies, soit jalousie maléfique, soit encore qu'elle ardât de toucher elle aussi un si beau corps et de l'embrasser, laissa tomber du haut de son bec une goutte d'huile bouillante sur l'épaule droite du dieu. Ah! lampe effrontée, lampe maladroite, vil valet de l'amour, tu brûles le maître même de toute brûlure, toi dont chacun sait qu'un amant t'inventa pour pouvoir posséder plus longtemps et jusque la nuit celle qu'il désirait! Ainsi brûlé le dieu sauta en l'air, vit sa confiance abjectement trahie, et sans un mot s'envola bien loin des baisers et des bras de son épouse éperdue.

Les Métamorphoses ou l'Âne d'or, V, 22-23

OMNIA VINCIT AMOR

« L'Amour triomphe de tout » : nous devons cette célèbre formule à Virgile, qui l'attribue au premier poète élégiaque latin, Gallus, en guise de conclusion à l'ultime églogue des *Bucoliques*. De Gallus (69-26 av. J.-C.), il ne nous reste que quelques vers, miraculeusement échappés aux ravages du temps, mais dont l'authenticité est mise en doute. Peu importe au lecteur moderne : ce cri du cœur est aussi celui d'une nature qui doit son inépuisable fécondité à une force irrésistible, le désir. L'Amour, loi universelle de l'existence, balaye réticences et résistances. Il est capable d'insuffler puissance, astuce et courage à celui qu'il investit. Lors des combats en Grèce antique, l'éraste, l'amant, doit protéger l'éromène, l'aimé. Pour faire la conquête du ou de la bien-aimée, l'amoureux doit échafauder un plan de bataille, endurer les froideurs et la chaleur de ses reproches, assiéger sa demeure et longtemps courir pour espérer jouir de son triomphe. Il est bien doux de se laisser vaincre : *et nos cedamus Amori* (« nous aussi, cédons à l'Amour »), concluait Gallus. Au corps à corps amoureux, il y a plus de plaisir à avoir le dessous que le dessus, à se laisser vaincre qu'à l'emporter.

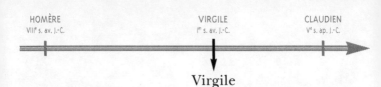
HOMÈRE
VIII° s. av. J.-C.

VIRGILE
I° s. av. J.-C.

CLAUDIEN
V° s. ap. J.-C.

Virgile

L'amour ne touche pas seulement le cœur des hommes. Les animaux sentent aussi le souffle du dieu qui les emplit d'une frénésie aussi irrésistible qu'agressive, les invitant à s'unir et à se reproduire.

L'AMOUR, LOI UNIVERSELLE DE LA NATURE

Oui, toute la race des êtres terrestres, hommes ou bêtes, et celle des bêtes marines, les troupeaux et les oiseaux multicolores, se jettent furieusement dans ces ardents transports : l'amour est le même pour tous. Jamais en nulle autre saison la lionne oubliant ses petits n'erra plus cruelle dans les plaines ; jamais les ours difformes ne multiplièrent dans les forêts tant de trépas et de carnage ; alors le sanglier est féroce, et la tigresse plus mauvaise que jamais. Malheur, hélas ! à qui s'égare alors dans les solitudes de la Libye. Ne vois-tu pas comme tout le corps des chevaux tressaille, pour peu qu'ils aient humé les effluves bien connus ? Alors ni les hommes avec la bride ou le fouet cruel, ni les rochers, ni les ravins, ni les barrières des fleuves ne les arrêtent plus, même si l'onde roule des pans de montagnes emportés. Lui-même, le sanglier sabellique se rue, il aiguise ses défenses, laboure la terre du pied, frotte ses côtes contre un arbre et endurcit aux blessures ses épaules, l'une après l'autre. Que dire du jeune homme dont les moelles sont taraudées par l'ardente brûlure de l'amour implacable ? Oui, à travers les flots démontés par le déchaînement des bourrasques, il nage, tard dans la nuit aveugle ; au-dessus de lui l'immense porte du ciel tonne, et les flots en se brisant contre les écueils lui crient de revenir ; rien ne peut le rappeler, ni le malheur de ses parents, ni la pensée que la jeune fille après lui mourra d'un cruel trépas. Que dire des lynx tachetés de Bacchus et des loups, violente engeance, et des chiens ? Que dire des combats que se livrent les cerfs si pacifiques ?

C'est surtout, à n'en pas douter, chez les cavales que la frénésie amoureuse est remarquable ; Vénus elle-même leur a donné cette ardeur, quand les juments de Potnies attelées à quatre déchirèrent de leurs mâchoires les membres de Glaucus. L'amour les entraîne au-delà du Gargare[1], au-delà du bruyant Ascagne[2] ; elles franchissent les montagnes, traversent les fleuves à la nage et, aussitôt que la flamme du désir s'est allumée dans leurs moelles – au printemps surtout, car c'est au printemps que la chaleur recommence à gagner les os –, elles se dressent toutes sur les hauts rochers, face au Zéphyr, elles se pénètrent des brises légères et souvent, sans aucun accouplement, fécondées par le vent, ô merveille ! elles détalent à travers les rochers, les pics et les vallées encaissées, non pas dans ta direction, Eurus, ni dans celle du soleil levant, mais vers Borée et vers le Caurus, ou du côté où naît l'Auster[3] tout noir, qui attriste le ciel de ses froides averses. C'est alors que l'humeur visqueuse, justement nommée hippomane par les bergers, suinte de leur aine ; de méchantes marâtres l'ont souvent recueillie, l'ont mélangée à des herbes en disant des formules maléfiques.

Mais le temps fuit, fuit sans retour, tandis que, séduit par notre sujet, nous en faisons le tour, de point en point.

Géorgiques, III, 242-285

1. L'un des sommets du mont Ida, en Grèce.
2. Lac et fleuve d'Asie Mineure.
3. Borée, Auster, Eurus et Caurus sont des vents.

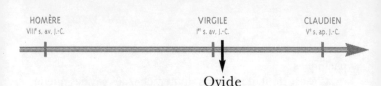

HOMÈRE
VIIIᵉ s. av. J.-C.

VIRGILE
Iᵉʳ s. av. J.-C.

CLAUDIEN
Vᵉ s. ap. J.-C.

Ovide

Phébus, infatué de sa puissance et de sa beauté, dédaigne les autres divinités. Il se moque du jeune Cupidon qui ne saurait être un archer aussi accompli que lui. Dans la première élégie des Amours, *Ovide reproche également au dieu enfant de s'insinuer dans une poésie qui ne devait pas lui être consacrée. Le poète et son dieu, Apollon, furent bien mal inspirés : Cupidon se venge en les rendant désespérément amoureux.*

L'ENFANT AMOUR, MAÎTRE DES CŒURS

Le premier amour de Phébus fut Daphné, fille du Pénée[1] ; sa passion naquit, non d'un aveugle hasard, mais d'une violente rancune de l'Amour. Tout récemment, le dieu de Délos, fier de sa victoire sur le serpent, l'avait vu courber, tirant la corde à soi, les deux extrémités de son arc : « Qu'as-tu à faire, folâtre enfant, dit-il, de ces armes puissantes ? Il me sied à moi de les suspendre à mes épaules ; avec elles, je puis porter des coups inévitables à une bête sauvage, à un ennemi ; naguère encore, quand Python couvrait tant d'arpents de son ventre gonflé de poisons, je l'ai abattu sous mes flèches innombrables. Pour toi, qu'il te suffise d'allumer avec ta torche je ne sais quels feux d'amour ; garde-toi de prétendre à mes succès. » Le fils de Vénus lui répond : « Ton arc, Phébus, peut tout percer ; le mien va te percer toi-même ; autant tous les animaux sont au-dessous de toi, autant ta gloire est inférieure à la mienne. » Il dit, fend l'air du battement de ses ailes et, sans perdre un instant, se pose sur la cime ombragée du Parnasse ; de son carquois plein de flèches, il tire deux traits qui ont des effets différents ; l'un chasse l'amour,

---

1. Le principal cours d'eau de la Thessalie.

l'autre le fait naître. Celui qui le fait naître est doré et armé d'une pointe aiguë et brillante ; celui qui le chasse est émoussé et sous le roseau contient du plomb. Le dieu blesse avec le second la nymphe, fille du Pénée ; avec le premier il transperce à travers les os le corps d'Apollon jusqu'à la moelle. Celui-ci aime aussitôt ; la nymphe fuit jusqu'au nom d'amante ; les retraites des forêts, les dépouilles des bêtes sauvages qu'elle a capturées font toute sa joie ; elle est l'émule de la chaste Phébé[2] ; une bandelette retenait seule ses cheveux tombant en désordre. Beaucoup de prétendants l'ont demandée ; mais elle, dédaignant toutes les demandes, ne supportant pas un époux et n'en ayant pas fait l'expérience, parcourt les bois impénétrables ; qu'est-ce que l'hymen, l'amour, le mariage ? elle ne se soucie pas de le savoir. Souvent son père lui a dit : « Tu me dois un gendre, ma fille. » Souvent encore son père lui a dit : « Tu me dois des petits-enfants, ma fille. » Mais elle, comme s'il s'agissait d'un crime, elle a horreur des torches conjugales ; la rougeur de la honte se répand sur son beau visage et, ses bras caressants suspendus au cou de son père, elle lui répond : « Permets-moi, père bien-aimé, de jouir éternellement de ma virginité ; Diane l'a bien obtenu du sien[3]. » Il consent ; mais tu as trop de charmes, Daphné, pour qu'il en soit comme tu le souhaites et ta beauté fait obstacle à tes vœux. Phébus aime ; il a vu Daphné, il veut s'unir à elle ; ce qu'il désire, il l'espère et il est dupe de ses propres oracles. Comme le chaume léger s'embrase, après qu'on a moissonné les épis, comme une haie se consume au feu d'une torche qu'un voyageur, par hasard, en a trop approchée ou qu'il y a laissée, quand le jour paraissait déjà ; ainsi le dieu s'est enflammé ; ainsi il brûle jusqu'au fond de son cœur et nourrit d'espoir un amour stérile. Il contemple les cheveux de la nymphe flottant sur son cou

---

2. Autre nom de Diane, déesse vierge, sœur d'Apollon.
3. Jupiter.

sans ornements : « Que serait-ce, dit-il, si elle prenait soin de sa coiffure ? » Il voit ses yeux brillants comme les astres, il voit sa petite bouche, qu'il ne lui suffit pas de voir ; il admire ses doigts, ses mains, ses poignets et ses bras plus qu'à demi-nus ; ce qui lui est caché, il l'imagine plus parfait encore. Elle, elle fuit, plus rapide que la brise légère ; il a beau la rappeler, il ne peut la retenir.

Les Métamorphoses, I, 452-503

HOMÈRE
VIIIᵉ s. av. J.-C.

VIRGILE
Iᵉʳ s. av. J.-C.

CLAUDIEN
Vᵉ s. ap. J.-C.

Plutarque

L'amour et la guerre sont liés si étroitement que la mythologie
leur prête une liaison fameuse, celle d'Arès et d'Aphrodite, qui
aurait donné naissance à Harmonie, quand le dieu des Combats
est en amour. Ils parlent aussi le même langage : Éros prend les
armes pour conquérir les cœurs. À l'inverse, l'amour peut venir au
secours de l'art militaire, comme le raconte ici Plutarque.

ÉROS À L'ARMÉE

Dans ton pays, Pemptidès, à Thèbes, n'est-il pas vrai que
l'amant faisait cadeau d'un équipement militaire complet à
son aimé, quand celui-ci atteignait l'âge de l'enrôlement ? En
outre, un homme qui avait l'expérience des choses de
l'amour, Pamménès, y fit ranger les soldats, dans les corps de
troupes, d'une façon toute nouvelle : il reprochait à Homère
de ne rien connaître à l'amour, parce que ce poète répartissait
les Achéens « par tribus et par clans », quand il aurait dû placer l'aimé à côté de l'amant, pour qu'ils fussent ainsi rangés :
    Le bouclier de l'un touchant celui de l'autre,
    Et casque contre casque,
car l'Amour est le seul stratège invincible. En effet, il arrive
qu'on abandonne les hommes de sa tribu, de sa famille, et
même, par Zeus, son père ou ses fils, tandis qu'entre
l'amant et l'aimé, si le dieu les anime, jamais aucun ennemi
n'a pu se glisser pour les séparer l'un de l'autre. Il leur
vient à l'esprit de montrer, même quand il n'en est nul
besoin, leur amour du danger et leur mépris de la vie. Ainsi
le Thessalien Théron appuya sur un mur sa main gauche,
tira son épée et se trancha le pouce, défiant son rival en
amour d'en faire autant. Un autre, dans une bataille, étant
tombé le visage contre terre, supplia son ennemi qui allait
le frapper d'attendre un instant pour que son aimé ne le vît
pas recevoir une blessure dans le dos.

21

Ce ne sont pas seulement les peuples les plus belliqueux, Béotiens, Lacédémoniens et Crétois, qui se sont le plus adonnés à l'amour des garçons, mais aussi, parmi les héros d'autrefois, Méléagre, Achille, Aristoménès, Cimon, Épaminondas. Ce dernier aimait deux jeunes gens, Asopichos et Caphisodoros ; Caphisodoros tomba avec lui à Mantinée et fut enseveli à ses côtés ; Asopichos, lui, était devenu la terreur des ennemis, qui le redoutaient plus qu'aucun autre ; le premier qui réussit à lui tenir tête et à le frapper fut Eucnamos d'Amphissa, à qui cet exploit valut en Phocide des honneurs héroïques.

C'est fort à propos que le nom d'Alceste[1] s'est présenté à ma mémoire : une femme n'a rien de commun avec Arès, mais l'Amour suffit, quand il la possède, pour l'amener à montrer une audace bien supérieure à sa nature, et même à braver la mort. S'il est permis de tirer quelque enseignement des récits de la fable, les légendes relatives à Alceste, à Protésilas et à l'Eurydice d'Orphée prouvent que l'Amour est le seul dieu dont Hadès accepte les ordres, Hadès qui pourtant, à l'égard de tous les autres, comme le dit Sophocle,

N'a ni bonté, ni complaisance aucune,
Ne s'attachant qu'à la stricte justice.

Il a cependant pitié des amants et cesse pour eux seuls d'être « inflexible, implacable ». Aussi, quoiqu'il soit bon, mon ami, de se faire initier à Éleusis, je constate que les sectateurs des mystères de l'Amour obtiennent chez Hadès un meilleur partage. En effet, sans croire tout à fait aux légendes, je ne leur refuse pas non plus tout crédit : or, elles ne mentent pas et rencontrent, par quelque chance divine, la vérité lorsqu'elles disent que les amoureux remontent du royaume d'Hadès à la lumière du jour.

Œuvres morales. Traité 47, 761b-761c

---

1. Alceste accepta de mourir à la place de son époux.

HOMÈRE
VIII° s. av. J.-C.

VIRGILE
I°° s. av. J.-C.

CLAUDIEN
V° s. ap. J.-C.

Aristophane

Alors que Sparte et Athènes sont en guerre, Lysistrata convoque ses consœurs des deux cités en assemblée. Ces dames décident de faire la grève du sexe jusqu'à ce que leurs époux acceptent la trêve. Marqué par la guerre du Péloponnèse (431-404), Aristophane est un fervent partisan de la paix. Lysistrata, la protagoniste, prend la tête de la rébellion. Cléonice ne l'entend pas de cette oreille.

FAITES L'AMOUR, PAS LA GUERRE

LYSISTRATA. – Je vais parler, car il ne faut pas que la chose reste secrète. Nous avons, ô femmes, si nous voulons contraindre nos maris à faire la paix, à nous abstenir…

CLÉONICE. – De quoi?

LYSISTRATA. – Le ferez-vous?

CLÉONICE. – Nous le ferons, dussions-nous mourir.

LYSISTRATA. – Eh bien, il faut vous abstenir… du membre. Pourquoi, dites-moi, vous détournez-vous? Où allez-vous? Hé, vous autres, pourquoi faites-vous la moue et hochez-vous la tête? Pourquoi changer de couleur? Pourquoi cette larme qui tombe? Le ferez-vous ou ne le ferez-vous pas? Qu'est-ce qui vous arrête?

CLÉONICE. – Je ne saurais le faire. Tant pis; que la guerre suive son cours.

MYRRHINE. – Par Zeus, moi non plus. Tant pis; que la guerre suive son cours.

LYSISTRATA. – C'est toi qui parles ainsi, ô plie, quand tu disais à l'instant que tu te couperais en long par la moitié?

CLÉONICE. –… Autre chose, ce que tu voudras. S'il me faut passer à travers le feu, je suis prête à marcher. Plutôt cela que le membre. Car il n'est rien de tel, ma chère Lysistrata.

LYSISTRATA. – *(À Myrrhine.)* Et toi?

MYRRHINE. – Moi aussi j'irais à travers le feu.

23

LYSISTRATA. – Ô sexe dissolu que le nôtre tout entier ! Ce n'est pas pour rien que de nous sont faites les tragédies. Car nous ne sommes que « Poséidon et bateau ». *(À Lampito.)* Mais, ma chère Laconienne – car si tu restes seule avec moi, nous pourrions encore tout sauver –, range-toi de mon avis.

LAMPITO. – Il est bien pénible, par les Dioscures, pour des femmes de dormir, sans un gland, toutes seules. Cependant, oui, tout de même. Car de la paix aussi nous avons grand besoin.

LYSISTRATA. – Ô ma bien chère, et la seule de celles-ci qui soit femme !

CLÉONICE. – Et si, dans la mesure du possible, nous nous abstenions de ce que tu viens de dire – le ciel nous en préserve ! –, serait-ce plutôt là le moyen que se fasse la paix ?

LYSISTRATA. – Tout à fait, par les deux déesses. Car si nous nous tenions chez nous, fardées, et si dans nos petites tuniques d'Amorgos[1] nous entrions nues, le delta[2] épilé, et quand nos maris en érection brûleraient de nous étreindre, si nous alors, au lieu de les accueillir, nous nous refusions, ils feraient bientôt la paix, j'en suis sûre.

LAMPITO. – Ainsi Ménélas, ayant reluqué les seins nus d'Hélène, lâcha, je crois, son épée.

Lysistrata, 119-156

---

1. Chemises d'un tissu très léger et transparent, fabriquées dans l'île d'Amorgos.
2. Le bas-ventre, en forme de Δ renversé.

II

CHARMEURS
ET
CHARMANTES

LES SÉDUCTEURS

La mythologie est une longue histoire d'amour : les amours des dieux, des dieux et des hommes, puis des hommes entre eux sont tellement nombreuses que, bien avant le célèbre catalogue de Don Juan, les poètes dressèrent la liste des fredaines divines. Hésiode distingue avec minutie le catalogue des amours des dieux de celui des déesses qui aimèrent des hommes, avant d'énumérer, dans *Le Catalogue des femmes*, malheureusement disparu, les conquêtes mortelles des divinités. Les dieux s'aiment entre eux, aiment les mortel(le)s, et certains êtres vont jusqu'à s'éprendre d'eux-mêmes, comme Narcisse. Au Panthéon des séducteurs antiques, Zeus, père des dieux, arrive en tête. Pas une belle qu'il ne tente de séduire, usant des stratagèmes les plus surprenants : à Danaé rétive, il vient sous la forme d'une pluie d'or ; pour Alcmène, fidèle amoureuse d'Amphitryon son mari, il prend l'apparence de l'époux mortel ; quant à Métis, la déesse de l'Intelligence, il préfère tout bonnement l'avaler. Charmés par un tel exemple, les autres divinités et les mortels ne peuvent que le suivre, si bien que la phrase de Kierkegaard, « chose curieuse, l'idée du séducteur fait complètement défaut à l'hellénisme[1] », semble à elle seule une curiosité.

1. Kierkegaard, *L'Alternative I*.

HOMÈRE
VIII° s. av. J.-C.

VIRGILE
I°° s. av. J.-C.

CLAUDIEN
V° s. ap. J.-C.

Hésiode

Les amours des dieux, et notamment de Zeus, sont si nom-
breuses qu'il est difficile de les connaître toutes. Hésiode se propose
d'en tenir les comptes, distinguant avec méthode les amours des
dieux entre eux, les mortelles qui furent aimées des dieux et les
déesses qui succombèrent aux charmes humains. Ces énumérations
infinies, où les noms se succèdent, avaient valeur de mémento et
appartenaient à un genre littéraire qui connut une grande fortune
dans l'Antiquité, le catalogue. Voici classée, triée et ordonnée, la
liste non exhaustive des épouses et des amantes divines.

CATALOGUE DES AMOURS DIVINES

Zeus, le roi des dieux, pour épouse d'abord prit
Prudence[1], qui sait plus de choses que tout dieu ou
homme mortel. Mais, au moment même où elle allait
enfanter Athéna, la déesse aux yeux pers, trompant traî-
treusement son cœur par des mots caressants, Zeus l'engloutit dans ses entrailles, sur les conseils de Terre et de
Ciel Étoilé. Tous deux l'avaient conseillé de la sorte, pour
que l'honneur royal n'appartînt jamais à autre qu'à Zeus
parmi les dieux toujours vivants. De Prudence en effet le
destin voulait que des enfants sortissent sages entre tous –
et la vierge aux yeux pers d'abord, Tritogénie[2], qui de
fougue et de sage vouloir a part égale avec son père. Mais
Prudence devait enfanter ensuite un fils au cœur violent
qui eût été roi des hommes et des dieux, si Zeus auparavant ne l'eût engloutie au fond de ses entrailles, afin que
la déesse toujours lui fît connaître ce qui lui serait soit
heur ou malheur.

1. Le nom grec est *Métis*, réflexion, sagesse.
2. Autre nom d'Athéna.

Ensuite, il épousa la brillante Équité, qui fut mère des Heures – Discipline, Justice et Paix la florissante, qui veillent sur les champs des hommes mortels – et des Parques, à qui le prudent Zeus a accordé le plus haut privilège – Clothô, Lachésis, Atropos, qui, seules, aux hommes mortels donnent soit heur ou malheur.

Eurynomé, fille d'Océan, à la séduisante beauté, lui enfanta trois filles, les Grâces aux belles joues, Aglaé, Euphrosyne et l'aimable Thalie.

Il entra aussi au lit de Déméter la nourricière, qui lui enfanta Perséphone aux bras blancs. Aïdôneus[3] la ravit à sa mère, et le prudent Zeus la lui accorda.

Il aima encore Mnémosyne aux beaux cheveux, et c'est d'elle que lui naquirent les neuf Muses au bandeau d'or, qui se plaisent aux fêtes et à la joie du chant.

Létô enfanta Apollon et l'archère Artémis, enfants ravissants entre les petits-fils de Ciel, après avoir connu entre ses bras l'amour de Zeus qui tient l'égide.

Il fit enfin d'Héra sa dernière et florissante épouse ; et elle lui enfantait Hébé, Arès, Ilithye, unie d'amour au roi des hommes et des dieux.

Et, tout seul, de son front, il donna le jour à Tritogénie aux yeux pers, éveilleuse terrible de tumulte, infatigable conductrice d'armées, auguste déesse qui se plaît aux clameurs, aux guerres, aux combats. Héra, elle, enfantait l'illustre Héphaïstos – sans union d'amour, par colère et défi lancé à son époux, – Héphaïstos, le plus industrieux des petits-fils de Ciel.

D'Amphitrite et du retentissant Ébranleur du sol[4] naquit le grand Triton aux vastes forces, qui, au fond des ondes marines, près de sa mère et de son noble père, habite un palais d'or – divinité terrible – cependant qu'à Arès le Pourfendeur Cythérée donnait pour filles Déroute et

3. Autre nom d'Hadès, le dieu des enfers.
4. Poséidon.

Panique, qui, terribles, bousculent les bataillons compacts des guerriers dans la guerre frissonnante, avec l'aide d'Arès destructeur, et aussi Harmonie, que l'ardent Cadmos se donna pour épouse.

À Zeus encore, Maïa, fille d'Atlas, enfanta l'illustre Hermès, héraut des dieux, montée avec lui dans son lit sacré.

Sémélé, fille de Cadmos, à lui unie d'amour, lui donna un fils illustre, Dionysos, riche en joies, Immortel né d'une mortelle. Aujourd'hui tous deux sont dieux.

Alcmène enfin devenait mère du robuste Héraclès, unie d'amour à Zeus assembleur de nuées.

Et Héphaïstos, l'illustre Boiteux, prit Aglaé, la plus jeune des Grâces, pour sa florissante épouse ; tandis que Dionysos aux cheveux d'or pour florissante épouse prit la blonde Ariane, la fille de Minos, que le fils de Cronos a soustraite à jamais à la mort et à la vieillesse.

Et ce fut Hébé, fille du grand Zeus et d'Héra aux brodequins d'or, que le vaillant fils d'Alcmène aux fines chevilles, le puissant Héraclès, ayant achevé ses gémissants travaux, se donna pour chaste épouse dans l'Olympe neigeux – héros bienheureux qui, sa grande tâche accomplie, habite chez les Immortels, soustrait au malheur et à la vieillesse pour les siècles à venir.

Et, à l'infatigable Soleil, Perséis, l'illustre Océanine, enfanta Circé et le roi Aiétès. Et Aiétès, fils de Soleil, qui éclaire les hommes, par le vouloir des dieux, épousa la fille d'Océan, le fleuve parfait, Idye aux belles joues, qui lui donna pour fille Médée aux jolies chevilles, domptée sous sa loi amoureuse par la grâce d'Aphrodite d'or.

Salut donc à vous, habitants de l'Olympe ; à vous aussi, îles et continents, ainsi qu'aux flots marins entre vous épandus.

Théogonie, 887-964

HOMÈRE
VIIIe s. av. J.-C.

VIRGILE
Ier s. av. J.-C.

CLAUDIEN
Ve s. ap. J.-C.

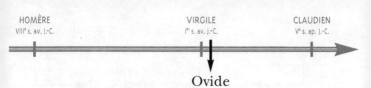

Ovide

Popularisé par la psychanalyse, le mythe de Narcisse fascina jadis nombre d'artistes. Née de l'union de deux rivières, la beauté du jeune homme ravissait tous les cœurs. Nul, pourtant, ne trouvait grâce à ses yeux, et la nymphe Écho dépérit à l'aimer éperdument. La suite est bien connue: en se mirant dans l'onde, Narcisse fut captivé et séduit par sa propre image au point de se laisser mourir de désespoir.

NARCISSE

Tirésias[1], dans les villes de l'Aonie, où s'était répandue partout sa renommée, donnait ses réponses infaillibles au peuple qui venait le consulter. La première à tenter de lui faire confiance et à éprouver la véracité de ses dires fut Liriope aux cheveux d'azur; jadis le Céphise[2] l'enlaça dans son cours sinueux et, la tenant enfermée au milieu de ses ondes, il lui fit violence. Douée d'une rare beauté, elle conçut et mit au monde un enfant qui dès lors était digne d'être aimé des nymphes; elle l'appela Narcisse. Elle vint demander s'il verrait sa vie se prolonger dans une vieillesse avancée; le devin, interprète de la destinée, répondit: « S'il ne se connaît pas. » Longtemps ce mot de l'augure parut vain; il fut justifié par l'événement, par la réalité, par le genre de mort de Narcisse et par son étrange délire. Déjà à ses quinze années le fils du Céphise en avait ajouté une; il pouvait passer aussi bien pour un enfant et pour un jeune homme; chez beaucoup de jeunes gens, chez beaucoup de jeunes filles, il faisait naître le désir; mais sa beauté encore tendre cachait un orgueil si dur que ni jeunes gens ni jeunes filles ne purent le toucher.

Les Métamorphoses, III, 339-355

1. Devin.
2. Cours d'eau qui prend sa source en Phocide.

31

HOMÈRE
VIII° s. av. J.-C.

VIRGILE
I° s. av. J.-C.

CLAUDIEN
V° s. ap. J.-C.

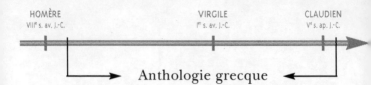

Anthologie grecque

Il est des amoureux de l'amour, toujours brûlants de désir et transis de sentiments, mais jamais pour la même personne. Ces compagnons d'Éros se piquent sans cesse à ses flèches. Ce sont des cœurs tendres qui comptent autant d'aventures qu'un artichaut a de feuilles.

CŒURS D'ARTICHAUT

De Posidippe

Pleurs ou fêtes, pourquoi me poussez-vous, sans attendre que j'aie le pied hors d'un brasier, dans une autre fournaise de Cypris ? Jamais je n'en finis avec l'amour et sans cesse, de la part d'Aphrodite, le Désir, qui est sans discernement, m'apporte quelque nouvelle souffrance.

De Méléagre

Sans cesse le son d'Éros m'entre dans les oreilles et mon œil en silence offre sa douce larme aux désirs. Ni la nuit ni le jour ne m'apaisent, et déjà les philtres m'ont fait au cœur une marque facile à voir. De vos ailes, Amours, ne savez-vous donc que voler vers moi, sans pouvoir, si peu que ce soit, vous envoler ailleurs ?

Épigrammes, V, 211 et 212

HOMÈRE
VIIIᵉ s. av. J.-C.

VIRGILE
Iᵉʳ s. av. J.-C.

CLAUDIEN
Vᵉ s. ap. J.-C.

Suétone

César ne fut pas seulement acharné à conquérir le pouvoir et des territoires. Les plus belles femmes tombèrent à ses pieds, mais aussi quelques hommes. Il n'en fut pas pour autant un père comblé.

CÉSAR

Tout le monde s'accorde à dire que [César] était porté au plaisir, généreux dans ses amours, et qu'il séduisit un très grand nombre de femmes d'une illustre naissance, entre autres Postumia, l'épouse de Servius Sulpicius, Lollia, celle d'Aulus Gabinius, Tertulla, celle de Marcus Crassus, et même Mucia, la femme de Cn. Pompée. En tout cas, les deux Curions, le père et le fils, ainsi que beaucoup d'autres, ont reproché à Pompée d'avoir, par ambition du pouvoir, accepté pour femme la fille de l'homme[1] qui l'avait auparavant contraint de répudier son épouse, mère de trois enfants, et qu'il ne cessait, en gémissant, d'appeler « Égisthe[2] ». Mais sa plus grande passion fut pour Servilia, la mère de Marcus Brutus : lors de son premier consulat, il lui acheta une perle valant six millions de sesterces, et, durant la guerre civile, sans parler d'autres donations, il lui fit adjuger au plus bas prix d'immenses propriétés vendues aux enchères ; à cette occasion, comme beaucoup de gens s'étonnaient d'un prix si modique, Cicéron leur dit fort spirituellement : « Le marché est encore meilleur, sachez-le : il y a déduction du tiers. » On soupçonnait en effet que Servilia ménageait même à César les faveurs de sa fille Tertia.

---

1. Pompée divorça pour épouser Julie, la fille de César.
2. Égisthe, cousin d'Agamemnon, séduisit sa femme Clytemnestre pendant son absence et l'aida à assassiner son époux.

Il ne respecta même pas les femmes des provinciaux, comme le montre par exemple ce distique également répété par ses soldats durant le triomphe des Gaules :

Citadins, surveillez vos femmes : nous amenons un adultère chauve.
Tu as forniqué en Gaule avec l'or emprunté à Rome.

Il eut aussi pour maîtresses des reines, entre autres celle de Maurétanie, Eunoë, femme de Bogud, et, d'après ce que dit Nason, il lui fit, à elle et à son mari, une foule de dons princiers ; mais sa plus grande passion fut pour Cléopâtre : non seulement il lui donna maintes fois des festins qui se prolongeaient jusqu'au jour, mais, l'emmenant avec lui sur un navire pourvu de cabines, il aurait traversé toute l'Égypte et atteint l'Éthiopie, si son armée n'avait pas refusé de le suivre ; enfin, l'ayant fait venir à Rome, il ne la renvoya que comblée d'honneurs et de récompenses magnifiques et lui permit de donner son nom au fils qui lui était né. Quelques écrivains grecs ont prétendu que ce fils ressemblait aussi à César par son physique et par sa démarche. M. Antoine affirma au sénat qu'il avait même été reconnu par lui. Helvius Cinna, tribun de la plèbe, avoua à un très grand nombre de personnes qu'il avait eu entre les mains le texte déjà tout prêt d'une loi que César lui avait donné l'ordre de proposer en son absence, lui permettant d'épouser à son choix autant de femmes qu'il le voudrait, pour s'assurer une descendance. D'ailleurs, pour que personne ne puisse douter le moins du monde que César eut la plus triste réputation de sodomite et d'adultère, [j'ajouterai que] Curion le père l'appelle dans l'un de ses discours « le mari de toutes les femmes et la femme de tous les maris ».

Vie des douze Césars. César, 50-52

LES SÉDUCTRICES

Du gynécée grec à la matrone romaine, l'univers féminin dans le monde antique ne semble guère affriolant. À côté des masques austères arborés par les femmes libres des origines se faufilent toutefois quelques sourires plus coquins. La liberté de mœurs commence par se développer dans les marges. Chez les dieux, Aphrodite en est le symbole mais les autres déesses ne sont pas en reste : Héra et Athéna se présentent à Pâris sous leur meilleur jour, la vierge Artémis dégage une séduction troublante, souvent fatale. Dans le monde des hommes, les captives charmantes, les esclaves lascives savent si bien user de leurs charmes pour asservir leur seigneur et maître que la demi-mondaine devient un type social et littéraire. La mode du libertinage se répand jusque dans les plus hautes sphères de la société : certaines femmes, comme Aspasie ou Égérie[1], sont entrées dans l'histoire en entrant dans le lit des grands hommes dont elles ont confisqué le cœur. Malheureusement, à une époque où n'existaient ni la contraception, ni les tests de paternité, la réputation de vertu constituait le bien le plus précieux des femmes. Sémiramis, Hélène, Clytemnestre, Julie, Messaline, Poppée et Cléopâtre, ces « vamps » de l'Antiquité payèrent de leur vie la perte de leur honneur et sont aujourd'hui encore auréolées d'une légende sulfureuse.

---

1. Aspasie, maîtresse de Périclès (*c.* 495-429 av. J.-C.), l'aurait aidé à gouverner Athènes. Égérie était une nymphe aimée de Numa Pompilius (715-673 av. J.-C.), le deuxième roi de Rome. Selon la légende, elle aurait inspiré ses décisions politiques et la législation religieuse qu'il mit en place.

HOMÈRE
VIIIe s. av. J.-C.

VIRGILE
Ier s. av. J.-C.

CLAUDIEN
Ve s. ap. J.-C.

Lucain

Si César était un séducteur, avec Cléopâtre il trouva sa maî-
tresse : la machiavélique reine d'Égypte asservit le conquérant des
Gaules. Après sa mort, elle tint sous son empire Marc Antoine, le
nouvel homme fort qui abandonna pour elle femme et enfants. Le
bruit courut qu'il avait même prévu de lui léguer une partie des ter-
ritoires romains. Son rival, le futur empereur Auguste, œuvra à
obscurcir l'image de ces amants légendaires, qui se suicidèrent après
avoir été défaits en 31 avant J.-C. lors de la bataille d'Actium.

IRRÉSISTIBLE CLÉOPÂTRE

Cependant, arrivé des tourbillons du Nil où s'élève
Péluse, le roi-enfant[1] avait calmé l'irritation d'un peuple
peu guerrier ; il s'était offert pour otage de la paix, et César
était en sûreté dans la cour pelléenne[2], quand Cléopâtre,
partie sur une petite birème, corrompit le gardien de
Pharos, qui abaissa les chaînes[3], et se rendit, à l'insu de
César, dans le palais émathien, elle, l'opprobre de l'Égypte,
la fatale Erinys du Latium, dont l'impureté a fait le malheur
de Rome. Autant la beauté malfaisante de la Spartiate[4] bou-
leversa Argos et les demeures d'Ilion, autant Cléopâtre
accrut les fureurs de l'Hespérie[5]. C'est elle qui fit, avec son
sistre, – oserai-je le dire ? – trembler le Capitole ; avec
Canope, si peu guerrière, elle marcha contre les enseignes
de Rome, dans l'intention de conduire des triomphes à
Pharos, avec César[6] pour captif ; et les gouffres de Leucade

1. Ptolémée, le frère cadet de Cléopâtre.
2. C'est-à-dire d'Alexandrie, la ville ayant été fondée par Alexandre.
3. Les chaînes fermant l'entrée du port d'Alexandrie.
4. Hélène.
5. L'Occident.
6. Auguste.

ont vu le moment où il était douteux si le monde ne tomberait pas aux mains d'une femme, qui n'était même pas de notre race. Ce qui lui donna cette audace, c'est la première nuit que passa dans le lit de nos chefs l'incestueuse fille des Ptolémées. Qui pourrait ne pas te pardonner, Antoine, ton amour insensé, quand le rude cœur de César a brûlé des mêmes feux ? Et même, au milieu de sa rage[7], au milieu de ses fureurs, dans le palais habité par les mânes de Pompée, cet adultère, tout couvert du sang du désastre thessalien, a fait une place à Vénus dans ses préoccupations et mêlé aux soucis des armes d'illégitimes unions, des enfantements qui violent la foi conjugale. Ô honte ! Oubliant Magnus[8], il te donna, Julie, un frère né d'une mère impudique. Laissant le parti fugitif se rallier aux confins de la Libye, il dépense honteusement ses heures à des amours nilotiques, préférant lui faire cadeau de Pharos et ne pas vaincre pour lui-même. Confiante dans sa beauté, Cléopâtre l'aborde, affligée, mais sans larmes, se faisant de sa feinte douleur la parure la moins compromettante, les cheveux en désordre comme si elle les avait arrachés ; elle commença ainsi : « Si la noblesse, ô très puissant César, a quelque prix, moi, l'héritière illustre de Lagus de Pharos, bannie, à jamais chassée du trône de mes pères, si ta main me rétablit dans mes anciens droits, reine, j'embrasse tes pieds. Tu es l'astre équitable qui vient briller sur notre peuple. Je ne serai pas la première femme qui ait dominé sur les cités du Nil : sans tenir compte du sexe, Pharos sait obéir à une reine. Lis les dernières paroles de mon père défunt : il entendait que je partage avec mon frère le trône et le lit. Cet enfant, pour aimer sa sœur, n'a besoin que d'être libre ; mais c'est Pothin[9] qui tient en son pouvoir ses sentiments comme son épée. Ce n'est pas pour moi que je réclame l'héritage pater-

---

7. En pleine guerre civile, César resta là neuf mois ; il eut de Cléopâtre un fils, Césarion.
8. Pompée.
9. Le régent du royaume.

nel : cette faute, une telle honte[10], ôte-les de notre maison ; éloigne l'arme criminelle d'un satellite, et ordonne au roi de régner. Quel orgueil n'enfle pas l'âme de cet esclave, depuis qu'il a tranché la tête de Magnus ! Maintenant, c'est toi – puissent les destins détourner ses coups ! – qu'il menace. C'est assez d'opprobre, César, pour le monde et pour toi, que la mort d'un Pompée ait été le crime et le mérite d'un Pothin. »

Vainement elle eût tenté l'oreille de l'insensible César : son expression vient en aide à sa prière, sa figure d'incestueuse achève l'effet de son discours. Elle passe toute une honteuse nuit avec son juge, qu'elle a séduit. La paix une fois assurée par le chef et payée au prix d'immenses présents, un festin célébra la joie d'un si grand événement, et Cléopâtre étala un luxe tapageur, que la société romaine n'avait pas encore adopté.

La Guerre civile (La Pharsale), X, 53-110

10. C'est-à-dire l'abandon du pouvoir à un Achillas et à un Pothin.

HOMÈRE
VIIIe s. av. J.-C.

VIRGILE
Ier s. av. J.-C.

CLAUDIEN
Ve s. ap. J.-C.

Homère

Certaines séductrices sont dangereuses : les Sirènes, mi-femmes mi-rapaces, ont une voix si envoûtante que nul ne peut leur résister. Pour Cicéron, ce n'étaient pas les inflexions mélodieuses de leur chant mais leurs promesses qui captivaient les marins : elles prétendaient leur confier des trésors de science.

LES SIRÈNES

« Amis, je ne veux pas qu'un ou deux seulement connaissent les arrêts que m'a transmis Circé, cette toute divine. Non ! Je veux tout vous dire, pour que, bien avertis, nous allions à la mort ou tâchions d'éviter la Parque et le trépas. Donc, son premier conseil est de fuir les Sirènes, leur voix ensorcelante et leur prairie en fleurs ; seul, je puis les entendre, mais il faut que, chargé de robustes liens, je demeure immobile, debout sur l'emplanture, serré contre le mât, et si je vous priais, si je vous commandais de desserrer les nœuds, donnez un tour de plus ! »

Je dis et j'achevai de prévenir mes gens jusqu'à l'heure où, bientôt, le bon vent qui poussait le solide navire nous mit près des Sirènes. Soudain, la brise tombe ; un calme sans haleine s'établit sur les flots qu'un dieu vient endormir. Mes gens se sont levés ; dans le creux du navire, ils amènent la voile et, s'asseyant aux rames, ils font blanchir le flot sous la pale en sapin.

Alors, de mon poignard en bronze, je divise un grand gâteau de cire ; à pleines mains, j'écrase et pétris les morceaux. La cire est bientôt molle entre mes doigts puissants et sous les feux du roi Soleil, ce fils d'En Haut ! De banc en banc, je vais leur boucher les oreilles ; dans le navire alors, ils me lient bras et jambes et me fixent au mât, debout sur l'emplanture, puis chacun en sa place, la rame bat le flot qui blanchit sous les coups ; le navire est enfin à portée de la voix.

Nous passons en vitesse. Mais les Sirènes voient ce rapide navire qui bondit tout près d'elles. Soudain, leurs fraîches voix entonnent un cantique :

« Viens ici, viens à nous ! Ulysse tant vanté ! l'honneur de l'Achaïe ! Arrête ton croiseur : viens écouter nos voix ! Jamais un noir vaisseau n'a doublé notre cap sans ouïr les doux airs qui sortent de nos lèvres ; puis on s'en va content et plus riche en savoir, car nous savons les maux, tous les maux que les dieux, dans les champs de Troade, ont infligés aux gens et d'Argos et de Troie, et nous savons aussi tout ce que voit passer la terre nourricière. »

Elles chantaient ainsi et leurs voix admirables me remplissaient le cœur du désir d'écouter. Je fronçais les sourcils pour donner à mes gens l'ordre de me défaire. Mais, tandis que, courbés sur la rame, ils tiraient, Euryloque venait, aidé de Périmède, resserrer mes liens et mettre un tour de plus.

Nous passons et, bientôt, l'on n'entend plus les cris ni les chants des Sirènes. Mes braves gens alors se hâtent d'enlever la cire que j'avais pétrie dans leurs oreilles, puis de me détacher.

Odyssée, XII, 149-200

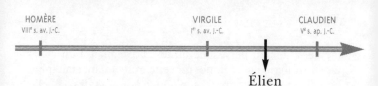

HOMÈRE
VIII° s. av. J.-C.

VIRGILE
I° s. av. J.-C.

CLAUDIEN
V° s. ap. J.-C.

Élien

La plus célèbre des séductrices « historiques », Aspasie, était une courtisane, peut-être de naissance libre. Elle vécut à Athènes aux côtés de Périclès (495-429 av. J.-C.), dont elle aurait influencé la politique, et fut familière de Socrate. Élien l'imagine jeune novice farouche, mais déjà experte en séduction. Chez Aspasie, même la chasteté est aphrodisiaque.

ASPASIE

Lorsqu'Aspasie vint pour la première fois chez Cyrus, celui-ci avait terminé son repas et s'apprêtait à boire à la manière perse. En effet, lorsque les Perses sont rassasiés de nourriture, ils s'adonnent pleinement aux plaisirs de boire le vin et de lever leur coupe ; ils s'y préparent comme s'ils se préparaient à une lutte. Au milieu de la beuverie, quatre jeunes filles grecques furent amenées à Cyrus et, parmi elles, Aspasie de Phocée. Elles étaient magnifiquement parées. Les trois autres avaient été habillées par des femmes de leur maison, qui se trouvaient les avoir accompagnées. Leurs cheveux étaient tressés, leurs visages fardés avec des pommades et des onguents. Elles avaient été instruites par leurs précepteurs sur la manière avec laquelle il fallait s'insinuer auprès de Cyrus, comment le cajoler, comment ne pas se détourner quand il s'approcherait, ne pas se fâcher de ses attouchements et supporter ses baisers. Une science, à vrai dire, de courtisanes, et un comportement de femmes qui utilisent la beauté dans des buts marchands. Elles rivalisaient pour l'emporter par la beauté. Mais Aspasie n'avait pas voulu revêtir de *chiton* coûteux, avait jugé qu'il ne valait pas la peine de s'envelopper d'un manteau brodé et n'avait pas supporté de se laver ; elle hurlait et invoquait tous les dieux protecteurs à la fois de la Grèce et de la liberté, criait le nom de son père, le maudissait et se maudissait elle-

41

même. Elle était persuadée qu'on l'astreignait à un esclavage manifeste en lui imposant cette mise qui lui était inhabituelle et cette parure frivole. On la battit, et, forcée, elle s'habilla et céda aux ordres. C'est avec beaucoup de souffrance qu'elle fut contrainte d'agir non en vierge, mais en courtisane. Dès leur arrivée, les autres jeunes filles regardaient Cyrus en face, souriaient et se montraient joyeuses, tandis qu'Aspasie gardait les yeux baissés, son visage avait pris une couleur rouge feu et ses yeux étaient pleins de larmes. De toute son allure se dégageait un sentiment de honte. Lorsque Cyrus ordonna aux jeunes filles de s'asseoir près de lui, les trois obéirent de manière très affable, tandis que la Phocéenne ne faisait aucun cas de l'ordre, jusqu'à ce que le satrape qui l'avait amenée la fit asseoir de force. Lorsque Cyrus les toucha et observa leurs yeux, leurs joues et leurs doigts, les trois autres l'acceptèrent de plein gré, mais Aspasie ne le supporta pas. Cyrus l'avait à peine effleurée du bout des doigts qu'elle commença à crier et dit qu'il aurait à regretter un tel acte. Cyrus fut très charmé de sa réaction. Comme elle s'était levée et cherchait à le fuir après qu'il lui eut touché les seins, le fils de Darius admira sa noblesse d'une manière qui n'était pas perse. Il regarda du côté du pourvoyeur et dit: « Celle-là seule, parmi les filles que tu as amenées, est libre et non corrompue. Les autres ont une apparence vénale et des manières qui le sont encore davantage. » À partir de ce moment, Cyrus l'apprécia plus que toutes les autres femmes qu'il avait fréquentées.

Histoire variée, XII, 1

HOMÈRE
VIIIe s. av. J.-C.

VIRGILE
Ier s. av. J.-C.

CLAUDIEN
Ve s. ap. J.-C.

Cicéron & Catulle

Clodia est l'un des symboles du libertinage dans la Rome du Ier siècle avant J.-C. De lignée patricienne, elle était la sœur – et peut-être la maîtresse – du tribun Clodius, l'ennemi juré de Cicéron. Le célèbre orateur la prend à partie en lui reprochant ses mœurs dévoyées dans un procès où il défend le jeune Caelius, accusé d'avoir tenté d'empoisonner cette femme légère du temps où il était son amant.

CLODIA, CROQUEUSE D'HOMMES

Ici, je vais définir le cas, mais je ne nommerai aucune femme : je laisserai l'affaire dans son ensemble à votre appréciation. Supposons qu'une femme, qui n'est pas en puissance de mari, ait ouvert sa maison à la passion de n'importe qui et qu'elle soit publiquement installée dans la vie galante, qu'elle dîne délibérément avec des hommes qui ne lui sont rien, qu'elle se comporte ainsi à Rome, dans ses jardins, au milieu de l'affluence bien connue de Baies, qu'enfin non seulement sa démarche, mais sa toilette et son escorte, non seulement le feu de ses regards, non seulement la liberté de ses propos, mais ses étreintes, ses baisers, ses baignades, ses promenades en barque, ses soupers dénoncent, je ne dis pas seulement une femme galante, mais une femme galante provocante et affriolante, et qu'un jeune homme noue par hasard des relations avec elle, diras-tu, L. Herennius, qu'il est un adultère ou un amant ? Diras-tu qu'il a voulu prendre d'assaut sa pudeur ou satisfaire un caprice ? J'oublie maintenant tes injures, Clodia ; je renonce à me rappeler ma peine ; la méchanceté que tu as eue pour les miens en mon absence, je la néglige ; ne prends pas pour toi ce que je viens de dire. Mais je te le demande à toi-même, puisque les accusateurs disent que tu es sur ce point à la fois auteur de la plainte et témoin : s'il

43

existait une femme comme celle que je viens de décrire –
une femme qui ne te ressemble pas! – qui aurait la vie et la
conduite d'une femme galante, qu'un jeune homme ait été
en relations avec elle, y verrais-tu le comble de la honte et
du scandale? Si, comme je le préfère, tu n'es pas cette
femme-là, quel reproche peut-on faire à Caelius? Si l'on
veut que tu sois cette femme-là, pourquoi redouterions-
nous une accusation que tu méprises?

Pour Caelius, 48-50

*Un tout autre visage de Clodia: c'est elle que, selon la tradi-
tion, Catulle chante sous le nom de Lesbia.*

Quintia est belle pour beaucoup de gens; pour moi, elle
est blanche, grande, bien faite. Qu'elle ait chacun de ces
avantages, je l'accorde; mais que dans l'ensemble elle
mérite le nom de belle, je le nie, car il n'y a pas la moindre
grâce dans ce grand corps, pas un grain de sel. Lesbia est
belle, non seulement parce qu'elle est tout entière d'une
forme parfaite, mais encore parce qu'à toutes les femmes
elle a dérobé à la fois toutes les grâces.

Aucune femme ne peut dire qu'elle a été aimée aussi
sincèrement que tu l'as été par moi, ma Lesbia. Jamais on
n'a respecté un engagement avec autant de fidélité que j'en
ai montré de mon côté dans mon amour pour toi.

Poésies, 86 et 87

QUELQUES ÉCHECS CUISANTS

Les tentatives sont pléthore, mais toutes ne sont pas récompensées. De Calypso, dédaignée par Ulysse en même temps que l'immortalité qu'elle lui offrait, au dieu Priape, chassant les belles sans jamais en convaincre aucune, les défaites amoureuses sont aussi nombreuses que les succès : maints Don Juan antiques rentrent bredouilles. Seul Zeus, le plus puissant des immortels, est irrésistible ; et encore c'est plus souvent par la ruse ou par le pouvoir, dont il abuse, que le Père des dieux parvient à ses fins. Le plus beau des dieux, Apollon, ne rencontre que des échecs : ses proies lui échappent par quelque métamorphose. La jolie Daphné préfère être changée en laurier plutôt que de subir l'étreinte du dieu de Delphes. Apollon éconduit, mais toujours épris de la nymphe qu'il n'a pu embrasser, fait du laurier son emblème. À Vénus, qui mande si souvent son fils Cupidon pour décocher ses flèches, rien n'est si déplaisant que d'être amoureuse, comme elle s'en plaint à Anchise qui l'a séduite. Quant à Éros lui-même, il finit lui aussi par succomber, blessé par l'une de ses flèches.

HOMÈRE
VIII° s. av. J.-C.

VIRGILE
I° s. av. J.-C.

CLAUDIEN
V° s. ap. J.-C.

Ovide

*Priape, dieu des Jardins en Italie, était figuré avec un phallus
en érection et servait d'épouvantail. Dans* Les Fastes, *grand
poème étiologique qui relate les origines des cultes et des cérémonies
religieuses, Ovide narre comment le dieu jardinier devint expert en
râteau et d'où viennent ses représentations ithyphalliques[1].*

PRIAPE

L'âne à son tour est sacrifié au gardien ithyphallique du
domaine rural[2]; la raison en est à vrai dire inconvenante,
mais elle convient à la nature du dieu. Tu célébrais, ô
Grèce, la fête de Bacchus couronné de lierre, que ramène
tous les deux ans, selon la coutume, le cœur de l'hiver. S'y
rassemblèrent aussi les dieux qui honorent Lyaeus[3], et tous
ceux qui n'étaient pas ennemis des jeux et des ris, les Pans,
la troupe amoureuse des jeunes Satyres, et les déesses qui
habitent les rivières et les campagnes solitaires. Le vieux
Silène[4] était venu aussi sur son âne à l'échine courbe, et le
dieu tout rouge, qui, de son membre, terrifie les oiseaux
craintifs. Ils trouvèrent un bois propice à leurs joyeuses
agapes et s'étendirent sur des lits recouverts de gazon.
Liber servait le vin, chacun avait apporté sa couronne, un
ruisseau fournissait en abondance l'eau à mélanger au vin.
Les Naïades étaient là, les unes, cheveux flottants, qui igno-
raient l'usage du peigne, les autres, dont une main habile
avait ajusté la chevelure. Celle-ci, pour faire le service, a
relevé sa tunique jusqu'aux genoux; celle-là, la robe décou-

1. En grec « au sexe dressé ».
2. Priape.
3. Autre nom de Bacchus.
4. Mi-homme, mi-animal, Silène avait été, selon certaines légendes, le
précepteur de Bacchus.

sue, découvre sa poitrine, l'une met à nu une épaule, l'autre traîne son vêtement dans l'herbe ; nulle chaussure n'entrave leurs pieds délicats. C'est ainsi qu'elles allument de douces flammes, les unes chez les satyres, d'autres chez toi, dont les tempes sont couronnées de pin[5] ; toi aussi tu brûles, Silène, dont le désir est insatiable : c'est ton libertinage qui t'interdit de vieillir. Mais le rouge Priape, parure et défense des jardins, c'est Lotis qui, entre toutes, l'a séduit : c'est elle qu'il désire, elle qu'il choisit ; c'est pour elle seule qu'il soupire, de la tête il lui fait signe, et du geste il l'aguiche. Mais les belles sont dédaigneuses et l'orgueil est le compagnon de la beauté : le visage de Lotis manifeste une moquerie méprisante. La nuit était venue et, le vin provoquant le sommeil, ils étaient tous étendus çà et là, cédant à l'assoupissement. Lotis, lasse de ses ébats, reposait à l'écart, sur le gazon, sous les branches d'un érable. Son amoureux se lève et, retenant son souffle, furtivement, il s'approche à pas de loup, sur la pointe des pieds. Arrivé près de la couche solitaire de la nymphe au corps de neige, il contient sa respiration, pour ne faire aucun bruit ; déjà il se balançait sur l'herbe tout près d'elle, et cependant la nymphe dormait profondément. Il s'en réjouit et, soulevant depuis les pieds le voile qui la recouvrait, il était en bonne voie vers la réalisation de ses vœux. Soudain la monture de Silène, l'âne, se mettant à braire, émit de son gosier rauque des sons intempestifs. La nymphe terrifiée se dresse, ses mains repoussent Priape et, en fuyant, elle donne l'alarme à tout le bois. Alors le dieu, trop bien préparé à entrer en lice, fut au clair de lune la risée de tous. La mort fut le châtiment pour l'auteur du tumulte, et, depuis, l'âne est la victime favorite du dieu de l'Hellespont.

Les Fastes, I, 391-440

5. Pan.

HOMÈRE
VIIIe s. av. J.-C.

VIRGILE
Ier s. av. J.-C.

CLAUDIEN
Ve s. ap. J.-C.

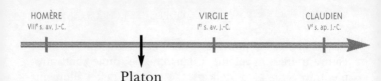

Platon

Alcibiade (450-404 av. J.-C.) fut l'un des hommes politiques athéniens les plus critiqués. Sa beauté, elle, est incontestée. Le jeune homme – il a tout juste trente ans lorsqu'il devient stratège – traîne tous les cœurs après lui. Comme nombre de jeunes Grecs, il cherche un éraste, c'est-à-dire un homme d'âge mûr qui l'initie à la fois à l'amour et à la vie. Le plus beau de la cité se verrait bien avec le plus intelligent, Socrate. Le philosophe ne semble guère convaincu, comme le raconte avec humour Platon.

REFUS SOCRATIQUE

Il[1] était donc couché sur le lit qui touchait le mien et où il avait dîné, et personne ne dormait dans l'appartement que nous deux. Jusqu'ici, ce que j'ai dit pourrait fort bien se raconter devant tout le monde. Mais pour ce qui va suivre vous ne me l'auriez pas entendu dire si, comme dit le proverbe, dans le vin (faut-il ou non parler de la bouche des enfants ?) ne se trouvait la vérité.

Ainsi donc, mes amis, quand la lampe fut éteinte et que les esclaves furent partis, je pensai que je ne devais pas ruser avec lui, mais dire franchement ma pensée. Je dis alors en le poussant : « Tu dors, Socrate ? – Pas du tout, répondit-il. – Sais-tu ce que je pense ? – Quoi donc au juste ? dit-il. – Je pense, dis-je, que tu es, toi, un amant digne de moi, le seul qui le soit, et je vois bien que tu hésites à en parler. Pour moi, voici mon sentiment : il est tout à fait stupide, à mon avis, de ne pas te faire plaisir en ceci, comme en toute chose où tu aurais besoin de ma fortune ou de mes amis. Rien en effet ne compte plus à mes yeux que de devenir le meilleur possible, et je pense que

1. Socrate.

48

dans cette voie personne ne peut m'aider avec plus de maîtrise que toi. Dès lors je rougirais bien plus devant les sages
de ne point faire plaisir à un homme tel que toi, que je ne
rougirais, devant la foule des imbéciles, de te faire plaisir. »
Il m'écouta, prit son air de faux naïf, tout à fait dans son
style habituel, et me dit : « Mon cher Alcibiade, tu ne dois
pas être trop maladroit en réalité, si ce que tu dis sur mon
compte est vrai et si j'ai quelque pouvoir de te rendre
meilleur. Tu vois sans doute en moi une beauté peu commune et bien différente de la grâce qui est la tienne. Si
donc cette observation t'engage à partager avec moi et à
échanger beauté contre beauté, le profit que tu penses
faire à mes dépens n'est pas mince. Tu n'essayes pas de
posséder l'apparence de la beauté, mais sa réalité, et tu
songes à troquer, en fait, "le cuivre contre de l'or". Eh
bien, mon bel ami, regarde mieux, de peur de t'illusionner
sur mon compte : je ne suis rien. La vision de l'esprit ne
commence à être pénétrante que quand celle des yeux se
met à perdre de son acuité : tu en es encore assez loin. »
Je crus, après cet échange de propos, que j'avais en
quelque sorte lancé des traits qui l'avaient blessé. Je me
levai sans lui permettre de rien ajouter, j'étendis sur lui
mon manteau – c'était l'hiver – je m'allongeai sous son
vieux manteau à lui, j'enlaçai de mes bras cet être véritablement divin et merveilleux, et je restai ainsi couché toute
la nuit. Sur ce point-là non plus, Socrate, tu ne diras pas
que je mens. Tout ce que je fis ainsi montra combien il
était le plus fort : il dédaigna ma beauté, il s'en moqua, il
lui fit outrage. Là-dessus pourtant j'avais quelque préten-
tion, messieurs les juges – car vous êtes juges de l'outrecui-
dance de Socrate. Sachez-le bien, je le jure par les dieux,
par les déesses, je me levai après avoir dormi aux côtés de
Socrate, sans que rien de plus extraordinaire se fût passé
que si j'avais dormi près de mon père ou de mon frère
aîné.

Le Banquet, 217e-219d

III

DE L'AMOUR,
UN PEU DE THÉORIE

LOIS DE L'ATTRACTION
ET MÉCANISMES DE LA SÉDUCTION

« Il y a des gens qui n'auraient jamais été amoureux s'ils n'avaient jamais entendu parler de l'amour », écrivait La Rochefoucauld dans ses *Maximes*. Si les Anciens considèrent que la pulsion érotique est née avec le monde, ils sont aussi persuadés que, très tôt, les hommes et les femmes cessèrent de se jeter indifféremment les uns sur les autres, comme des bêtes, pour assouvir les exigences élémentaires du plaisir et de la reproduction. Le modèle du couple monogame se diffusa, et la spécification du désir qui s'ensuivit intrigua les philosophes et les écrivains, tous pressés d'élucider ce raffinement du cœur imposé au corps. Les explications philosophiques et théoriques de l'attraction amoureuse ont connu un tel succès qu'elles sont passées dans le langage courant. Les images de « l'âme sœur », de la « douce moitié », sont empruntées au mythe de l'androgyne narré par Platon dans *Le Banquet*; nous devons les « atomes crochus » aux philosophes épicuriens. C'est dans le livre II de son ouvrage intitulé *De la nature* que Lucrèce évoque ces atomes dotés de crochets qui leur permettent de former des agrégats avec d'autres et de se constituer en corps physiques. Bien qu'il n'y ait rien d'érotique dans ce développement, l'image a su séduire des générations d'individus qui, fascinés par les mystères de l'attirance amoureuse, ont tenté de rationaliser un phénomène inexplicable.

HOMÈRE
VIIIe s. av. J.-C.

VIRGILE
Ier s. av. J.-C.

CLAUDIEN
Ve s. ap. J.-C.

Platon

Pourquoi certaines personnes sont-elles attirées l'une vers l'autre ?
Pourquoi nul n'est insensible à l'amour ? Dans Le Banquet, *l'un*
des convives, Aristophane, en explique la raison, sous la forme d'un
mythe : au temps des origines, les mortels appartenaient à la race des
androgynes, à la fois hommes et femmes.

LE MYTHE DE L'ANDROGYNE

Mais d'abord il vous faut connaître la nature humaine
et les épreuves qui l'ont affectée. Au temps jadis notre
nature n'était pas la même qu'à présent, elle était très différente. D'abord il y avait chez les humains trois genres, et
non pas deux comme aujourd'hui, le mâle et la femelle. Il
en existait un troisième, qui tenait des deux autres ; le nom
s'en est conservé de nos jours, mais le genre, lui, a disparu ;
en ce temps-là, en effet, existait l'androgyne, genre distinct,
qui pour la forme et pour le nom tenait des deux autres, à
la fois du mâle et de la femelle. Aujourd'hui il n'existe plus,
ce n'est plus qu'un nom déshonorant.

Ensuite, la forme de chaque homme constituait un tout,
avec un dos arrondi et des flancs bombés. Ils avaient quatre
mains, le même nombre de jambes, deux visages tout à fait
pareils sur un cou parfaitement rond ; leur tête, au-dessus
de ces deux visages situés à l'opposé l'un de l'autre, était
unique ; ils avaient aussi quatre oreilles, deux organes de la
génération, et le reste à l'avenant, autant qu'on peut l'imaginer. Ils se déplaçaient ou bien en ligne droite, comme à
présent, dans le sens qu'ils voulaient ; ou bien, quand ils se
mettaient à courir rapidement, ils opéraient comme les
acrobates qui exécutent une culbute et font la roue en
ramenant leurs jambes en position droite : ayant huit
membres qui leur servaient de points d'appui, ils avançaient rapidement en faisant la roue. La raison pour

laquelle il y avait trois genres, et conformés de la sorte, c'est que le mâle tirait son origine du soleil, la femelle de la terre, et le genre qui participait aux deux de la lune, étant donné que la lune elle aussi participe des deux autres. Circulaire était leur forme et aussi leur démarche, du fait qu'ils ressemblaient à leurs parents. De là leur force terrible, et leur vigueur, et leur orgueil immense.

Le Banquet, 189d-190c

Le temps mythique des amours solipsistes est bientôt révolu. Aristophane raconte la séparation initiale et la quête qui s'ensuivit. Aujourd'hui encore, bienheureux sont ceux qui ont trouvé leur moitié.

PREMIER CHAGRIN D'AMOUR

Ils[1] s'attaquèrent aux dieux, et ce que raconte Homère au sujet d'Éphialte et d'Otos[2] concerne les hommes de ce temps-là: ils tentèrent d'escalader le ciel pour combattre les dieux.

Alors Zeus et les autres dieux se demandèrent quel parti prendre: ils étaient bien embarrassés. Ils ne pouvaient en effet les tuer, et détruire leur espèce en les foudroyant comme les géants, car c'était perdre complètement les honneurs et les offrandes qui leur venaient des hommes; mais ils ne pouvaient non plus tolérer leur insolence. Après avoir laborieusement réfléchi, Zeus parla: « Je crois, dit-il, tenir un moyen pour qu'il puisse y avoir des hommes et que pourtant ils renoncent à leur indiscipline: c'est de les rendre plus faibles. Je vais maintenant, dit-il, couper par

---

1. Les hommes.
2. Les Géants, pour escalader le ciel, entassèrent sur l'Olympe les monts Pélion et Ossa.

moitié chacun d'eux. Ils seront ainsi plus faibles, et en même temps ils nous rapporteront davantage, puisque leur nombre aura grandi. Ils marcheront droits sur deux jambes, mais s'ils se montrent encore insolents et ne veulent pas rester tranquilles, je les couperai en deux une fois de plus, et dès lors ils marcheront sur une seule jambe, à cloche-pied. » Ayant ainsi parlé, il coupa les hommes en deux, comme on coupe les cormes pour les mettre en conserve, ou comme on coupe les œufs avec un crin. Quand il en avait coupé un, il demandait à Apollon[3] de lui retourner le visage et la moitié du cou, du côté de la coupure, pour que l'homme, ayant sous les yeux la coupure qu'il avait subie, fût plus modeste, et il lui demandait de guérir le reste. Apollon retournait alors le visage et, ramenant de toutes parts la peau sur ce qui s'appelle à présent le ventre, comme on fait avec les bourses à cordons, il l'attachait fortement au milieu du ventre en ne laissant qu'une ouverture – ce qu'on appelle le nombril. Puis il effaçait la plupart des plis qui subsistaient, il modelait exactement la poitrine avec un outil pareil à celui qu'emploient les cordonniers pour aplanir sur la forme les plis du cuir. Il laissa pourtant quelques plis, ceux qui se trouvent dans la région du ventre et du nombril, comme souvenir du traitement subi jadis.

Quand donc l'être primitif eut été dédoublé par cette coupure, chacun, regrettant sa moitié, tentait de la rejoindre. S'embrassant, s'enlaçant l'un à l'autre, désirant ne former qu'un seul être, ils mouraient de faim, et d'inaction aussi, parce qu'ils ne voulaient rien faire l'un sans l'autre. Et quand une des moitiés était morte et que l'autre survivait, la moitié survivante en cherchait une autre et s'enlaçait à elle – qu'elle rencontrât la moitié d'une femme entière, c'est-à-dire ce qu'aujourd'hui nous appelons une femme, ou la moitié d'un homme. Ainsi l'espèce s'étei-

---

3. Apollon, dieu guérisseur, aide son père.

gnait. Mais Zeus, pris de pitié, s'avise d'un autre expédient : il transporte sur le devant leurs organes de la génération. Jusqu'alors en effet ils les avaient sur leur face extérieure, et ils engendraient et enfantaient non point en s'unissant mais dans la terre comme les cigales. Il transporta donc ces organes à la place où nous les voyons, sur le devant, et fit que par ce moyen les hommes engendrèrent les uns dans les autres, c'est-à-dire par l'organe mâle, dans la femelle. Son but était le suivant : dans l'accouplement, si un homme rencontrait une femme, ils auraient un enfant et l'espèce se reproduirait ; mais si un mâle rencontrait un mâle, ils trouveraient au moins une satiété dans leurs rapports, ils se calmeraient, ils se tourneraient vers l'action et pourvoiraient aux autres besoins de leur existence. C'est évidemment de ce temps lointain que date l'amour inné des hommes les uns pour les autres, celui qui rassemble des parties de notre nature ancienne, qui de deux êtres essaye d'en faire un seul et de guérir la nature humaine.

Chacun d'entre nous est donc une fraction d'être humain dont il existe le complément, puisque cet être a été coupé comme on coupe les soles, et s'est dédoublé. Chacun, bien entendu, est en quête perpétuelle de son complément.

Le Banquet, 189d-191d

HOMÈRE
VIIIe s. av. J.-C.

VIRGILE
Ier s. av. J.-C.

CLAUDIEN
Ve s. ap. J.-C.

Horace

Dans une ode peut-être adressée au poète élégiaque Tibulle (Albius Tibullus), Horace rappelle que Vénus et Cupidon prennent un malin plaisir à former des couples mal assortis, ou à inspirer des passions sans espoir.

CŒURS DÉSUNIS

Albius, ne te désole pas hors de toute mesure en songeant à l'inclémente Glycère[1], ne te répands point en élégies plaintives pour la raison qu'au mépris de la foi jurée un plus jeune t'éclipse à ses yeux :

Lycoris, que pare un front court, brûle d'amour pour Cyrus ; Cyrus se détourne vers la rétive Pholoé ; mais les chevreuils s'uniront aux loups de l'Apulie

avant que Pholoé ait des faiblesses pour un amant mal fait : ainsi l'a voulu Vénus, qui se plaît, par un jeu cruel, à envoyer sous le joug d'airain des corps, des cœurs mal appariés.

Moi-même, alors que m'invitait une Vénus meilleure, je trouvai du plaisir à rester dans les chaînes de Myrtale, une affranchie, plus emportée que les flots de l'Adriatique creusant les golfes calabrais.

Odes, I, 33

---

1. Le texte fait une sorte de jeu de mots : le prénom Glycère est dérivé du grec *glukera*, qui signifie « douce ».

L'AMOUR, UNE MALADIE ?

Aux représentations de Cupidon armé de flèches ou de flambeaux répond le motif de la blessure et de la brûlure amoureuse que rien ne parvient à guérir. Il faut dire que les Anciens avaient déjà compris que le mal d'amour était moins physique que psychologique : ils sont les premiers à faire de l'amour une « passion » (*pathos* en grec), une « maladie » de l'âme si puissante qu'elle est capable de s'étendre au corps quand la raison finit par lui céder. De nos jours, le terme « passion » est galvaudé. Dès l'Antiquité cependant, l'amour est un processus psychique et physiologique qu'il convient de surveiller et d'encadrer. Les philosophes, les médecins, les politiques et, plus tard, les religieux se relaient au chevet des victimes de cette « affection ». Hâves, pâles et épuisées, elles ne parviennent plus à manger ni à dormir, errent jusqu'aux confins de la folie. Les avantages et les inconvénients de chaque remède font l'objet d'âpres discussions : faut-il encourager l'abstinence, l'activité sexuelle régulière dans le cadre conjugal ou l'abandon aux exigences du corps ? Faut-il livrer les patients aux caresses de leur maîtresse ou les en garder à tout jamais pour mieux éteindre la fièvre du désir ?

HOMÈRE
VIIIᵉ s. av. J.-C.

VIRGILE
Iᵉʳ s. av. J.-C.

CLAUDIEN
Vᵉ s. ap. J.-C.

Plutarque

L'Erotokritos, ou «dialogue sur l'amour», analyse à l'occasion d'un mariage peu ordinaire les causes et les conséquences pratiques, physiques, philosophiques et morales du sentiment amoureux. le désir ne serait-il rien d'autre qu'une manifestation physiologique ?

QU'EST-CE QUE LE DÉSIR?

La nature excite en nous un appétit modéré et suffisant pour le pain et les autres aliments, mais le désir excessif et passionné de nourriture reçoit le nom de gourmandise ou de gloutonnerie. De la même manière, la nature a mis en nous le besoin du plaisir mutuel que se donnent l'homme et la femme, mais le désir qui nous y entraîne, quand il se fait violent, fougueux, effréné, ne mérite certes pas le nom d'amour. En effet, tandis que l'Amour qui s'attache à une âme jeune et bien douée aboutit à la vertu par le chemin de l'amitié, ces désirs éprouvés pour des femmes, même dans les meilleurs cas, ne permettent de jouir que des voluptés et des plaisirs passagers du corps. C'est ce dont témoigne la réponse d'Aristippe à l'homme qui, pour nuire à Laïs, lui disait qu'elle ne l'aimait pas: « Je ne pense pas que le vin ou le poisson aient de l'amour pour moi, et pourtant j'use avec plaisir de l'un et de l'autre. » En effet, le désir n'a pour fin que le plaisir et la jouissance; l'Amour, lui, quand il perd l'espoir d'inspirer l'affection, renonce à assiéger de ses soins l'éclat éphémère de la jeunesse en fleur, si celle-ci ne produit pas le fruit propre à son caractère, gage d'amitié et de vertu.

Tu connais cette réplique d'un personnage de tragédie à sa femme :

Tu me hais ? Volontiers je subirai ta haine,
Sachant de tes mépris pour moi faire une aubaine!

Il n'est pas plus amoureux qu'un tel mari, l'homme qui supporte, non pas en vue d'un profit quelconque, mais à cause du seul plaisir des sens, une femme détestable et sans affection pour lui. Tel l'orateur Stratoclès que Philippidès, le poète comique, raillait en ces termes :

Quand tu veux l'embrasser, elle tourne la tête,
À peine effleures-tu le haut de ses cheveux.

S'il faut donner à une telle union le nom d'amour, il s'agit alors d'un Amour efféminé et bâtard qui est confiné dans le gynécée comme dans un Cynosarge[1]. Disons mieux : il n'y a que l'aigle des montagnes qui soit de race pure, celui qu'Homère appelle « l'aigle noir » ou « l'aigle chasseur », à la différence de ces aigles de race bâtarde qui, vivant autour des marais, capturent des poissons et les plus lents d'entre les oiseaux, mais qui, le plus souvent, manquant de nourriture, poussent des plaintes lamentables d'affamés : de la même façon, il n'est qu'un véritable Amour, celui qu'inspirent les garçons.

Œuvres morales. Traité 47, 750d-751a

1. Gymnase.

HOMÈRE
VIIIᵉ s. av. J.-C.

VIRGILE
Iᵉʳ s. av. J.-C.

CLAUDIEN
Vᵉ s. ap. J.-C.

Lucrèce

Après les mythes qui tentent d'expliquer les mystères de l'atti-rance, vient le temps de la rationalisation. Le poète épicurien Lucrèce entreprend de démythifier le coup de foudre et l'émoi amou-reux en décrivant les mécanismes physiques mus par la pulsion érotique. Il en profite pour dénoncer les illusions du sentiment amoureux et les déceptions de l'étreinte.

PHYSIOLOGIE DE L'AMOUR

Cette semence, dont nous venons de parler, s'agite en nous dès que l'adolescence commence à fortifier nos organes. Et comme chaque objet est ému et sollicité par une cause particulière, seule l'influence d'un être humain est capable de faire jaillir du corps humain la semence de l'homme. À peine expulsée des parties du corps où elle avait fait son siège, celle-ci traverse les membres et les organes, et, se retirant de l'ensemble de l'organisme, elle va se concentrer dans certaines régions nerveuses, pour éveiller aussitôt et surtout les parties génitales. Ces parties irritées se gonflent de semence, et la volonté surgit de la répandre dans l'objet que brûle d'atteindre la fureur du désir ; le corps vise l'objet qui a blessé l'âme d'amour. Car c'est un fait général que le blessé tombe du côté de sa plaie : le sang gicle dans la direction où le coup nous a frappés, et l'ennemi même, s'il se trouve à portée, est cou-vert par le jet rouge. Ainsi en est-il de l'homme blessé par les traits de Vénus : qu'ils lui soient lancés par un jeune garçon aux membres féminins, ou par une femme dont toute la personne répand l'amour, il pousse droit vers l'au-teur de son mal, il brûle de s'unir étroitement à lui, et de lui lancer dans le corps la liqueur jaillie du sien, car le muet désir qui l'anime lui donne un avant-goût de la volupté.

Voilà pour nous ce qu'est Vénus ; de là vient le nom de l'Amour ; c'est ainsi que Vénus distille dans notre cœur les premières gouttes de sa douceur, à laquelle succède le souci glacial. Car, en l'absence de l'objet aimé, toujours son image est présente à nos yeux, toujours son doux nom obsède notre oreille. [...]

Du reste, l'intervention de Vénus brise les élans furieux de la passion, et les caresses de la volupté se mêlent aux morsures pour les réfréner, car l'amour espère toujours que l'objet qui alluma cette ardente flamme est capable en même temps de l'éteindre : illusion que combattent les lois de la nature. C'est le seul cas en effet où plus nous possédons, plus notre cœur s'embrase de désirs furieux. Les aliments, les boissons, sont absorbés et passent dans notre organisme ; ils peuvent y occuper des places fixes : aussi est-il facile de combler le désir du boire et du manger. Mais d'un beau visage et d'un bel incarnat, rien ne pénètre en nous dont nous puissions jouir, sinon des simulacres[1], d'impalpables simulacres, espoir misérable que bientôt emporte le vent. Semblables à l'homme qui, dans un rêve, veut apaiser sa soif et ne trouve pas d'eau pour éteindre l'ardeur qui le consume – il s'élance vers des simulacres de sources, il s'épuise en vains efforts et demeure assoiffé au milieu du torrent où il s'efforce de boire – ainsi les amoureux sont dans l'amour le jouet des simulacres de Vénus. Ceux-ci ne peuvent les rassasier par la vue de l'être aimé ; leurs mains ne sauraient détacher une parcelle de ces membres délicats sur lesquels ils laissent errer leurs caresses incertaines.

De la nature, IV, 1036-1112

---

1. Le terme a ici un sens particulier et peut se définir comme une pellicule atomique qui se dégage de l'objet, en conserve la forme et vient frapper les sens, donnant ainsi une représentation parfaitement exacte de l'objet sans être l'objet.

Soranos d'Éphèse

Pour une jeune fille de famille, il était déshonorant de ne pas arriver vierge à ses noces, et plus encore que cela se sût. Une virginité tardive nuit-elle cependant à la santé ? Le médecin Soranos d'Éphèse examine la question.

FAUT-IL RESTER VIERGE ?

La virginité prolongée est-elle favorable à la santé ?

Certains auteurs ont présenté la virginité prolongée comme favorable à la santé, d'autres comme défavorable. Les premiers tiennent le langage que voici : le désir crée une souffrance pour le corps, et, de fait, nous ne voyons que pâleur, langueur et maigreur dans celui des amoureux ; or la virginité, par inexpérience des plaisirs de l'amour, ne connaît pas le désir. De plus, toute émission de semence est préjudiciable, aussi bien aux femelles qu'aux mâles ; donc la virginité est un facteur de santé, puisqu'elle fait obstacle à toute émission de semence. Les animaux témoignent eux aussi en faveur de cet argument : les juments qui n'ont pas été saillies sont meilleures coureuses ; les truies dont on a excisé la matrice sont plus grosses, s'engraissent mieux, sont plus vigoureuses, et ont une chair aussi ferme que celle des mâles. Ces constatations s'imposent aussi dans le cas des humains : puisque les hommes qui restent chastes sont plus forts, plus grands et en meilleure santé que les autres, il s'ensuit que pour les femmes elles-mêmes la virginité est en général salutaire dans une mesure analogue ; en effet, les grossesses et les couches épuisent le corps féminin, le flétrissent en profondeur, tandis que la virginité, en soustrayant les femmes aux ravages de cette origine est à bon droit qualifiée de salutaire.

Les tenants de l'opinion contraire s'expriment ainsi : le goût pour les plaisirs amoureux n'est pas l'apanage des seules femmes ; les filles vierges le ressentent aussi. En tout cas, certaines filles subissent des passions plus violentes que celles des femmes faites, car, s'il existe un répit au désir, c'est bien dans l'accomplissement de l'acte sexuel qu'il réside, et non pas dans l'abstinence. Donc le fait d'être maintenue vierge ne supprime pas le désir. Quant à l'émission de la semence, certains prétendent que ni chez les mâles ni chez les femelles elle n'est préjudiciable en tant que telle, mais qu'elle l'est seulement par l'excès. Le corps pâtit en effet de constantes émissions séminales, mais il tire avantage d'émissions espacées, qui vont jusqu'à faire disparaître des gênes motrices et des malaises. Et d'ailleurs, nombreux sont ceux qui, après un rapport sexuel, se trouvent plus ingambes et mieux portants.

Maladies des femmes, I, 9, 1-30

HOMÈRE
VIIIᵉ s. av. J.-C.

VIRGILE
Iᵉʳ s. av. J.-C.

CLAUDIEN
Vᵉ s. ap. J.-C.

Achille Tatius

À quoi reconnaît-on le mal d'amour ? Clinias livre à son cousin Clitophon une description du syndrome amoureux.

PREMIERS SYMPTÔMES

« Pour cela, répondit Clinias, ne cherche aucun enseignement d'autrui, car le dieu tire son enseignement de lui-même. Personne n'enseigne aux nouveau-nés où se nourrir, mais ils l'apprennent d'eux-mêmes et savent que dans les seins se trouve leur table ; comme eux, un garçon qui est pour la première fois gros d'amour n'a pas besoin de leçons pour enfanter : lorsque surviendra la douleur et qu'arrivera le terme, c'est sans te tromper, même si tu es gros pour la première fois, que tu sauras enfanter, accouché par le dieu lui-même. Tous les conseils d'ordre général et qui n'ont pas besoin de circonstances favorables particulières, apprends-les en m'écoutant. Toi, ne dis rien à la jeune fille des plaisirs d'Aphrodite, mais cherche comment l'acte peut s'accomplir, en silence. Pour la pudeur en effet, un jeune garçon et une jeune fille se ressemblent ; et même s'ils ont un penchant pour les charmes d'Aphrodite, ils ne veulent pas entendre parler de ce qu'ils éprouvent, car ils croient que le déshonneur gît dans les mots. Ce sont en effet les femmes faites qui se réjouissent même des paroles ; mais une jeune fille supporte les premières escarmouches que tentent les amants et, soudain, donne son consentement par des signes de tête ; mais si tu t'approches en lui demandant l'acte, ta voix effarouchera ses oreilles ; elle rougit, déteste tes paroles et se croit insultée, et même si elle désire promettre ses faveurs, elle a honte. Lorsqu'elle entend parler de la tentative et qu'elle trouve du plaisir aux paroles, c'est alors qu'elle croit plutôt subir l'acte. »

Le Roman de Leucippé et Clitophon, I, 10

66

HOMÈRE
VIIIe s. av. J.-C.

VIRGILE
Ier s. av. J.-C.

CLAUDIEN
Ve s. ap. J.-C.

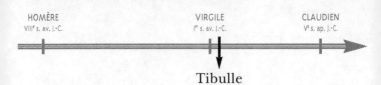

Tibulle

Douleur, insomnie et ennui : l'amour distille son venin dans l'âme du poète, à qui ses vers inutiles n'inspirent plus que dégoût.

LA MALADIE D'AMOUR DU POÈTE

Me voici donc en esclavage, je le vois, et sous le joug d'une maîtresse : adieu désormais, belle liberté de mes pères ; mais c'est un esclavage bien dur qui m'est imposé, je suis attaché avec des chaînes et jamais, pour mon malheur, Amour ne desserre les liens, et, pour je ne sais quelle faute ou quelle erreur, il me brûle ; je brûle ! ah ! éloigne, cruel, tes torches. Oh ! plutôt que de ressentir de pareilles douleurs, que j'aimerais mieux n'être, sur des montagnes glacées, qu'une pierre, n'être qu'une roche dressée, exposée au déchaînement des vents et battue par l'onde vitreuse de la mer qui engloutit les vaisseaux ! Maintenant amer est le jour, et l'ombre de la nuit plus amère encore : c'est que tous les instants, pour moi, sont empoisonnés d'un âcre fiel ; et je n'ai plus rien à attendre ni de mes élégies ni d'Apollon qui m'inspire mes vers ; c'est de l'or que ne cesse de réclamer sa main grande ouverte.

Élégies, II, 4, 1-15

IV

AVANT LA PRATIQUE

QUI SÉDUIRE ?

Tous les cœurs ne sont pas à prendre, ou ne s'éprennent pas de la même manière. À Athènes, les femmes mariées et les jeunes filles sont surveillées de près, si bien qu'avant de séduire la belle, mieux vaut circonvenir son esclave ou amadouer son père. L'adultère avec une femme libre est puni, parfois de mort, selon la loi de Dracon, tandis que la loi de Gortyne inflige une amende pécuniaire de cent statères si l'homme est pris en flagrant délit dans la maison du père ou de l'époux, et de cinquante seulement si l'adultère a lieu ailleurs. Idem à Rome : aimer hors mariage une femme libre, qu'elle soit patricienne ou plébéienne ne va pas sans risque. L'empereur Auguste, après avoir interdit le célibat, réprima sévèrement l'adultère pour restaurer la morale publique. Voilà qui favorise les amours ancillaires : à moins d'être très audacieux, ou très amoureux, mieux vaut jeter son dévolu sur l'esclave que sur sa maîtresse. L'amour des garçons n'est pas plus facile, quand il a lieu entre hommes libres : il ne s'agit plus de ruser avec la loi, mais avec la psychologie. Observer, déduire ce qui fera rougir puis plaisir est un art à part entière dont voici quelques exemples.

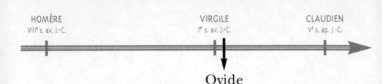

HOMÈRE
VIIIe s. av. J.-C.

VIRGILE
Ier s. av. J.-C.

CLAUDIEN
Ve s. ap. J.-C.

Ovide

La chasse amoureuse ne s'en remet pas au hasard ; il est exclu de ne compter que sur sa bonne fortune. Le séducteur doit avoir mûri son choix et cerné sa cible pour être certain de frapper au cœur. Il va droit où il sait la trouver dans la cité devenue, par la grâce de Vénus, capitale du monde et de l'amour.

PLAN DE BATAILLE

Avant tout, préoccupe-toi de trouver l'objet de ton amour, soldat qui, pour la première fois, affrontes des combats où tu es neuf. Consacre tes efforts ensuite à toucher la jeune fille qui t'a plu, et, en troisième lieu, à faire durer ton amour. Voilà nos limites ; voilà la carrière où notre char laissera sa trace ; voilà la borne que devra serrer la roue lancée à toute vitesse.

Tandis que, libre encore, tu vas où tu veux, la bride sur le cou, choisis celle à qui tu puisses dire : « Toi seule me plais. » Elle ne tombera pas du ciel, glissant parmi l'air subtil ; il te faut chercher la femme qui charmera tes yeux. Il sait bien, le chasseur, où tendre les filets à cerfs ; il sait bien la vallée que hantent les grognements du sanglier ; l'oiseleur connaît le bocage ; celui qui tient l'hameçon suspendu connaît les eaux où nagent beaucoup de poissons. Toi aussi, qui recherches un objet qui fixe ton amour pour longtemps, apprends d'abord où l'on rencontre en abondance la jeune fille.

Tes recherches ne te forceront pas à mettre à la voile et, pour trouver, tu n'auras pas à parcourir une longue route. Andromède, Persée a été la chercher chez les noirs Indiens, et un Phrygien a enlevé une Grecque[1] ; je le veux bien. Tant

---

1. Allusion à l'enlèvement d'Hélène par Pâris.

et de si belles filles se rencontreront à Rome que l'on peut dire : « Notre ville possède tout ce qu'a pu produire l'univers. » Autant le Gargare est fertile en blé, autant Méthymne est fertile en grappes, autant l'onde cache de poissons, le feuillage d'oiseaux, le ciel d'étoiles, autant il y a de femmes à Rome, où tu habites ; la mère d'Énée[2] a fixé sa demeure dans la ville de son cher fils. Si tu es séduit par des charmes jeunes et encore dans leur développement, à tes yeux s'offrira, intacte, une jeune fille. Préfères-tu une beauté épanouie ? Mille, dans l'épanouissement de leur beauté, te plairont, et, malgré toi, tu ne sauras où fixer tes vœux. Que si, par hasard, tu aimes un âge déjà mûr et plus expert, la troupe, crois-moi, sera encore plus compacte.

L'Art d'aimer, I, 35-66

2. Vénus.

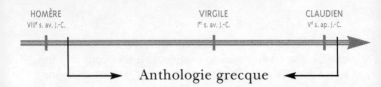

HOMÈRE
VIII° s. av. J.-C.

VIRGILE
I° s. av. J.-C.

CLAUDIEN
V° s. ap. J.-C.

Anthologie grecque

Pour qui veut aimer, toutes les femmes sont bonnes à prendre. De la débutante à la courtisane, en passant par la laide, la sotte, la vieille ou l'adultère, les cœurs légers des poètes de l'Anthologie grecque *en dressent le catalogue.*

QUELLE FEMME CHOISIR ?

D'AGATHIAS LE SCHOLASTIQUE

Quelle voie suivre à la recherche des amours ? Dans les rues, tu te lamenteras sur la luxure assoiffée d'or de la courtisane. Approches-tu le lit d'une vierge ? Tu en passeras par le mariage régulier ou le châtiment des séducteurs. Provoquer l'insipide jouissance d'une femme légitime, est-ce chose tolérable du moment qu'elle l'exige comme son dû ? La couche de l'adultère est détestable, étrangère à l'amour, à mettre de pair avec le goût criminel des pédérastes. Une veuve ? La licencieuse prend le premier venu pour amant et a en tête toutes les ruses d'une courtisane. La pudique ? À peine s'est-elle donnée amoureusement qu'elle sent l'aiguillon d'un repentir impitoyable et prend en horreur l'acte qu'elle a commis ; ayant un reste de pudeur, elle bat en retraite jusqu'au message qui met fin à la liaison. As-tu des relations avec ta propre domestique ? Accepte, toi aussi, de devenir à ton tour l'esclave d'une servante. Est-ce avec la domestique d'un autre ? Alors la loi t'appliquera une marque infamante en dépistant là un attentat contre un être appartenant à autrui. Diogène a bien évité tous ces ennuis, lui qui avec sa main chantait l'hymne nuptial, sans avoir besoin de Laïs.

De Rufin

Plutôt que sur les grandes dames, nous portons notre choix sur leurs servantes, nous qui n'avons pas le goût des voluptés qu'il faut dérober. Les unes ont la peau parfumée, le port imposant, un commerce dont on jouit… jusqu'au moment du danger. Les autres ont une grâce, une fraîcheur naturelle ; leur couche est accessible et des présents, salaire du plaisir, ne leur font pas perdre la raison. J'imite Pyrrhos, le fils d'Achille, qui à Hermione sa femme préféra son esclave Andromaque.

Épigrammes, V, 302 et 18

HOMÈRE
VIIIᵉ s. av. J.-C.

VIRGILE
Iᵉʳ s. av. J.-C.

CLAUDIEN
Vᵉ s. ap. J.-C.

Aristénète

*Les vierges sont surveillées, les femmes mariées ne se déplacent
jamais seules et les jeunes gens vont en groupe sous la férule d'un
pédagogue. Mieux vaut ne se risquer à l'aventure que lorsque l'objet
du désir est prêt à ouvrir, au moins, son cœur.*

REPÉRER LA PROIE

Philochoros à Polyen.

Le bel Hippias, du dème Alopéké, me disait récemment
en me regardant d'un air courroucé : « Mon cher, tu vois
celle-là, qui pose la main sur une petite servante. Comme
elle est grande, comme elle est jolie et fort distinguée !
Pardieu, la femme est élégante, autant du moins qu'à première vue on peut le conjecturer d'un rapide examen.
Allons-y ; rapprochons-nous et tentons notre chance sur la
belle. – C'est une honnête femme, dis-je, je pense qu'elle le
montre avec sa tunique pourpre et j'ai peur que notre
entreprise soit bien téméraire. Examinons-la très attentive-
ment, car je sais qu'on n'est pas du tout sans courir un danger. » Hippias eut un sourire de réprobation, puis,
allongeant la main comme s'il voulait me donner une gifle,
il me gronda : « Par Apollon, tu es un nigaud, me dit-il ; tu
es absolument ignorant de ce qui concerne Aphrodite. Une
honnête femme, à cette heure et en pleine ville, ne se pro-
mènerait pas en se pavanant comme elle le fait, et souriante
à tout venant. Ne sens-tu pas, et de loin, comme elle répand
une odeur de parfum ? N'as-tu pas entendu le bruit de ses
bracelets sonores qu'elle secoue si agréablement, comme
les femmes en ont l'habitude, en relevant à dessein la
main droite et en s'effleurant la poitrine : signaux galants
qui leur servent pour attirer vers elles les jeunes gens ?
Je me suis retourné : elle aussi s'est retournée à son tour.
À ses griffes, je reconnais le lion. Il faut donc y aller, cher

Philochoros, car rien ne nous gênera; nous avons les meilleures chances. D'ailleurs la réalité le prouvera, comme disait le passeur du fleuve. Et ce que nous attendons, il est évident que nous le réaliserions facilement si nous le voulions. » Il s'approcha donc, la salua et, lui adressant la parole, il lui déclara: « Au nom de ta beauté, Madame, tu me permets bien de m'entretenir à ton sujet un instant avec ta servante? Nous ne dirons rien avec cette petite fille que tu ne saches et nous ne solliciterons aucune faveur gratuite d'Aphrodite. Nous te récompenserons comme tu le voudras. D'ailleurs, je le sais, tu ne voudras rien que de raisonnable. Accepte, ma belle. » La femme témoignait d'un gracieux consentement par ses yeux pleins de désirs complaisants. Et ce n'était pas une promesse hypocrite qu'elle manifestait; elle s'était arrêtée toute rougissante et elle jetait un de ces regards enflammés dont la séduisante douceur évoquait le scintillement que produit l'or pur. Alors Hippias se tourna vers moi et me dit: « Je pense que je n'avais pas mal conjecturé sur le caractère de cette femme. Je l'ai rapidement convaincue sans dépenser beaucoup de temps ni de longs discours. Toi, tu es encore novice en ces affaires. Mais suis-moi et apprends. Profite d'un maître en galanterie. Car pour la science des galanteries je me flatte d'être plus malin que personne. »

Lettres d'amour, I, 4

HOMÈRE
VIIIe s. av. J.-C.

VIRGILE
Ier s. av. J.-C.

CLAUDIEN
Ve s. ap. J.-C.

Théognis

À Athènes, la pédérastie fait partie des mœurs. Loin d'être interdite ou réprouvée, elle constitue une étape essentielle de la vie. Adolescent, l'homme est l'éromène, c'est-à-dire l'aimé, d'un compagnon plus vieux. L'âge venant, il est temps de devenir l'éraste, « l'aimant ». Nul n'est contraint de choisir et il est loisible d'alterner amours hétérosexuelles et homosexuelles, à l'instar du plus grand des dieux, Zeus.

L'AMOUR DES GARÇONS

Malheur! j'aime un garçon à la peau douce, qui m'expose aux regards de tous mes amis, alors que j'y répugne. J'endurerai sans dissimuler bien d'asservissantes contraintes; car ce n'est pas un amant indigne que celui dont on voit que je porte le joug.

Mais l'amour d'un garçon est une douce chose, puisque le Cronide[1] lui-même, le roi des Immortels, s'éprit aussi un jour de Ganymède: l'ayant ravi, il le fit monter à l'Olympe où il lui donna rang de dieu, à lui qui avait l'aimable fleur de la jeunesse. Ne t'étonne donc pas, Simonide, qu'on ait pu me voir à mon tour asservi par l'amour d'un joli garçon.

Jeune homme, ne festoie pas, et crois au conseil d'un vieillard: festoyer ne convient pas à un homme jeune.

L'amour, jusqu'à ce qu'il soit satisfait, est pour les jeunes, Cyrnos, amer ou doux, aimable ou cruel aussi bien. Satisfait, il n'est que douceur. Sa poursuite échoue-t-elle? Nul chagrin n'est plus grand au monde.

Les amants des jeunes garçons portent toujours, pour leur malheur, un joug sur leurs épaules: douloureux vestige de leurs mœurs trop hospitalières.

1. Zeus, le fils de Cronos.

Il faut, quand on est en mal de l'amour d'un jeune homme, n'y porter la main que comme à un feu de sarments.

Égaré hors de mon amitié, jeune homme, tu as, tel un vaisseau, donné contre l'écueil ; tu t'étais attaché à un câble pourri.

Jamais je ne te ferai de mal, même de loin ; et personne au monde ne saura me dissuader de t'aimer.

Ô le plus beau et le plus ravissant de tous les jeunes hommes, écoute, là debout, quelques mots de ma bouche.

La gratitude est la vertu du jeune amant ; en une femme aucun compagnon ne peut croire ; elle aime toujours l'homme qui est près d'elle.

L'amour d'un jeune garçon est bon à prendre, bon aussi à laisser ; c'est chose plus facile à rencontrer qu'à satisfaire. Il porte, suspendus à lui, mille maux, mille biens ; mais cela même enferme quelque charme.

Tu ne t'es jamais attardé pour moi ; tu te rends toujours, avec empressement, à chaque appel.

Heureux qui, épris de son jeune amant, ne connaît pas la mer, et n'a cure de la tombée de la nuit sur les flots.

Poèmes élégiaques, II, 1340-1375

L'ÂGE DE SÉDUIRE ET D'ÊTRE SÉDUIT

À quel âge, dans l'Antiquité, entre-t-on dans la course à l'amour ? Tout dépend du sexe et de la condition. Pour les garçons comme pour les filles, dès que la puberté pointe, le cœur est bon à prendre, mais la stratégie de séduction diffère. Mieux vaut ne pas effaroucher la vierge par des discours trop crus. À l'inverse, une femme, disons « d'expérience », préférera des propos plus explicites. L'amour des fruits verts ou des fruits mûrs ne tient pas le même langage. Chez les garçons, l'éromène convoité par l'éraste est tout juste pubère. « Un poil suffit à couper l'amour en deux », prévient un poète de l'*Anthologie grecque*. Il est cependant un âge auquel il faut songer à se retirer, « savoir quitter la table lorsque l'amour est desservi » : si toutes les combinaisons sont possibles, le barbon amoureux et la vieille décatie restent des personnages de comédie.

HOMÈRE
VIIIe s. av. J.-C.

VIRGILE
Ier s. av. J.-C.

CLAUDIEN
Ve s. ap. J.-C.

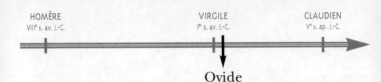

Ovide

Les hommes comme les femmes font leurs délices de l'ambiguïté sexuelle qui entoure les jeunes garçons à l'aube de la puberté. Ovide fait prononcer à la poétesse Sappho, chantre des amours féminines, un émouvant éloge de son amant Phaon, qui l'a captivée par son charme équivoque.

FAIT POUR L'AMOUR

Quoi d'étonnant si l'âge du premier duvet, si les années qu'un homme peut aimer m'ont entraînée ? Aurore, je craignais que tu ne l'enlevasses au lieu de Céphale, et tu l'aurais fait ; mais ta première conquête te retient. S'il était vu par celle qui voit tout, par Phébé, Phaon serait condamné à un sommeil éternel. Vénus l'eût emporté dans le ciel sur son char d'ivoire ; mais elle voit qu'il peut aussi plaire à son Mars. Ô point jeune homme encore et déjà plus enfant, âge bienvenu, ô l'ornement et la grande gloire de ton époque, accours vers moi, beauté, et retombe sur mon sein. Je ne te demande pas d'aimer, mais de te laisser aimer.

Héroïdes, XV, 85-106

HOMÈRE
VIII° s. av. J.-C.

VIRGILE
I° s. av. J.-C.

CLAUDIEN
V° s. ap. J.-C.

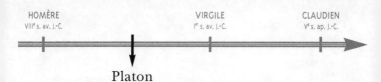

Platon

Même si l'homosexualité grecque ne se conçoit pas sans un écart de génération, Platon ne parie pas sur les couples où la différence d'âge est importante.

QUI SE RESSEMBLE S'ASSEMBLE

En effet, comme dit le vieux proverbe, on ne se plaît qu'avec ceux de son âge. Être du même âge porte aux mêmes plaisirs et dispose à l'amitié par la conformité des goûts, et pourtant la familiarité entre jeunes gens produit elle-même la satiété. D'autre part la contrainte, en tout et pour tous, est pesante : elle s'ajoute à la différence des âges, tout spécialement dans les rapports entre l'amant et l'aimé.

S'il fréquente un jeune homme, l'amant plus âgé n'accepte guère de le quitter ni jour ni nuit. Une passion irrésistible l'aiguillonne, et l'entraîne au plaisir toujours nouveau de voir, d'entendre, de toucher, de connaître par tous les sens celui qu'il aime : il fait ses délices de le servir sans défaillance. Mais quel encouragement, quels plaisirs donnera-t-il à son aimé, qui puissent épargner à celui-ci, dans la compagnie continuelle de son amant, d'en venir au parfait dégoût quand il verra un physique vieilli, dépourvu de fraîcheur, et que viendra s'ajouter le reste – qu'on répugne à entendre seulement nommer, et encore bien plus à pratiquer en fait, sous une contrainte perpétuelle. Il est soumis à une surveillance jalouse, en toute circonstance et dans tous ses entretiens. Il s'entend faire des compliments hors de propos et de mesure, ou tout aussi bien des reproches insupportables s'ils viennent d'un homme à jeun, et pas seulement insupportables, mais infamants, si l'amant s'enivre et parle avec une liberté grossière et impudente.

Phèdre, 240 c-e

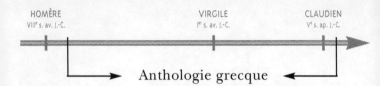

HOMÈRE
VIIIe s. av. J.-C.

VIRGILE
Ier s. av. J.-C.

CLAUDIEN
Ve s. ap. J.-C.

Anthologie grecque

Les plaisirs de l'amour ne sont pas réservés à la jeunesse. Si Cupidon est un éternel chérubin, les ans ne sont pas toujours un fardeau, et, comme les grands crus, certains ont la chance de voir leur corps se bonifier avec le temps.

LA PASSION DES FRUITS MÛRS

DE PHILODÈME

Charito achève d'accomplir ses soixante révolutions annuelles, mais elle a toujours ses longs flots de cheveux noirs et sur sa poitrine ses seins de marbre dressent encore leur pointe, sans qu'aucune ceinture les emprisonne ; sa peau, que ne flétrit aucune ride, distille toujours l'ambroisie, les séductions de toute sorte et des grâces innombrables. Allons, vous qui ne fuyez pas les désirs bouillonnants, vrais amants, venez ici, sans regarder au nombre de ses décades.

DE RUFIN

Des yeux d'or, une joue de cristal, une bouche plus charmante qu'un bouton de rose pourpre, un cou de marbre, des seins d'une splendeur éclatante et des pieds plus blancs que ceux de la blanche Thétis : si parmi ses boucles brillantes çà et là quelques pâles reflets, ce n'est pas pour quelques fils d'argent que je me détournerai d'elle.

DE NICARCHOS

Une belle femme, bien grande, voilà ce qui me séduit, soit qu'elle touche à l'âge mûr, soit même, Simylos, qu'elle l'ait dépassé. Une jeune saura me prendre dans ses bras ; mais si c'est une vieille, Simylos, oui, une vieille toute ridée, eh bien ! ce sont d'autres jouissances qu'elle me donnera.

Épigrammes, V, 13, 48, 38

HOMÈRE
VIII° s. av. J.-C.

VIRGILE
I° s. av. J.-C.

CLAUDIEN
V° s. ap. J.-C.

Horace

Alors que les Anciens aiment les garçons jeunes, ils ne sont pas tous friands de très jeunes filles. Ils convient plutôt leurs amis et lecteurs à patienter jusqu'à ce que les charmes et les désirs de ces belles soient parvenus à maturité.

SE MÉFIER DES RAISINS TROP VERTS

Elle n'est pas encore capable de recevoir sur son cou et de porter le joug[1], ni d'égaler son effort à celui d'un compagnon, ni de soutenir le poids du taureau se ruant à l'amour.

Il n'est occupé que des plaines verdoyantes, le cœur de ta génisse, et tantôt, dans les cours d'eau, elle tempère la chaleur incommode, tantôt jouer avec les veaux sous l'humide saulaie est sa passion. Chasse le désir du raisin vert : voici que l'automne bigarré va nuancer les grappes plombées avec les tons de la pourpre.

Voici qu'elle va te suivre, car le temps intraitable court et il lui donnera les années qu'il t'aura enlevées ; voici que, d'un front mutin, Lalagé va provoquer l'amant, chérie comme ne le furent ni Pholoé, qui se dérobe, ni Chloris, dont la blanche épaule brille comme, dans une nuit sereine, le reflet de la lune étincelle sur la mer, ou, non plus, Gygès le Cnidien,

lui qui, mêlé à un chœur de jeunes filles, serait merveilleux pour tromper des hôtes au flair subtil, voilant toute différence sous ses cheveux épars et son visage ambigu[2].

Odes, II, 5

---

1. L'allégorie mise en œuvre dans cette pièce n'est que le développement du sens métaphorique du mot *iuuenca*, « génisse », appliqué plus d'une fois par les poètes aux jeunes filles, comme *iuuencus*, « jeune taureau », aux jeunes gens.
2. Allusion à la fable d'Achille caché sous des habits féminins parmi les filles de Lycomède et reconnu par Ulysse.

*Il convient de ne pas trop attendre car la floraison est brève :
l'âge de se retirer vient tôt pour la femme, surtout quand elle est
mère. La comparaison n'est pas toujours facile à supporter et les
auteurs jugent durement celles qui refusent de se résigner.*

VOTRE FILLE A VINGT ANS

Femme du peu riche Ibycus, impose un terme, enfin, à
ton dérèglement, à tes travaux trop fameux. Quand
approche pour toi l'heure du tombeau, cesse de folâtrer au
milieu des jeunes femmes et de jeter un nuage sur l'éclat
des étoiles. Non, tout ce qui peut convenir à Pholoé ne te
sied point pour cela, Chloris : ta fille, à meilleur droit,
enlève d'assaut les maisons des jeunes hommes comme une
Thyiade[1] qu'affole le fracas du tympanon. Ta fille, l'amour
de Nothus la pousse à folâtrer, pareille à une chevrette
capricieuse. Mais toi, ce qui te sied, ce sont les laines ton-
dues près de la célèbre Lucérie[2], et non point, à une vieille
comme toi, les cithares, ni la fleur pourprée du rosier, ni les
jarres bues jusqu'à la lie.

Odes, III, 15

---

1. Bacchante.
2. Ville d'Apulie, région célèbre pour ses laines.

LIEUX DE RENCONTRE

Comme l'amateur de champignons possède ses « coins », le chasseur amoureux connaît les lieux giboyeux, à la campagne ou en ville. Le pêcheur de bonnes fortunes sait où lancer ses hameçons pour attraper une proie encore toute frétillante. Les bonnes adresses s'échangent sous le manteau mais elles filtrent parfois dans les œuvres littéraires. Les meilleures occasions se trouvent naturellement dans les lieux peuplés : places publiques, promenades, gymnases et palestres. Les jeunes éphèbes, nus, y sont exposés aux regards concupiscents des plus vieux. Quand la foule aux alentours a l'attention détournée par divers spectacles, la partie est encore plus facile pour le séducteur qui peut faire une cour discrète mais efficace à sa jolie voisine. Avec un peu d'adresse, les occupations les plus éloignées de la séduction sont mises à profit : comme Mme de Warens charma Rousseau en s'apprêtant à écouter l'office, la ferveur religieuse sied bien aux belles de l'Antiquité. Enfin, le lieu le plus propice au coup de foudre reste celui où l'on sacrifie à d'autres bonheurs de l'existence, le banquet : faire bonne chère invite aux plaisirs de la chair.

HOMÈRE
VIII* s. av. J.-C.

VIRGILE
I* s. av. J.-C.

CLAUDIEN
V* s. ap. J.-C.

Anthologie grecque

Le banquet, temps de sociabilité, est le moment de rencontre par excellence. Dans l'Athènes classique, seules les courtisanes y sont admises, mais rapidement il devient un prétexte commode pour faire connaissance ou donner un rendez-vous galant. L'affaire est d'autant plus aisée que, selon la tradition romaine, les convives prennent leur dîner allongés, étendus sur des couches réservées à cet effet, les lits de banquets.

ILS SE SONT RENCONTRÉS PAR DES AMIS COMMUNS

D'Agathias le Scholastique

« Pourquoi ces lamentations ?
– Je suis amoureux.
– De qui ?
– D'une jeune fille.
– Belle sans doute ?
– Belle à mes yeux.
– Et où l'as-tu remarquée ?
– Là : j'y étais venu pour souper et je l'ai vue allongée sur le même lit que moi.
– Tu penses réussir ?
– Mais oui, mon cher ; mais je ne veux pas afficher nos relations, je veux du mystère.
– Tu évites plutôt le mariage légal ?
– C'est que, je l'ai appris à n'en pas douter, sa fortune est bien insuffisante. »

Épigrammes, V, 267

HOMÈRE
VIIIᵉ s. av. J.-C.

VIRGILE
Iᵉʳ s. av. J.-C.

CLAUDIEN
Vᵉ s. ap. J.-C.

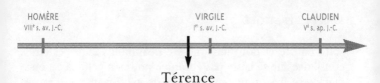

Térence

La passion emprunte des chemins détournés et invisibles. Les apparences sont trompeuses : si Pamphile dédaigne la courtisane trop facile, il ne ressort pas indemne de sa fréquentation.

HASARDS DE LA FRÉQUENTATION DES COURTISANES

SIMON. – Sur ces entrefaites, une femme, il y a de cela trois ans, vint d'Andros s'établir ici près, contrainte par le dénuement et l'abandon de ses proches ; beauté hors pair et dans la fleur de l'âge.

SOSIE. – Aïe ! J'ai peur que l'Andrienne ne nous apporte du vilain !

SIMON. – Au début elle menait une existence honnête, frugale et austère, gagnant sa vie au travail de la laine et de la toile. Mais quand se présenta, promettant des subsides, un amant, puis un autre, comme on voit le cœur de tous les humains incliné de la peine au plaisir, elle accepta une liaison, puis se mit à faire le métier. Ceux qui étaient alors ses amants amenèrent un jour là-bas, comme il arrive, mon fils pour dîner avec eux. Et moi tout de suite en moi-même : « Pour sûr il est pris. Il en tient. » J'observais le matin les valets de ces gens venant ou s'en allant ; je leur demandais : « Hé, petit, dis-moi, s'il te plaît, quel est celui qui a eu Chrysis hier ? (C'était le nom de cette fille.)

SOSIE. – Je te suis.

SIMON. – Ils disaient « Phèdre » ou « Clinias » ou « Nicératos » ; car ces trois-là en même temps étaient alors ses amants. – « Or çà, et Pamphile ? – Eh bien, il a remis son écot, il a dîné. » J'étais ravi. Un autre jour je m'informais encore : je me rendais compte que Pamphile n'était nullement en cause. Véritablement je pensais l'avoir assez mis à l'épreuve, et que c'était là un bel exemple de continence, car un homme qui est aux prises avec des tempéraments de

cette nature et dont le caractère néanmoins dans ces circonstances ne se laisse pas ébranler, pour sûr celui-là est en
état de se fixer tout seul sa règle de vie. En même temps
que cela me faisait plaisir, par ailleurs tout le monde d'une
seule voix me disait toutes sortes de bonnes choses et vantait ma chance d'avoir un fils doué d'un tel caractère.
Pourquoi en dire plus ? Frappé par ces rumeurs, Chrémès
vint de lui-même me trouver, pour donner comme femme
à mon fils sa fille unique avec une dot considérable. Je
l'agréai, je les fiançai ; c'est aujourd'hui le jour fixé pour les
noces.

Sosie. – Et qu'est-ce qui s'oppose à ce qu'elles aient lieu
pour de bon ?

Simon. – Tu vas l'apprendre. Quelques jours environ
après ces événements, cette Chrysis notre voisine vient à
mourir.

Sosie. – À la bonne heure ! Me voici comblé ! Aïe ! j'avais
peur de la Chrysis !

Simon. – Or, à ce moment, mon fils se trouvait souvent
en compagnie de ceux qui étaient les amants de Chrysis ; il
s'occupait avec eux des obsèques ; sombre entre-temps, parfois il fondait en larmes. Cela me plut alors ; je songeais
ainsi : « Voilà que pour une petite liaison il prend cette
mort tellement à cœur ; que serait-ce s'il avait été lui-même
amoureux ? Que fera-t-il quand il s'agira de moi son père ? »
Je pensais que tout cela était le fait d'une âme charitable et
d'un cœur tendre. Que dire de plus ? Moi-même, par consi-
dération pour lui, je me rends aussi aux obsèques, ne soup-
çonnant rien encore de mon infortune.

Sosie. – Hein ? Laquelle ?

Simon. – Tu vas le savoir. On fait la levée du corps. Nous
nous mettons en marche. Entre-temps, parmi les femmes
qui se trouvaient là, j'en aperçois une, toute jeune, d'un
extérieur…

Sosie. – Remarquable, sans doute ?

Simon. – …et d'une figure, Sosie, si modeste, si gracieuse, que… Rien au-dessus ! Or, comme elle me paraissait

se lamenter plus que les autres, et qu'elle était plus que les autres d'un extérieur noble et distingué, je m'approche des femmes du cortège, je demande qui elle est. On me dit que c'est une sœur de Chrysis. Ce fut pour mon esprit un trait soudain : « Ah ah ! c'est donc cela ! De là ces larmes ! De là cet apitoiement ! »

SOSIE. – Que je suis inquiet de savoir où tu vas en venir !

SIMON. – ...Cependant, le cortège avance. Nous prenons la suite. Nous arrivons au tombeau. On la dépose sur le bûcher. On fait les lamentations. Sur ces entrefaites, cette sœur dont j'ai parlé approcha de la flamme quelque peu étourdiment et de façon assez risquée. Alors, là, Pamphile, hors de lui, trahit l'amour qu'il avait si bien caché et dissimulé ; il s'élance, saisit la femme par la taille : « Ma Glycère, dit-il, que fais-tu ? Pourquoi t'aller détruire ? » Alors elle, d'une manière qui laissait voir aisément l'intimité de leurs relations, se rejeta sur lui en pleurant, avec quelle familiarité !

SOSIE. – Que dis-tu là ?

SIMON. – Je m'en retourne irrité et prenant mal la chose. Mais je n'avais pas de motifs suffisants pour le réprimander, il m'aurait dit : « Qu'ai-je fait ? En quoi ai-je démérité et fauté, mon père ? Elle voulait se jeter dans le feu : je l'en ai empêchée, je l'ai sauvée. » La défense est spécieuse.

SOSIE. – Tu en juges bien, car si on réprimande celui qui s'est porté au secours d'une existence, que fera-t-on à celui qui aura causé tort ou dommage ?

SIMON. – Chrémès vient me trouver le lendemain, s'écriant que c'est une chose indigne, qu'il a appris que Pamphile traite en femme légitime cette étrangère. Moi d'affirmer avec insistance que cela n'est pas. Lui soutient que cela est. Enfin là-dessus je prends congé de lui sur sa déclaration qu'il ne donnera pas sa fille.

Andrienne, 69-148

HOMÈRE
VIII° s. av. J.-C.

VIRGILE
I° s. av. J.-C.

CLAUDIEN
V° s. ap. J.-C.

Aristénète

Il n'y a pas que les banquets qui soient propices aux rencontres.
Amour promène son arc partout, même dans les lieux les plus inat-
tendus : pendant une cérémonie religieuse, Euxithéos est pris d'une
élévation plus charnelle que spirituelle.

HONNI / BÉNI SOIT QUI MAL Y PENSE

Euxithéos à Pythias.

Pendant les cérémonies au cours desquelles on prie les
dieux de nous délivrer des souffrances, je suis tombé dans la
plus terrible détresse. Alors que j'en étais à tendre les deux
mains vers le ciel et que je récitais ma prière en mon cœur, tout
à coup, et je ne sais comment, je fus frappé par Éros. Je me
tournai vers toi et je fus atteint par la flèche de ta beauté. À ta
vue, il me fut impossible de porter ailleurs mes yeux, tandis que
toi, lorsque tu t'aperçus que je te regardais, tu t'es un peu
cachée (c'est là une attitude habituelle à vous, les femmes de
condition libre) ; tu as incliné le cou et placé ta main devant
ton visage, tantôt d'un côté, tantôt de l'autre, en ne laissant
paraître qu'un peu de tes joues. Tu veux me prendre pour
esclave ? Prends-moi comme esclave volontaire ! Car qui pourrait prétendre à l'amour de Pythias, sinon Zeus après s'être
métamorphosé pour toi en taureau, ou en or, ou en cygne ? Ah,
je voudrais bien, outre tes formes, louer ton affection à mon
égard ! Je voudrais qu'un caractère farouche ne vienne pas
épouvanter celui dont ta beauté a fait complètement sa proie.
Voilà donc le vœu que j'exaucerai, ô dieux, si bon vous semble.
Mais, ma très chère, quel dieu dois-je invoquer en ce qui te
concerne ? Si tu veux bien, les dieux que je suppliais à l'instant ?
Ainsi, tant que tu voudras me gouverner (et puisses-tu le désirer toujours !), je resterai passionnément ton serviteur.

Lettres d'amour, II, 2

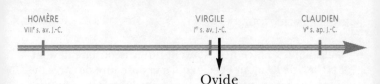

HOMÈRE
VIIIe s. av. J.-C.

VIRGILE
Ier s. av. J.-C.

CLAUDIEN
Ve s. ap. J.-C.

Ovide

Oyez, oyez, bonnes gens, les suggestions d'un expert en bonnes fortunes ! S'il déploie devant vos yeux la Rome de l'austère Auguste, ornée de ses monuments graves et solennels, c'est afin d'en faire un vaste terrain de chasse pour séducteur à l'affût.

LES MILLE OCCASIONS ROMAINES

Tu n'as qu'à faire lentement les cent pas soit à l'ombre du portique de Pompée, quand le soleil vient toucher le dos du Lion d'Hercule[1], soit à l'endroit où la mère a ajouté ses présents à ceux de son fils[2], ouvrage magnifique par ses marbres étrangers ; n'évite pas non plus le portique, garni de tableaux anciens, qui porte le nom de Livie, sous lequel il a été dédié, ni celui[3] où l'on voit les petites-filles de Bélus qui ont osé tramer la mort de leurs malheureux cousins, et leur père cruel debout, une épée à la main.

N'oublie pas davantage les fêtes d'Adonis, pleuré par Vénus, et les cérémonies religieuses, célébrées le septième jour de la semaine par les Juifs de Syrie.

Ne fuis pas non plus le temple de la génisse, déesse égyptienne, vêtue de lin[4] : de beaucoup de femmes, elle fait ce qu'elle a été elle-même pour Jupiter.

Les forums mêmes – qui pourrait le croire ? – conviennent à l'Amour, et, tout bruyants qu'ils soient, souvent une flamme y est née. Au pied du temple en marbre consacré à Vénus, la nymphe Appias frappe l'air d'eaux

---

1. En juillet.
2. Le portique d'Octavie, contigu au théâtre de Marcellus.
3 Le portique d'Apollon, sur le Palatin. Il était orné de statues des Danaïdes.
4. Les Romains assimilaient la génisse, aimée de Jupiter, à la divinité égyptienne Isis.

jaillissantes[5]. En ce lieu, souvent un jurisconsulte devient l'esclave de l'Amour et celui qui a fait prendre des précautions aux autres n'en prend pas pour lui-même. Souvent, en ce lieu, un beau parleur ne peut pas trouver ses mots ; de nouveaux intérêts viennent l'occuper et c'est sa propre cause qu'il lui faut plaider. De son temple, tout voisin, Vénus rit de lui : tout à l'heure, il était patron ; maintenant il désire être client.

Mais chasse surtout sur les gradins des théâtres : ces lieux t'offriront plus que tu ne peux désirer. Là tu trouveras de quoi aimer, de quoi lutiner, de quoi faire une conquête d'un jour, de quoi nouer une liaison durable. Comme on voit, très nombreuses, les fourmis aller et venir en longue colonne, traînant avec leurs mandibules le grain qui fait leur nourriture habituelle, ou comme les abeilles, lorsqu'elles ont trouvé les régions boisées qu'elles affectionnent et les pâturages odoriférants, butinent les fleurs et le thym, ainsi les femmes, dans leurs atours les plus élégants, se pressent aux jeux où va la foule ; leur nombre a souvent fait hésiter mon choix. C'est pour voir qu'elles viennent ; mais elles viennent aussi pour être vues ; l'endroit est dangereux pour la chaste pudeur.

L'Art d'aimer, I, 67-102

---

5. Les Appiades étaient un groupe de nymphes qui ornaient une fontaine, devant le temple de Vénus.

HOMÈRE
VIIIe s. av. J.-C.

VIRGILE
Ier s. av. J.-C.

CLAUDIEN
Ve s. ap. J.-C.

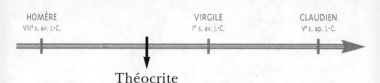

Théocrite

Même si l'expression « conter fleurette » ne date pas de l'Antiquité, les amours champêtres sont un topos[1] *de la poésie bucolique, de Théocrite à Virgile. Dans une* Idylle, *le poète laisse la parole à un berger qui évoque son amour pour la jolie Amaryllis, fleur des champs au cœur de pierre.*

CONTER FLEURETTE

Charmante Amaryllis, pourquoi ne plus m'appeler, penchée à l'entrée de cet antre, moi ton petit ami ? Est-ce que tu m'as en grippe ?

Te semblé-je, de près, avoir le nez camus, jeune fille, ou la barbe en désordre ? Tu seras cause que je me pendrai.

Tiens, voilà six pommes que je t'apporte. Je les ai cueillies là, où tu me commandas de les cueillir. Et demain j'en apporterai d'autres.

Regarde, vois la peine qui me déchire le cœur. Puissé-je devenir cette abeille qui bourdonne et pénétrer dans ton antre à travers le lierre et la fougère dont tu t'enveloppes.

Maintenant, j'ai appris à connaître l'Amour. C'est un dieu redoutable. Il faut qu'il ait sucé la mamelle d'une lionne et que sa mère l'ait nourri dans les bois, lui qui me brûle et me blesse jusqu'aux os.

Ô toi dont le regard est beau, qui tout entière reluis, jeune fille aux sourcils noirs, serre-moi, ton chevrier, entre tes bras, que je te donne un baiser ; même en de vains baisers, il est une douce jouissance.

Tu me feras mettre en pièces sur l'heure, en menues pièces, cette couronne que je porte pour toi, Amaryllis chérie, formée de lierre où j'ai entrelacé des fleurs et de l'ache odorante.

1. Lieu commun.

Hélas, que devenir? Que faire, malheureux? Tu ne m'écoutes pas.

Je quitterai ma casaque et sauterai dans les flots, de là d'où le pêcheur Olpis guette les thons. Et si je meurs alors, – eh bien! te voilà satisfaite.

J'ai compris l'autre jour; je me demandais si tu m'aimes; sans même laisser d'empreinte, le messager d'amour s'est simplement flétri, flasque, contre mon bras.

Elle a dit la vérité aussi, la vieille sorcière au crible qui ramassait des herbes dernièrement, Paraibatis: que je suis tout à toi, tandis que toi, de moi, tu ne tiens aucun compte.

Je te garde pourtant une chèvre blanche, mère de deux chevreaux; l'Erithakis de Mermnon, la brune, me la demande aussi; et je la lui donnerai, puisque tu fais avec moi la coquette.

Mon œil droit qui tressaille[2]! Vais-je donc la voir, elle? Je chanterai à l'écart, ici, près de ce pin; et peut-être me regardera-t-elle, puisque aussi bien elle n'est pas d'acier.

Idylles, III, 5-40

---

2. Les frémissements de diverses parties du corps fournissaient des signes, qu'interprétait la divination dite palmique.

MOMENTS PROPICES

Les Grecs possédaient un terme précis, *kairos*, pour désigner « le moment opportun », à ne pas négliger quand il s'agit de toucher un cœur : il ne faut ni se hâter ni passer sa chance. Trop tôt, l'on court le risque de heurter la sensibilité et l'idée que l'autre se fait de sa vertu. Trop tard, il est lassé d'attendre. L'entreprise requiert de choisir l'occasion avec subtilité et intuition, de créer ensuite les conditions adéquates. Il faut savoir les mettre à profit lorsque, par exemple, la chance vous retient, seuls, sans autre issue que les bras du bien-aimé. Le sauveur des belles éplorées est récompensé outre mesure. Les médecins se sont également penchés sur la question, non pour aider les séducteurs, mais pour théoriser les effets physiologiques de l'érotisme. Les cœurs sont-ils plus tendres le matin, le soir, avant ou après le dîner ? Quand est-il l'heure de passer à l'acte ? Que ce soit pour des raisons stratégiques ou physiques, l'art du délai demande de la maîtrise.

HOMÈRE
VIIIᵉ s. av. J.-C.

VIRGILE
Iᵉʳ s. av. J.-C.

CLAUDIEN
Vᵉ s. ap. J.-C.

Platon

Une fois le décor planté, il faut provoquer le moment. Le bel Alcibiade s'évertue à créer des ambiances feutrées et des lumières tamisées lors du souper auquel il invite Socrate. Les deux hommes sont seuls, mais le cœur du philosophe semble plus dur à remporter que les batailles qui firent la gloire du stratège athénien.

CRÉER L'INTIMITÉ

Moi qui d'ordinaire ne me trouvais jamais seul avec lui sans qu'un serviteur fût présent, je renvoyai cette fois-là mon serviteur, et je fus seul avec lui. Je vous dois toute la vérité : alors, écoutez-moi bien, et toi, Socrate, si je mens, reprends-moi. Me voilà donc avec lui, mes amis – seul à seul. Je croyais qu'il allait aussitôt me parler comme un amant parle en tête-à-tête à son bien-aimé, et j'étais tout heureux. Or il n'en fut absolument rien. Il me parla comme à l'ordinaire, resta toute la journée avec moi, et s'en alla. Dans la suite je l'invitais à partager mes exercices de gymnastique, et je m'entraînais avec lui, pensant que j'arriverais ainsi à quelque chose. Il s'entraînait donc en même temps que moi, et souvent il luttait avec moi, sans témoin. Que vous dire ? Je n'en fus pas plus avancé. Comme je n'aboutissais à rien par ce moyen, je crus que je devais attaquer mon homme de vive force, et ne point le lâcher, puisque je m'étais lancé dans cette entreprise : je devais à présent en avoir le cœur net. Je l'invite donc à dîner, tout comme un amant qui tend un piège à son bien-aimé. Même cela il ne mit pas d'empressement à l'accepter. Pourtant, au bout d'un certain temps, il se laissa convaincre. La première fois qu'il vint, il voulut partir après avoir dîné. Alors, j'eus honte, et le laissai s'en aller. Mais je fis une nouvelle tentative : quand il eut dîné, je prolongeai la conversation, sans répit, fort avant dans la nuit et, lorsqu'il voulut se retirer, je fis observer qu'il était tard, et je le forçai à rester.

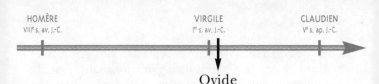

HOMÈRE
VIIIe s. av. J.-C.

VIRGILE
Ier s. av. J.-C.

CLAUDIEN
Ve s. ap. J.-C.

Ovide

Après avoir repéré la belle et entamé les travaux d'approche, quand faut-il conclure ? Les conseils d'Ovide invitent à temporiser : une fois engagé sur les flots périlleux d'une liaison, gare aux récifs ! Le poète dérive sur le problème épineux des cadeaux et de la multiplication des anniversaires.

CHOISIR SON MOMENT

Croire que seuls ceux qui se livrent aux travaux pénibles de la culture ou bien les marins doivent consulter le temps, c'est se tromper. Il ne faut pas en tout temps confier Cérès aux champs trompeurs, ni lancer en tout temps le navire creux sur l'eau verte ; de même il n'est pas toujours sûr de s'attaquer à une tendre beauté : souvent, selon le temps choisi, on réussira plus ou moins bien. Si l'on touche à l'anniversaire de la naissance, ou bien aux calendes que Vénus aime à voir succéder directement à Mars[1], quand le cirque n'est pas orné de statuettes, comme auparavant, mais voit exposées les richesses des rois[2], diffère de rien entreprendre : alors approche l'hiver funeste, alors approchent les Pléiades[3], alors le tendre chevreau se plonge dans les eaux de l'Océan[4]. Alors, c'est le bon moment pour se reposer ; alors, si l'on ose affronter la mer, c'est à peine si l'on sauve du naufrage les débris du navire. Toi, tu commenceras ta cour le jour où l'Allia, qui fit verser tant de pleurs, fut teint du sang latin, ou bien le jour où, peu convenable pour

---

1. Le 1er avril, fête de Vénus, c'est-à-dire des femmes.
2. Sans doute les Saturnales. À cette occasion, il y aurait eu au cirque une exposition d'objets, modestes d'abord, ensuite de plus en plus précieux.
3. Il s'agit du coucher de la Pléiade (8-11 novembre), qui amène ordinairement des tempêtes.
4. Au commencement d'octobre.

s'occuper d'affaires, revient le septième jour fêté par le Syrien de Palestine. Prends bien garde à l'anniversaire de ton amie, et que le jour où il faut faire un cadeau soit néfaste à tes yeux! Tu auras beau t'en défendre, elle t'arrachera quelque chose : la femme a trouvé l'art de s'approprier l'argent d'un amant passionné. Un colporteur aux manières dégagées viendra chez ton amie, toujours prête à acheter ; il déballera ses marchandises devant toi qui es assis là ; elle te demandera d'y jeter un coup d'œil, pour te fournir l'occasion de montrer ton goût ; ensuite elle te donnera des baisers ; ensuite elle te demandera de faire certaines emplettes. Elle jurera qu'elles lui suffiront pour de nombreuses années ; aujourd'hui elle en a besoin ; aujourd'hui c'est une occasion. En vain tu allégueras que tu n'as pas d'argent sur toi ; elle te demandera d'écrire un billet, et tu regretteras de savoir écrire. Que sera-ce, lorsque, pour demander des cadeaux, elle aura préparé le gâteau comme si c'était son anniversaire, et renaîtra toutes les fois qu'elle en aura besoin ?

L'Art d'aimer, I, 397-428

HOMÈRE
VIIIe s. av. J.-C.

VIRGILE
Ier s. av. J.-C.

CLAUDIEN
Ve s. ap. J.-C.

Virgile

À la fin de la chasse, on sonne l'hallali ; la proie, cernée de toutes parts, s'abandonne. Didon, entraînée par les dieux à la faute, ne faillit pas à la règle. Au terme d'une partie de chasse, tandis qu'un violent orage la tient enfermée seule avec Énée dans un antre, elle cède à des transports ardents.

FEMME AUX ABOIS

Cependant l'Aurore se lève, elle a quitté l'Océan. Aux premiers feux de l'astre, le meilleur de la jeunesse sort par les portes de la ville ; filets à grandes mailles, toiles, épieux au large fer ; les cavaliers massyles s'élancent, et la meute qui flaire le vent. La reine s'attarde dans sa chambre ; les premiers des Puniques[1] l'attendent sur le seuil ; rutilant de pourpre et d'or, son cheval au pied sonore est là et mâche avec fougue son frein blanc d'écume. Enfin elle paraît, au milieu d'une troupe nombreuse, serrée dans une chlamyde[2] sidonienne bordée de broderies ; son carquois est d'or, d'or est le nœud de ses cheveux ; une agrafe d'or retient sa robe de pourpre. Et en même temps ses invités phrygiens[3], Iule[4] tout joyeux, s'avancent ; Énée lui-même, plus beau que tous les autres, se porte aux côtés de ses hôtes et réunit les deux groupes. Quand Apollon déserte l'hiver de sa Lycie et les eaux du Xanthe, quand il revoit la maternelle Délos et y renoue les chœurs, que, mêlés autour des autels, Crétois, Dryopes frémissent, et les Agathyrses au corps peint, lui-même il marche sur les sommets du Cynthe, un souple feuillage contient et modèle sa chevelure ondoyante qu'il

1. Carthaginois.
2. Manteau.
3. Troyens.
4. Iule, ou Ascagne, est le fils d'Énée et le petit-fils de Vénus.

enserre dans l'or, les traits sonnent sur ses épaules: Énée n'allait pas avec moins de hardiesse, sur son noble visage la même beauté resplendit. Après qu'on est parvenu sur les hautes montagnes, en d'impraticables repaires, voici que des chèvres sauvages, débusquées de la pointe d'un rocher, ont dévalé par les crêtes; d'un autre côté, des cerfs traversent au galop des plaines découvertes, reforment dans leur fuite leurs escadrons poudreux et quittent les montagnes. Mais le jeune Ascagne, au milieu des vallées, tout heureux sur son cheval ardent, court, et dépasse tantôt les uns tantôt les autres; il souhaite de tous ses vœux qu'au milieu de ce lâche bétail lui soit donné un sanglier écumant ou qu'un lion fauve descende de la montagne.

Pendant ce temps, le ciel commence à se mêler de vastes grondements, un orage surgit, mêlé de grêle; effrayés, l'escorte des Tyriens, la jeunesse de Troie, le petit-fils dardanien de Vénus ont cherché par la campagne des abris çà et là, au hasard; les torrents s'élancent des montagnes. Didon et le chef troyen se retrouvent dans la même grotte. La Terre en premier lieu, Junon qui préside à l'hymen donnent un signal: des feux, l'éther complice ont brillé pour des noces, du haut des sommets les nymphes ont poussé leurs clameurs. Ce jour fut la première cause de sa mort, la première de ses malheurs, car ni les convenances ni sa gloire ne la touchent, et elle ne pense certes pas à un amour furtif: elle parle d'un mariage, sous ce nom elle voile sa faute.

Énéide, IV, 129-172

V

FAIRE-VALOIR

CANONS DE BEAUTÉ

Les chefs-d'œuvre de la statuaire proposent une typologie précise des canons de beauté antiques. Une belle femme a les seins petits, les hanches rondes et les fesses rebondies. Vénus est appelée « callipyge ». La taille n'est pas sans importance : une des premières qualités des dieux est d'être beaucoup plus grands que les mortels. Certains souverains ne se montraient jamais en public sans s'être hissés sur des talons, pour dominer leur entourage certes, mais aussi pour paraître plus beaux. La clarté du teint et des cheveux est, selon les textes, très appréciée car elle est rare : les héros d'Homère ont les cheveux dorés, tandis que leur blondeur valut à Alexandre et à Cléopâtre leur réputation de beauté. S'il était courant chez les hommes, un corps musclé n'en était pas moins apprécié chez une femme : les cuisses des Spartiates, qui s'exerçaient à la course, étaient célébrées. Les modes évoluent suivant les époques et diffèrent d'une civilisation à l'autre : les longs cheveux dénoués de la *korè*[1] sont loin des nids d'abeilles complexes des chevelures romaines. En tous les cas, le poil est, pour les hommes comme pour les femmes, l'ennemi de la beauté : rien n'est désirable comme le torse imberbe d'un jeune adolescent. Plus tard, le Romain est glabre, tandis que le Grec porte la barbe, mais celle-ci est plus un signe de sagesse et d'austérité qu'un attribut sexuel. Tertullien (150-230 ap. J.-C.) précise que l'épilation se pratiquait à la résine, selon la mode grecque. L'archéologie atteste la présence d'échoppes de barbiers dès le Ve siècle avant J.-C. et a conservé quelques pinces à épiler antiques.

---

1. Les *korai* et les *kouroi* sont les statues grecques de la période archaïque (VIIIe-VIe siècle av. J.-C.) représentant des jeunes femmes et des jeunes hommes.

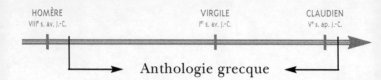

HOMÈRE
VIIIe s. av. J.-C.

VIRGILE
Ier s. av. J.-C.

CLAUDIEN
Ve s. ap. J.-C.

Anthologie grecque

Qu'est-ce qui, chez un homme ou chez une femme, est attirant ?
Le désir est fait de mille détails : pour les uns il naît sur des lèvres
charnues, pour les autres devant une gorge pigeonnante, des fesses
fermes ou de longs cheveux bouclés. Un autre, plus pudique, ne
sait résister à une voix mélodieuse ou à des yeux languissants.
Hormis les jambes, qui semblent avoir laissé de marbre les Anciens,
les critères physiques de la beauté n'ont guère évolué. Ils fournissent
aux poètes de l'Anthologie grecque l'occasion de courtes épi-
grammes aussi sensuelles que suggestives.

LES BELLES

DE RUFIN

J'ai jugé, à moi seul, un concours de fesses entre trois
femmes ; c'est elles qui m'avaient choisi comme arbitre, et
elles me montrèrent l'éblouissante nudité de leurs corps.
Pour la première, on voyait fleurir la blancheur et la douceur de sa croupe creusée de fossettes arrondies. La
seconde écarta les jambes, et sa chair neigeuse prenait un
ton plus vermeil qu'une rose de pourpre. La troisième, au
contraire, gardait l'immobilité d'une mer tranquille : de
lentes ondulations se dessinaient seulement sur sa peau
délicate, agitée de frissons involontaires. Si l'arbitre des
déesses avait contemplé ces fesses-là, il n'aurait même plus
voulu regarder les premières[1].

1. Allusion au jugement de Pâris : il dut décider qui, d'Aphrodite,
Héra et Athéna, était la plus belle des déesses.

Du même

Gardez-vous d'embrasser une femme soit trop maigre, soit trop grasse : c'est le milieu entre ces deux excès qu'on doit préférer. L'une manque de chair, l'autre en a de reste ; ni trop ni trop peu, voilà ce qu'il faut souhaiter.

De Dioscoride

Ce qui m'affole, ce sont des lèvres de rose, des lèvres babillardes, vestibule d'une bouche de nectar, qui consument mon âme ; ce sont des prunelles qui étincellent sous des sourcils épais, filets et pièges où s'est pris mon cœur ; ce sont de beaux seins blancs comme le lait, désirables, bien accouplés, plus charmants que n'importe quelle fleur. Mais pourquoi montrer des os à des chiens ? Il y a toujours des témoins pour qui ne tient pas sa bouche close : ce sont les roseaux de Midas.

De Philodème

Elle est petite et noiraude, Philainion, mais plus frisée que le persil, plus douce de peau que le duvet, plus ensorceleuse de sa voix que le ceste[2], donnant tout et souvent négligeant de rien demander. Puissé-je aimer Philainion telle qu'elle est jusqu'à ce que j'en découvre, ô rayonnante Cypris, une autre plus parfaite !

Épigrammes, V, 35, 37, 56, 121

---

2. La ceinture d'Aphrodite. Elle a le pouvoir de rendre irrésistible quiconque s'en revêt.

HOMÈRE
VIII° s. av. J.-C.

VIRGILE
I° s. av. J.-C.

CLAUDIEN
V° s. ap. J.-C.

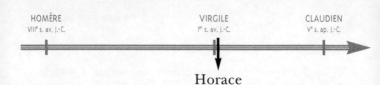

Horace

La beauté d'une femme est loin d'attester sa moralité: au contraire, elle peut lui servir à voiler la noirceur de son âme. Les divinités de l'amour se montrent d'une indulgence coupable envers les ravissantes menteuses: elles ont beau jurer leurs grands dieux pour enjôler leurs adorateurs, jamais elles ne sont punies quand elles brisent leurs serments.

LA BELLE DAME SANS MERCY

Si jamais, Bariné, la punition d'un serment parjuré t'avait atteinte, si tu en étais enlaidie d'une dent noire, ou dans un seul de tes ongles,

je te croirais. Mais il ne te faut qu'engager dans le lien des imprécations ta tête perfide pour briller aussitôt bien plus belle, pour être, dès que tu t'avances, l'universel tourment des jeunes hommes.

C'est profit pour toi de tromper les cendres encloses de ta mère, et les constellations muettes de la nuit, avec le ciel entier, et les dieux soustraits aux glaces de la mort.

Oui, elle en rit, Vénus elle-même, ils en rient, les Nymphes sans malice et le Désir cruel qui, sans cesse, aiguise ses flèches brûlantes sur une pierre ensanglantée.

Ajoute que tous les adolescents grandissent pour toi, que pour toi grandissent de nouveaux esclaves, sans que les premiers désertent le toit d'une maîtresse impie, comme ils en firent souvent la menace.

Les mères te redoutent pour leurs jeunes taureaux, et aussi les vieillards économes; et les vierges nouvellement mariées, malheureuses, tremblent que les effluves émanés de toi n'arrêtent leurs époux.

Odes, II, 8

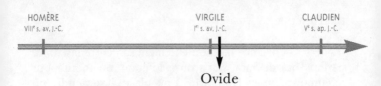

HOMÈRE
VIII° s. av. J.-C.

VIRGILE
I° s. av. J.-C.

CLAUDIEN
V° s. ap. J.-C.

Ovide

Des siècles avant Don Juan, le cœur du jeune héros des Amours *lui dicte un éloge de la beauté féminine qu'il célèbre sous ses multiples facettes. Si une étincelle de grâce suffit à l'enflammer, la littérature et la mythologie attisent ses embrasements.*

TOUTES LES BELLES
ONT LE DROIT DE NOUS CHARMER

Ce n'est pas un type de beauté déterminé qui éveille en moi l'amour ; cent motifs font que j'aime toujours. Une femme a-t-elle les yeux modestement baissés, je m'enflamme, et sa pudeur est le piège où je me prends. Telle autre est-elle provocante ? Elle me séduit, parce qu'elle n'est point novice et qu'elle me donne à penser qu'elle ne restera pas inerte, une fois sur un lit moelleux. Une troisième m'a paru farouche, émule des Sabines à la vertu rigide ; j'imagine qu'elle ne demande pas mieux, mais qu'elle dissimule profondément. Savante, tu me plais par tes rares talents ; ignorante, c'est par ta naïveté que tu m'as plu. Celle-ci trouve les poèmes de Callimaque[1] sans art au prix des miens ; comme je lui plais, elle me plaît aussi tout de suite. Telle autre me refuse le nom de poète et critique mes vers ; elle me critique et je voudrais sentir sur moi sa cuisse. L'une a la démarche souple ; son allure me séduit. Une autre a le corps raide : il se peut qu'à l'approche de l'homme elle soit plus souple. Telle chante si agréablement, d'une voix aux inflexions variées, que je voudrais, pendant qu'elle chante, lui dérober des baisers. Telle, d'un doigt habile, parcourt les cordes harmonieuses : qui pourrait ne pas aimer des mains si savantes ? Telle autre plaît par

---

1. Célèbre poète grec qui vécut entre 310 et 240 avant J.-C. à Alexandrie.

ses gestes et balance harmonieusement son corps lascif. Ne parlons pas de moi, qui trouve toujours un motif pour m'émouvoir : mets Hippolyte[2] à ma place ; il deviendra un Priape. Toi, qui es si grande, tu ressembles aux héroïnes de l'Antiquité et tu tiens ta place dans toute la longueur du lit. Celle-ci est petite ; la main la caresse mieux. Toutes deux me séduisent : la grande et la petite m'attirent. Elle est sans parure : je me représente ce que la parure pourrait ajouter à sa beauté. Elle est richement vêtue : d'elle-même elle met ses charmes en valeur. La pâleur me séduira ; l'incarnat me séduira ; même un teint ambré n'est pas sans agrément pour l'amour. De noirs cheveux pendent-ils sur un cou blanc comme la neige ? Je me dis que l'on admirait en Léda sa chevelure brune. Sont-ils blonds ? L'Aurore a plu par sa chevelure safranée. Il y a toujours dans l'histoire quelque chose qui s'applique à mon amour. Un âge tendre m'attire, un âge plus avancé me plaît : la première l'emporte par la beauté du corps ; l'autre a de l'expérience. Enfin toutes les femmes sans exception que l'on admire à Rome, toutes, mon amour les convoite.

Les Amours, II, 4, 9-48

2. Le fils de Thésée, réputé pour sa chasteté et son aversion pour les femmes.

HOMÈRE
VIII° s. av. J.-C.

VIRGILE
I°ʳ s. av. J.-C.

CLAUDIEN
V° s. ap. J.-C.

Aristénète

La séduction est bavarde: les amants n'ont de cesse de se chu-choter des mots doux, et, quand ils sont séparés, ils cherchent des oreilles accommodantes pour parler de l'absent désiré.

UN JOLI GARÇON

Philostrate à Évagoras.

Une femme interrogeait sa petite servante: « Au nom des Grâces, que te semble du garçon que j'aime? Pour moi je le trouve beau, mais, comme je l'aime, il se peut que je me trompe dans mon jugement sur mon chéri et que mon juge-ment soit faussé par mon amour. Dis-moi aussi ce que disent les femmes qui le voient. Est-ce qu'elles font des compliments sur sa beauté, est-ce qu'elles la contestent en évitant de le regarder? » L'autre, ne songeant qu'à débaucher sa maîtresse, lui répond: « Par Artémis, j'ai entendu beaucoup de femmes, et de mes propres oreilles, qui tout près du jeune homme déclaraient des choses de ce genre: "Voilà un joli garçon, voilà pour la beauté un chef-d'œuvre de la nature! C'est ainsi qu'il fallait sculpter les Hermès au lieu de les représenter sous les traits d'Alcibiade. Heures chéries, quelle jolie beauté! Le jeune homme est charmant, parce qu'il est fier de sa beauté, sans toutefois atteindre l'orgueil, mais en parvenant à la dis-tinction et à la grande classe. Pour tomber amoureuse du gar-çon, il suffit de sa chevelure bouclée, belle en soi mais encore embellie du fait qu'elle encadre son front et descend le long des oreilles jusqu'à la barbe naissante. Quant à son petit man-teau, comme il a de jolies couleurs, car il ne reste pas d'une seule teinte et chatoie en changeant de nuances! Voilà bien l'amant de nos rêves dans toute sa première jeunesse." »

Lettres d'amour, I, 11

MIMIQUES ET LANGAGE DES SIGNES

Avant qu'ils ne s'unissent, les corps se font des promesses. Encore faut-il pouvoir les décrypter. Dans la littérature antique, une femme qui rougit est déjà à moitié conquise. Au banquet, boire dans la coupe de l'être désiré, poser ses lèvres là où d'autres ont laissé leur empreinte, équivaut à un baiser. Donner la main pour descendre d'un lit de table est l'assurance de monter dans celui de la chambre. Écrire en silence le nom de l'amant avec une goutte de vin, faire semblant de trébucher pour attirer l'attention et montrer que l'on « tombe amoureuse » ou encore caresser par inadvertance et en s'excusant, participent des ruses muettes du jeu amoureux. Au jeu de cottabe ou aux osselets, lancer le vin ou les osselets en prononçant un nom mais en regardant un autre convive est une promesse plus pour l'objet du regard que pour celui du discours.

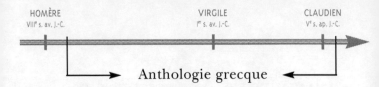

HOMÈRE
VIIIe s. av. J.-C.

VIRGILE
Ier s. av. J.-C.

CLAUDIEN
Ve s. ap. J.-C.

Anthologie grecque

Elle aguiche, elle excite sans jamais se donner: l'allumeuse antique est aussi attirante que décevante.

ALLUMEUSE

De Macédonios

Ton rire qui éclate, hennissement lancé en prélude à l'étreinte; ta tête qui doucement me fait signe: vaines provocations que tout cela! À une fille si rebelle à l'amour j'ai juré, et juré par trois pierres, de ne jamais faire les yeux doux. Joue toute seule aux baisers; dans le vide pour toi seule envoie le bruit de tes lèvres toutes nues, n'ayant à qui s'unir. Quant à moi, je prends un autre chemin, car il en est d'autres qui sont au lit de meilleures ouvrières d'amour.

Épigrammes, V, 245

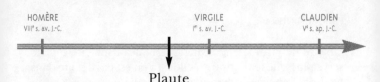

HOMÈRE
VIIIe s. av. J.-C.

VIRGILE
Ier s. av. J.-C.

CLAUDIEN
Ve s. ap. J.-C.

Plaute

Quoique Diabole essaie d'encadrer tous les faits et gestes de sa belle, la tienne sous surveillance constante, évente tous ses subterfuges et comble les brèches par lesquelles pourraient se faufiler tentations et infidélités, rien n'éveille la convoitise des voleurs comme les trésors barricadés et bien gardés.

SE METTRE À COUVERT

Diabole. – Ça, montre-moi ce contrat que tu as rédigé entre moi, ma maîtresse et l'entremetteuse. Lis-m'en tout au long les clauses, car en cette matière tu es un artiste unique au monde.

Le Parasite. – La vieille en aura le frisson, je te garantis, quand elle entendra nos conventions.

Diabole. – Allons, s'il te plaît, lis-moi les vite, mordieu.

Le Parasite. – Tu m'écoutes ?

Diabole. – J'y suis.

Le Parasite *(lisant lentement en détachant les mots)*. – « Diabole, fils de Glaucus, a donné sans réserve à Cléérète l'entremetteuse vingt mines d'argent, à condition que Philénie vive avec lui nuit et jour, pendant cette année tout entière. »

Diabole. – Et avec personne d'autre.

Le Parasite. – Je l'ajoute ?

Diabole. – Ajoute, et veille à ce que l'écriture soit nette et lisible.

Le Parasite. – « Elle n'admettra aucun étranger dans sa maison, quel qu'il soit. Elle aura beau le nommer son ami ou son patron, ou prétendre que c'est l'amant d'une de ses amies, la porte sera close pour tous, sauf pour toi. Sur sa porte elle écrira qu'elle n'est pas libre. De plus, même si elle prétendait que c'est une lettre apportée de l'étranger, elle n'aura chez elle lettre d'aucune sorte, ni non plus tablette de cire : si elle a quelque tableau sur cire qui ne serve plus, elle le vendra[2]. Si elle ne s'en est pas défaite dans les trois jours qui suivront celui où elle aura touché son argent, tu en décideras, à ta guise. Libre à toi, si tu veux, de le jeter au feu, de façon qu'il n'y ait point de cire chez elle pour écrire. Elle n'invitera elle-même personne à souper : à toi d'inviter. Elle ne jettera les yeux sur aucun convive. Si ses regards se portent sur quelqu'un d'autre que toi, aussitôt elle fera l'aveugle. À table, elle boira à la coupe avec toi, en même temps que toi, comme toi ; elle la recevra de tes mains, portera un toast à ta santé, tu boiras à ton tour, de façon qu'elle n'en sache ni moins ni plus long que toi. »

DIABOLE. – Cela me plaît assez.

LE PARASITE. – « Elle ne donnera prise à aucun soupçon. En se levant de table, elle ne pressera de son pied le pied d'aucun homme ; et jamais, ni pour monter sur le lit voisin, ni pour en descendre, elle ne donnera la main à personne. Elle ne fera voir sa bague à personne et ne demandera à en voir aucune. Elle n'offrira les dés à personne d'autre qu'à toi. En les jetant, elle ne dira pas : "Pour toi", elle te nommera nommément. Elle invoquera toute déesse qu'elle voudra pour se la rendre propice, mais de dieu point. Au cas que sa piété exigerait davantage, elle te le dira, et c'est toi qui à sa place prieras le dieu dont elle sollicitera la faveur.

Elle n'adressera à aucun homme ni signe de tête, ni clignement d'yeux, ni marque d'acquiescement. De plus, si la lampe vient à s'éteindre, elle ne bougera pas un membre dans les ténèbres. »

DIABOLE. – À merveille : cela va de soi… Oui, mais une fois dans la chambre… Raie cet article : je tiens fort à ce qu'elle se remue. Je ne veux pas qu'elle ait un prétexte et me dise qu'on le lui a défendu.

LE PARASITE. – Je vois, tu crains les chicanes.

---

2. Les tableaux des anciens qui étaient peints sur bois, à l'encaustique, pouvaient à la rigueur se transformer en tablettes.

DIABOLE. – Naturellement.

LE PARASITE. – Eh bien, à tes ordres, j'effacerai.

DIABOLE. – Cela va de soi.

LE PARASITE. – Écoute le reste.

DIABOLE. – Parle : j'écoute.

LE PARASITE. – « Elle ne prononcera jamais de mot à double entente, et elle ne saura parler d'autre langue que l'attique. S'il lui arrive de se mettre à tousser, elle ne toussera pas comme ceci *(il tousse en tirant la langue)* et ne tirera la langue à personne en toussant. De même si elle feint que le rhume fait couler son nez, elle ne fera pas comme ceci *(il passe sa langue sur ses lèvres)* : à toi d'essuyer sa jolie lèvre, plutôt que de la laisser envoyer publiquement un baiser à quiconque. Sa mère, la léna[3], ne viendra pas boire notre vin pendant ce temps-là et ne dira d'injures à personne. Si cela lui arrive, pour punition elle sera privée de vin pendant vingt jours. »

DIABOLE. – Fort bien rédigé : fameux contrat !

LE PARASITE. – « Si elle donne ordre à une servante de porter des couronnes, des guirlandes, des parfums à Vénus ou à Cupidon, un de tes gens surveillera si c'est bien à Vénus qu'elle les offre ou à quelque homme. S'il lui prend fantaisie de chasteté, elle rendra autant de nuits d'amour qu'elle aura eu de nuits chastes. » Hein ? Ce ne sont pas là des sornettes, ni des chansons d'enterrement.

DIABOLE. – Voilà des clauses qui me plaisent tout à fait. Suis-moi ; entrons.

LE PARASITE. – Je te suis.

(Ils entrent dans la maison de Cléérète et en sortent quelques instants après.)

Asinaria, IV, 1, 746-809

3. Maquerelle.

COSTUMES, MAQUILLAGE ET BIJOUX

Pour la parade amoureuse, il convient de se présenter sous son jour le plus éclatant. Vaut-il mieux perdre des heures, sa patience et sa résistance, au travail d'arrachage, de binage et de sarclage ou compter sur les charmes du naturel ? Si certains dénoncent les périls des produits de beauté antique, puisque les auteurs font cas d'empoisonnements à la céruse ou d'alopécie due aux teintures, tous ne font pas l'apologie du naturel. Pour une beauté dont la chevelure sublime invite aux rêves érotiques les plus fous, combien de femmes enlaidies par mille petits défauts que le moindre artifice suffirait à camoufler ? Les auteurs ne se privent pas de donner des conseils aux femmes pour se parer, mettre en valeur leur beauté ou pour la créer de toutes pièces. Tous les domaines sont explorés, de la démarche au vêtement en passant par les attitudes, les bijoux ou les parfums suaves. Baudelaire, dans son *Éloge du maquillage*, écrivait que « La femme est bien dans son droit, et même elle accomplit une espèce de devoir en s'appliquant à paraître magique et surnaturelle ; il faut qu'elle étonne, qu'elle charme ; idole, elle doit se dorer pour être adorée. » À ce jugement, les Anciens auraient adhéré en ajoutant une précision : si la femme peut parfois se laisser voir au naturel, elle ne doit jamais se montrer à sa table de maquillage. Des onguents répugnants aux fards malodorants, la découverte des secrets de fabrication ferait fuir les plus amoureux.

HOMÈRE
VIIIe s. av. J.-C.

VIRGILE
Ier s. av. J.-C.

CLAUDIEN
Ve s. ap. J.-C.

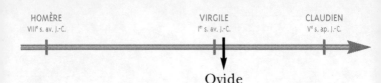

Ovide

Avant l'embellissement, il ne faut pas négliger les principes fondamentaux. Hygiène et épilation sont les étapes préparatoires à toute transformation subtile.

HYGIÈNE ÉLÉMENTAIRE

J'ai été sur le point de vous avertir qu'un bouc farouche ne devait pas loger sous vos aisselles et que vos jambes ne devaient pas être hérissées de poils rudes. Mais mes leçons ne s'adressent pas aux filles qui vivent sur les rochers du Caucase ou qui boivent tes eaux, Caïque de Mysie. Ce serait comme vous recommander de ne point laisser, par négligence, noircir vos dents et de vous laver, chaque matin, le visage à votre table de toilette.

Vous savez aussi vous donner un teint éclatant en appliquant du fard ; celle dont le sang ne fait pas rougir naturellement la peau la fait rougir artificiellement. Vous savez remplir artificiellement l'intervalle qui sépare les sourcils et le cosmétique voile le teint naturel de vos joues. Et vous ne rougissez pas de marquer le tour des yeux avec de la cendre fine ou avec le safran qui naît sur tes rives, limpide Cydnus.

Sur les moyens de vous embellir j'ai composé un traité[1] ; il est court, mais c'est une œuvre importante par le soin que j'y ai donné. Vous pourrez y chercher également des secours contre les outrages faits à votre figure : rien de ce qui vous intéresse ne laisse mon art indifférent.

L'Art d'aimer, III, 193-208

1. *Les Produits de beauté pour le visage de la femme,* dont nous avons une centaine de vers.

HOMÈRE
VIIIe s. av. J.-C.

VIRGILE
Ier s. av. J.-C.

CLAUDIEN
Ve s. ap. J.-C.

Apulée

Épris de Photis, Lucius se lance dans un vibrant éloge de la chevelure féminine, flot de sensualité qui ondule sur les épaules avant de se couler exquisément entre les reins. Qu'elle soit coiffée ou faussement négligée, ses miroitements hypnotisent les amants.

LA CHEVELURE

Tournée vers moi, elle riait en parlant. Je ne voulus pas m'en aller sans avoir passé soigneusement en revue tous les aspects de son corps, ou plutôt, soyons franc, étudié à fond sa tête et sa chevelure. Pourquoi parler du reste ? Rien d'autre ne m'a jamais intéressé, c'est ce que dans la rue je remarque d'abord ; rentré chez moi, c'est ce que voluptueusement je me remémore, et j'ai à cette doctrine les meilleures raisons, à savoir que c'est la partie la plus élevée du corps, qu'elle se présente à découvert et au grand jour, qu'elle est la première qui s'offre à l'œil, et qu'elle séduit par son seul éclat naturel, alors que les autres ne le font qu'à travers des étoffes à fleurs bariolées de couleurs gaies, à telle enseigne que pour étaler le meilleur de ses charmes une femme s'empresse de se débarrasser de son manteau, d'ôter sa robe et d'exhiber sa beauté nue, sûre qu'une peau rose et fraîche plaira mille fois mieux que des vêtements chamarrés d'or, et alors au surplus, pensée sacrilège et puisse ne jamais se réaliser une aussi funeste horreur, que la femme la plus sublimement belle qui se puisse imaginer, fût-elle descendue du ciel, enfantée par la mer, engendrée de l'écume des flots, que dis-je, fût-elle Vénus elle-même s'avançant escortée du chœur des Grâces et de l'essaim des Amours, serrée dans son ruban brodé, ruisselante de fragrances, embaumant le cinnamome, si on lui ôte du crâne sa chevelure pour lui rendre sa calvitie de nouveau-né, même à Vulcain, si elle se montre chauve, elle ne pourra pas plaire.

Mais quoi ! Il est des chevelures aux couleurs robustes, éclatantes, resplendissantes, soit qu'elles renvoient les rayons du soleil en vifs éclairs ou en reflets apaisés, soit que gracieusement elles chatoient au gré de regards opposés, passant d'un étincellement d'or à un doux clair-obscur de miel, ou d'un bleu-noir corbeau à un tendre gorge-de-pigeon ! Il en est qu'embaument des pulvérisations de parfums d'Arabie, et qui, séparées par les fines dents d'un peigne délicat et rassemblées sur la nuque, s'offrent comme un miroir au regard de l'amant et lui renvoient de lui une image plus belle ! Il en est qui resserrent d'innombrables tresses en chignon au sommet de la tête, ou qui ruissellent librement répandues le long du dos ! Si éminente est la dignité de la chevelure qu'une femme, fût-elle toilettée d'étoffes d'or, constellée de pierreries, attifée de tous les attributs de l'élégance, on ne dira pas qu'elle est habillée si elle n'est pas coiffée. Mais chez ma Photis le négligé, tout au contraire, était un charme de plus. Elle laissait ses cheveux abondants retomber naturellement vers l'arrière de la nuque et se répandre en ondulations légères sur le cou jusqu'au galon de la tunique, puis les nouait en une boule qu'elle fixait au sommet de sa tête.

Les Métamorphoses ou l'Âne d'or, II, 8-9

HOMÈRE
VIIIe s. av. J.-C.

VIRGILE
Ier s. av. J.-C.

CLAUDIEN
Ve s. ap. J.-C.

Xénophon

L'Économique enseigne la manière de bien diriger sa maison-née, à commencer par sa femme. Ischomaque, le propriétaire athé-nien modèle, a épousé sur le tard une femme jeune et prend grand soin d'éduquer lui-même l'adolescente, la mettant en garde contre le maquillage. Il raconte à Socrate.

POUR OU CONTRE LE MAQUILLAGE

«Eh bien, je l'ai vue un jour toute fardée de céruse[1] pour avoir le teint encore plus clair que nature, toute far-dée d'orcanète[2] pour paraître plus rose qu'elle n'était en réalité, avec de hauts souliers pour avoir l'air plus grande qu'elle n'était naturellement.

– Dis-moi, ma femme, lui dis-je, dans l'association de nos biens, te paraîtrais-je mériter davantage ton amour si je te montrais ce que j'ai tel quel, sans me vanter d'en possé-der plus que je n'en possède, sans rien t'en cacher non plus, ou si j'essayais de te tromper en te disant que j'ai plus de bien que je n'en possède, et si je te jouais en te montrant de l'argent de mauvais aloi et des colliers de bois doré, enfin si je te faisais passer pour étoffes de pourpre véritable des tissus de mauvais teint.

Elle réplique vivement:

– Tais-toi donc, je souhaite que tu n'agisses jamais ainsi; pour moi je serais bien incapable, si tu avais une telle conduite, de te chérir de tout mon cœur.

– Eh bien, ma femme, dis-je, ne nous sommes-nous pas mariés pour faire aussi une association de nos corps?

– C'est du moins ce qu'on dit, répond-elle.

1. La céruse servait de fard blanc.
2. Sa racine donnait le rouge dont se fardaient les Grecques.

– Or, dis-je, dans cette association de nos corps, pense-rais-je mériter davantage ton amour si je tentais de t'appor-ter un corps que mes soins ont rendu sain et vigoureux et si par là tu me vois avec un bon teint véritable ou si je m'en-duisais de vermillon ou me fardais sous les yeux avec de l'incarnat pour me montrer à toi et te prendre dans mes bras, en te trompant, en offrant à tes yeux et à tes caresses du vermillon au lieu de ma peau avec son teint naturel ?

– Pour moi, répond-elle, j'aimerais bien mieux me ser-rer contre toi que contre du vermillon, voir ton teint plutôt que de l'incarnat, voir dans tes yeux l'éclat de la santé plu-tôt que le fard qui les soulignerait.

– Eh bien moi aussi, crois-le, dit Ischomaque, ma femme, je ne trouve pas plus d'agrément dans la céruse ou l'orcanète que dans ton propre teint : les dieux ont fait les chevaux la chose la plus agréable du monde pour les chevaux, les bes-tiaux pour les bestiaux, les moutons pour les moutons, de même les hommes ne trouvent rien de plus agréable que le corps de l'homme sans aucun artifice. Ces supercheries pourraient peut-être tromper des étrangers qui ne peuvent les percer à jour, mais quand des gens vivent toujours ensemble, ils doivent nécessairement se laisser prendre s'ils essaient de se tromper mutuellement : ou bien on est surpris au saut du lit avant de s'être préparé, ou bien on est confondu de supercherie parce qu'on s'est mis en sueur, ou bien encore on est mis à l'épreuve par les larmes, ou bien on apparaît tout d'un coup tel qu'on est, au sortir du bain.

– Au nom des dieux, lui dis-je, que t'a-t-elle répondu ?

– Comment ! réplique-t-il. Dès lors elle a renoncé com-plètement à ces pratiques et elle s'appliquait à se montrer toujours sans artifice et dans la tenue qui convenait. Toutefois, elle me demandait de lui conseiller comment elle pourrait avoir aux yeux de tous une véritable beauté et non pas seulement l'apparence de la beauté. »

Économique, X

HOMÈRE
VIIIᵉ s. av. J.-C.

VIRGILE
Iᵉʳ s. av. J.-C.

CLAUDIEN
Vᵉ s. ap. J.-C.

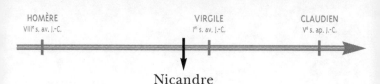

Nicandre

Les Alexipharmaques, ou « contrepoisons », dressent la liste des toxiques provoquant la mort. Parmi eux, la céruse, dont les femmes se servaient pour blanchir leur teint. La substance fatale était encore utilisée au XVIIIᵉ siècle.

UNE COQUETTERIE DANGEREUSE

En second lieu, éclatant de blancheur, considère le breuvage odieux où se mêle la funeste céruse : du lait écumant sur toute sa surface il rappelle la jeune couleur, lorsqu'au printemps, tout crémeux, tu viens à le traire au creux des jattes. Le buveur, au-dessus des mâchoires et là où se rident les gencives, voit d'abord une écume astringente étaler son enduit ; et, sur son pourtour, la masse mobile de sa langue est rugueuse, tandis que sa gorge, jusque dans ses profondeurs, se flétrit. Puis c'est un hoquet et une toux sèche, sous l'action du funeste fléau ; aussi bien est-elle sans effet cette oppression du mal ; quant à lui, le cœur soulevé de nausées, les effets d'une funeste fatigue le minent. Tantôt devant ses yeux passent des visions d'ailleurs, tantôt pris de sommeil il a le corps qui se refroidit ; et il ne peut plus comme avant bouger ses membres, cédant à la fatigue qui le dompte.

Maintes fois, émiette dans des grains d'orge rôtis l'encens dont la coulée se fige aux buissons de Gerrha. Il y a de plus les pleurs détachés du noyer, ou du prunier, ou de l'orme, qui s'écoulent toujours en abondance sur les jeunes rameaux : fais-les fondre, ainsi que ceux de la gomme secourable, dans une tiède boisson, afin qu'il vomisse une partie du poison et que, soumis à l'action des eaux d'un bain bouillant, il neutralise l'autre, quand la sueur aura trempé son corps. Et alors il pourra, après avoir pris de la nourriture, ou gorgé d'un vin riche, échapper à un destin sans gloire.

Les Alexipharmaques, 74-115

HOMÈRE
VIIIᵉ s. av. J.-C.

VIRGILE
Iᵉʳ s. av. J.-C.

CLAUDIEN
Vᵉ s. ap. J.-C.

Saint Jérôme

La tartufferie n'est pas l'apanage des hommes : Jérôme brosse le portrait des vierges et des jeunes gens qui savent composer avec une apparence dévote sans renoncer à ravir des cœurs.

VIERGES FOLLES ET TARTUFFES

Ce sont celles-là qui ont coutume de dire : « Tout est pur pour les purs ! Ma conscience me suffit. C'est un cœur pur que désire Dieu, pourquoi me priver des nourritures que Dieu a créées pour qu'on en use ? » Si elles se mettent en frais de charme et de gaieté, elles se gorgent de vin pur, puis, joignant à l'ébriété le sacrilège, elles s'exclament : « Bien sûr que non, je ne m'abstiendrai pas du sang du Christ[1] ! » Voient-elles une compagne sérieuse et un peu pâlie, elles la traitent de malheureuse, de moinesse, de manichéenne[2] et le reste. Dans une telle méthode de vie, le jeûne devient une hérésie ! Les mêmes circulent dans la foule en se faisant remarquer. Par leurs furtives œillades, elles entraînent derrière elles un troupeau de jeunes gens. À elles s'adresse toujours l'anathème du prophète : « Tu t'es composé un visage de courtisane, tu es une impudique ! » La pourpre n'apparaît que sur la robe, et en touche légère ; mais, trop lâche, leur bandeau de tête laisse retomber les cheveux ; le brodequin est assez grossier, mais sur leurs épaules voltige l'écharpe ; étroites sont les manches et moulées aux bras, mais le rythme incertain des genoux rend langoureuse la démarche. Voilà, estiment-elles, le tout de la virginité. Que ces pécores trouvent qui les louent ! Que leur

---

1. Autrement dit, elles ne communient pas à jeun.
2. Le manichéisme est une religion syncrétique que les chrétiens combattirent avec vigueur. Elle opposait fermement les deux grands principes du bien et du mal.

profession de vierges leur soit une plus lucrative perdition. C'est volontiers qu'à de telles femmes nous renonçons à plaire! [...]

Je ne voudrais pas avoir l'air de ne discourir que des femmes. Aussi bien, fuis ces hommes que l'on peut voir nattés : chevelure de femme, en dépit de l'Apôtre[3], barbe de bouc, manteau noir, pieds nus comme pour souffrir du froid : tout cela, c'est manifestations du démon. Tel autrefois Antimus, tel naguère Sofronius : Rome s'en lamentait! Ils pénètrent dans les demeures des nobles, ils séduisent des femmelettes « chargées de péchés, ils feignent d'étudier toujours sans jamais parvenir à la science de la vérité »; ils simulent l'austérité; leurs jeûnes semblent longs, ils les prolongent en s'alimentant la nuit, en cachette. J'ai honte de dire le reste, de peur de paraître invectiver plutôt qu'avertir. Il y en a d'autres – je parle des hommes de mon ordre[4] – qui ambitionnent le sacerdoce et le diaconat pour voir plus librement les femmes. Ils n'ont souci que de leurs vêtements, de leurs parfums; que leur pied ne danse pas dans un soulier avachi; leurs cheveux bouclés portent l'empreinte du fer à friser, leurs doigts scintillent de bagues et, de peur que la chaussée trop humide ne leur mouille la plante des pieds, ils y impriment juste le bout des orteils! Tu croirais voir des fiancés plutôt que des clercs.

Correspondance, XXII, 13 et 28

---

3. Dans la première *Épître aux Corinthiens*, XI, 14, Paul interdit aux hommes de porter les cheveux longs.
4. C'est-à-dire moines, comme Jérôme.

HOMÈRE
VIII° s. av. J.-C.

VIRGILE
I° s. av. J.-C.

CLAUDIEN
V° s. ap. J.-C.

Ovide

Soucieux des femmes que la fortune n'a pas favorisées ou qu'une disgrâce physique accable, Ovide rappelle les divers artifices qui permettent de remédier facilement à leurs tourments. Il évoque aussi la sophistication des coquetteries, défauts charmants que certaines travaillent à acquérir. Pour lui, c'est dans l'imperfection que réside la beauté.

ASTUCES

Ce n'est pas vous qui êtes venues recevoir mes leçons, Sémélé[1] ou Léda, ou toi, Sidonienne, qu'un faux taureau transporta au-delà des mers, ou Hélène, que tu réclames avec raison, Ménélas, et qu'avec raison aussi tu gardes, Troyen qui l'as enlevée. Celles qui viennent recevoir mes leçons, c'est la foule, mélange de jolies et de laides, et il y a plus de laideurs que de beautés ! Les belles ne réclament pas le secours de mon traité et ses préceptes ; elles ont à elles leur beauté qui n'a pas besoin de l'art pour exercer sa puissance. Lorsque la mer est calme, le pilote se repose en toute sécurité ; se gonfle-t-elle, il ne quitte plus ses moyens de secours[2].

Cependant il est rare qu'une figure soit sans défaut : cachez ces défauts, et, autant que possible, dissimulez vos imperfections physiques. Si tu es petite, assieds-toi, de peur que, debout, on ne te croie assise, et étends ta menue personne sur le lit ; même là, couchée, pour qu'on ne puisse juger de ta taille, jette sur toi une robe qui cache tes pieds. Trop mince, habille-toi de vêtements en tissu qui étoffe ; qu'un large manteau pende de tes épaules. As-tu le teint pâle ? Porte des

---

1. Jupiter avait aimé Sémélé, Léda et Europe : cette dernière est appelée Sidonienne. parce qu'elle était la fille d'un roi de Phénicie et que Sidon était la ville la plus ancienne de ce pays.
2. Le gouvernail.

vêtements rayés de couleurs éclatantes. Trop brun ? Emprunte le secours des blancs tissus de Pharos[3]. Un pied difforme doit toujours se cacher dans une chaussure blanche en cuir fin ; qu'une jambe sèche ne se montre jamais sans lacets. De minces coussinets conviennent aux épaules saillantes ; qu'un corset ceigne une poitrine plate. Accompagnez vos paroles de gestes rares et menus, si vos doigts sont gros et vos ongles peu polis. Celle qui a l'haleine forte doit ne jamais parler à jeun, et se tenir toujours à distance de l'homme auquel elle s'adresse. Si tes dents sont noires, trop longues ou mal rangées, tu te feras beaucoup de tort en riant.

Qui le croirait ? Les femmes apprennent même à rire et elles acquièrent ainsi un charme de plus. Ouvrez modérément la bouche : que les coins de votre bouche soient peu écartés par le rire et que les bords des lèvres ne laissent pas voir le haut des dents. Que le ventre ne se fatigue pas en un rire perpétuel, mais que ce rire sonne léger et digne d'une femme ! Il est des femmes dont les éclats de rire leur tordent la bouche d'une façon déplaisante ; une autre rit aux éclats et elle a l'air de pleurer. Le rire d'une troisième sonne rauque et désagréable ; tel le braiment d'une vieille ânesse qui tourne la meule rugueuse.

Jusqu'où l'art ne s'étend-il pas ? Les femmes apprennent à pleurer comme il faut ; elles versent des larmes quand et comme elles veulent.

Et que dire de celles qui altèrent la prononciation correcte d'une lettre, et qui forcent leur langue à bégayer sur un son ? C'est un charme en elles que le défaut de mal articuler certains mots : elles apprennent à pouvoir parler moins bien qu'elles ne le pouvaient.

Tous ces artifices sont utiles : donnez-y votre attention.

L'Art d'aimer, III, 251-297

---

3. C'est-à-dire fabriqués en Égypte. Ils étaient réputés dans l'Antiquité.

HOMÈRE
VIII° s. av. J.-C.

VIRGILE
I° s. av. J.-C.

CLAUDIEN
V° s. ap. J.-C.

Martial

Pour combattre les ravages du temps, les Romaines ne manquent pas de ressources. Il est ardu toutefois de tromper l'œil expert du séducteur et de rivaliser avec la fraîcheur et le naturel de la jeunesse.

UNE BEAUTÉ EMPRUNTÉE

Bien que, tout en restant chez toi, tu te fasses attifer en pleine rue de Subura et qu'on te fabrique, Galla, la chevelure qui te manque ; bien que chaque soir tu ôtes tes dents tout comme ta robe de soie, que tu reposes emmagasinée dans une centaine de boîtes et que ton visage ne dorme pas avec toi-même, tu me provoques avec le sourcil que pour toi on a sorti de sa boîte à ton réveil, sans aucun respect pour ton bas-ventre blanchi par l'âge, et que tu pourrais déjà mettre au nombre de tes aïeux. Tu me promets pourtant des joies infinies, mais ma verge fait la sourde oreille, et, toute borgne qu'elle est, elle te voit bien malgré tout.

Épigrammes, IX, 37

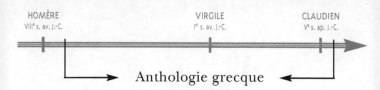

HOMÈRE
VIIIᵉ s. av. J.-C.

VIRGILE
Iᵉʳ s. av. J.-C.

CLAUDIEN
Vᵉ s. ap. J.-C.

Anthologie grecque

À quoi servent les vains artifices ? La vraie beauté ne se pare que d'elle-même.

ÉLOGE DU NATUREL

De Marcus Argentarius

Quitte ce réseau, lambine de malheur, et ne fais pas exprès de tourner la hanche en marchant, Lysidikê. Ton fin péplos ne t'enserre pas dans ses plis ; toute ta nudité apparaît et disparaît. Si tu trouves ce jeu spirituel, eh bien, moi aussi, j'ai là un objet bien raide, et je vais à mon tour lui mettre un voile, mais de gaze transparente.

De Paul le Silentiaire

Pas plus que la rose n'a besoin de couronnes, tu n'as toi même besoin, ô ma souveraine, de vêtements ni de réseaux semés de pierreries. Les perles le cèdent à ton teint et l'or n'efface pas l'éclat de ta chevelure que ne retient aucun peigne ; l'améthyste des Indes a le charme de ses feux resplendissants, mais qu'il est plus faible que celui de tes yeux ! Quant à tes lèvres mouillées de rosée et à l'harmonie de tes seins, toutes pétries dans le miel, elles valent le ceste de la déesse de Paphos. Tant de merveilles, moi, me terrassent ; tes yeux seuls m'attirent, tes yeux où réside l'Espérance douce comme le miel.

Épigrammes, V, 104 et 270

L'ART DU DISCOURS AMOUREUX

Dans l'Antiquité, la persuasion est une divinité. Celle-ci vole souvent au secours de la séduction. Elle intervient en dernier lieu, lorsque les gestes et les présents se sont avérés infructueux. L'amant essaie d'embrasser l'objet de son désir avant de lui parler : les paroles appartiennent davantage aux amours consommées que balbutiantes. Le chuchotement du couple se perd souvent en tendre babil : on se dorlote, on se caresse de mots doux et de petits noms, au point que ces propos badins paraissent incompréhensibles aux non-initiés, à tous ceux qui sont étrangers à ce duo encore hésitant. Certains toutefois enjôlent pour mieux captiver, voire dépouiller. Murmurés au creux de l'oreille, ou déployés en longues tirades argumentées, voici quelques fragments antiques de discours amoureux.

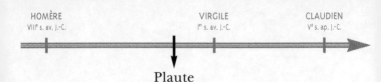

HOMÈRE
VIIIᵉ s. av. J.-C.

VIRGILE
Iᵉʳ s. av. J.-C.

CLAUDIEN
Vᵉ s. ap. J.-C.

Plaute

Apprendre à parler le langage de l'amour requiert de maîtriser l'art du petit nom, de la tendre fadaise, sans craindre le ridicule.

PETITS NOMS

ARGYRIPPE. – Tu ne me passes pas la sacoche, que j'en sente le poids sur mon épaule?

LÉONIDE. – Puisque c'est à elle que tu vas la donner, dis-lui donc de me la demander, de venir traiter avec moi. Car c'est sur une pente bien glissante que tu me demandes de la placer tout uniment.

PHILÉNIE *(à Léonide)*. – Donne, mon cher œil, ma rose, mon cœur, ma joie, mon petit Léonide, donne-moi l'argent: ne sépare pas deux amants.

LÉONIDE. – Appelle-moi donc ton petit moineau, ta poule, ta caille; dis-moi que je suis ton petit agneau, ton petit chevreau, ton petit veau. Prends-moi par les oreilles; colle tes lèvres mignonnes sur mes lèvres mignonnes.

ARGYRIPPE *(outré)*. – Qu'elle te baise, coquin?

LÉONIDE. – Quel mal y vois-tu? Et même, morbleu, tu n'auras rien du tout si on ne me caresse pas les genoux.

ARGYRIPPE. – Nécessité fait loi: caressons-les. Tu me donnes ce que je te demande?

Asinaria, III, 3, 662-671

HOMÈRE
VIIIe s. av. J.-C.

VIRGILE
Ier s. av. J.-C.

CLAUDIEN
Ve s. ap. J.-C.

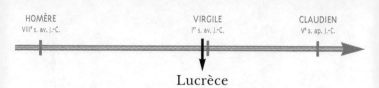

Lucrèce

La culture, la rhétorique et la littérature, lorsqu'elles sont asservies par la passion, dépeignent aux yeux des amants une réalité enjolivée. La vue de l'amoureux baisse à mesure que sa science s'accroît.

TOUT EST AFFAIRE DE MOTS

C'est le défaut le plus fréquent chez tous les hommes aveuglés par la passion, d'attribuer à celles qu'ils aiment des mérites qu'elles n'ont pas. Aussi voyons-nous des femmes laides et repoussantes en tout point être adorées et traitées avec les plus grands honneurs. Et pourtant les amoureux se rient les uns des autres et se conseillent réciproquement d'apaiser Vénus, pour qu'elle éteigne l'amour honteux dont ils sont affligés, sans avoir d'yeux, les malheureux, pour leurs plus grands défauts. Une peau noire a la couleur du miel; une femme malpropre et puante est une beauté négligée; a-t-elle les yeux verts, c'est une autre Pallas[1]; est-elle toute de cordes et de bois, c'est une gazelle; une naine, une sorte de pygmée, est l'une des Grâces, un pur grain de sel; une géante colossale est une merveille, pleine de majesté. La bègue, qui ne sait dire mot, gazouille; la muette est pleine de modestie; une mégère échauffée, insupportable, intarissable, devient un tempérament de flammes; c'est une frêle chère petite chose que celle qui dépérit de consomption; se meurt-elle de tousser, c'est une délicate. Une mafflue, toute en mamelles, c'est Cérès elle-même venant d'enfanter Bacchus. Un nez camus, c'est une Silène, une Satyre; une lippue devient un nid de baisers. Mais je serais trop long si je voulais tout dire.

De la nature, IV, 1153-1170

---

1. Athéna, la déesse aux yeux pers.

HOMÈRE
VIIIᵉ s. av. J.-C.

VIRGILE
Iᵉʳ s. av. J.-C.

CLAUDIEN
Vᵉ s. ap. J.-C.

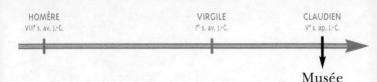

Musée

« Parlez-moi d'amour. » La rhétorique amoureuse est un pas-sage obligé de la séduction. Léandre utilise un argument mytholo-gique pour vaincre la pudeur de celle qu'il aime, Héro.

RHÉTORIQUE DE LA SÉDUCTION

Lorsque Léandre vit, à ses mouvements de tête, que l'ai-mable vierge fléchissait, il tira hardiment, d'un geste de la main, la tunique brodée de Héro et l'entraîna vers les recoins les plus reculés du temple saint. La vierge le suivit à pas hésitants, comme à contrecœur, et fit entendre seule-ment ces mots, par lesquels elle menaçait Léandre en termes bien féminins :

« Étranger, quelle est cette folie ? Je suis une vraie jeune fille ! Pourquoi, malheureux, m'entraînes-tu ? Adresse-toi ici à une autre, et lâche ma tunique ! Redoute le courroux de mes riches parents ! Il t'est défendu de tou-cher à la prêtresse de Cypris[1]. La couche d'une vierge est domaine interdit ! »

Telles étaient ses menaces, analogues à toutes celles des jeunes filles. Mais, lorsque Léandre sentit la pointe de ces menaces bien féminines, il y reconnut les indices des aban-dons virginaux. Et en effet, lorsque les femmes menacent les jeunes hommes, leurs menaces sont simples avant-coureurs des entretiens de Cypris. Il mit un baiser sur la nuque douce et parfumée de Héro, puis, blessé de l'ai-guillon du désir, lui adressa ces mots :

« Chère Cypris sœur de Cypris, chère Athéna sœur d'Athéna, car je ne peux te donner un nom de femme de la Terre, toi que j'égale aux filles de Zeus Cronien, bienheu-

---

1. Héro est prêtresse d'Aphrodite, appelée ici par son nom de Cypris.

reux celui qui t'engendra, bienheureuse la mère qui t'enfanta, et fortunées entre toutes les entrailles qui te mirent au monde! Ah! écoute mes prières! Prends en pitié mon invincible amour! Prêtresse de Cypris, ne fuis pas l'œuvre de Cypris! Viens, viens célébrer les mystères de l'union conjugale, les lois de la Déesse. Une vierge ne convient pas au service d'Aphrodite! Des créatures virginales ne touchent point Cypris! Si tu veux connaître les lois d'amour de la Déesse et ses mystères vénérables, il y a le mariage et la couche nuptiale. Si tu chéris Cythérée[2], accepte donc la suave loi des ensorcelantes amours. Prends-moi comme ton suppliant et, si tu veux bien, comme ton amant, un amant qu'Amour, ce chasseur, a capturé après l'avoir atteint de ses traits; ainsi l'intrépide Héraclès, l'agile Hermès à la baguette d'or le conduisit, pour qu'il servît, en mercenaire, la fille de Jardanos. Pour moi, c'est Cypris qui m'a envoyé vers toi, ce n'est pas l'habile Hermès qui m'a conduit. Elle ne t'est sûrement pas inconnue, la vierge d'Arcadie, Atalante, qui jadis évita la couche de Mélanion, son amoureux, pour garder sa virginité. Mais Aphrodite se fâcha; l'homme dont Atalante n'avait pas voulu, la Déesse le lui fit aimer de toute son âme. Laisse-toi fléchir, toi aussi, ma bien-aimée, et garde-toi d'éveiller le courroux d'Aphrodite! »

Les paroles de Léandre persuadèrent le cœur de la vierge rétive. Grâce à des mots qui font naître l'amour, il égarait son âme. La jeune fille, muette, fixa la terre du regard, tout en cachant à demi son visage, rougissant de confusion; puis elle se mit à gratter le sol du bout de son pied; confuse, elle remontait et ramenait maintes fois sa tunique sur ses épaules. Tous ces gestes ne sont que signes avant-coureurs de l'acquiescement et le silence est promesse chez la vierge qui consent à se donner.

Héro et Léandre, 117-165

2. Autre nom d'Aphrodite.

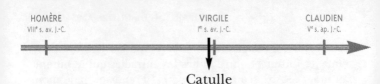

Catulle

*L'éloge du moineau de Lesbia a fait le bonheur des interprètes:
la symbolique sexuelle en est à peine voilée. La mort de l'oiseau,
dans la pièce suivante, a inspiré les artistes: le peintre Jean-
Baptiste Greuze en fait un emblème de la défloration.*

DOUBLE DISCOURS

Moineau, délices de ma maîtresse, avec qui elle se plaît
à jouer, qu'elle tient sur son sein, à qui elle donne le bout
de son doigt à becqueter, provoquant ses ardentes morsures, quand cette beauté, objet de mes désirs, se livre à un
badinage qui a pour elle je ne sais quel charme et qui
console un peu sa douleur, afin, j'imagine, d'apaiser les
tourments d'une passion brûlante; puissé-je, comme elle,
en jouant avec toi, alléger les tristes soucis de mon cœur!
[...] J'en suis aussi charmé que la jeune héroïne agile[1] le
fut, dit-on, par la pomme d'or qui lui fit détacher sa ceinture longtemps refusée.

Poésies, 2

1. Atalante.

BIEN S'ENTOURER

Pour rehausser sa beauté, rien de tel que de choisir pour compagnes des amies un peu moins jolies. Pour autant, il ne faut pas s'attacher des laiderons. Vénus avec les Grâces, Artémis avec les Nymphes surent habilement tirer parti d'un cortège qui les changeait en soleils capables de faire pâlir les étoiles. Cette stratégie peut cependant se révéler périlleuse : les Anciens savent qu'il convient de se défier moins de ses ennemis jurés que de ses amis. Il est fort ordinaire que la chère confidente, la fervente admiratrice se mue en rivale. Derrière une amitié de façade sont commises les pires félonies. Il ne faudrait pas cependant s'arrêter à cet aspect obscur de l'amitié : les ouvrages antiques regorgent d'épisodes où des amis fidèles consacrent tous leurs efforts et leur dévouement à réunir des cœurs séparés par le destin, des pères sévères ou de simples bouderies.

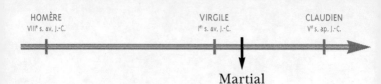

HOMÈRE	VIRGILE	CLAUDIEN
VIIIe s. av. J.-C.	Ier s. av. J.-C.	Ve s. ap. J.-C.

Martial

Pour faire ressortir l'éclat d'un joyau, il convient d'en choisir l'écrin avec soin…

FAIRE-VALOIR

Toutes tes amies sont ou vieilles, ou bien laides et plus affreuses que des vieilles. Tu les prends pour compagnes et tu les traînes avec toi à travers les banquets, les portiques, les théâtres. C'est ainsi, Fabulla, que tu es belle, c'est ainsi que tu es jeune.

Épigrammes, VIII, 79

HOMÈRE
VIIIe s. av. J.-C.

VIRGILE
Ier s. av. J.-C.

CLAUDIEN
Ve s. ap. J.-C.

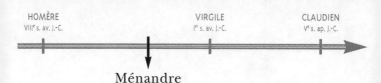

Ménandre

Dans l'Antiquité, il est difficile d'aborder les filles, surtout lorsque les jeunes gens sont de haute condition, et plus encore si le garçon est timide. Chéréas offre à Sostrate de lui venir en aide.

L'AMI ENTREMETTEUR

CHÉRÉAS. – Que dis-tu ? Tu as vu ici une fille de naissance libre en train de couronner les Nymphes voisines, Sostrate, et, sur-le-champ, tu es reparti amoureux ?

SOSTRATE. – Oui, sur-le-champ.

CHÉRÉAS. – Quelle hâte ! Avais-tu pris, en sortant, le parti de tomber amoureux ?

SOSTRATE. – Tu railles, Chéréas ; mais mon mal est sérieux.

CHÉRÉAS. – Je n'en doute pas.

SOSTRATE. – C'est justement pourquoi je suis ici, fort de ton appui dans cette entreprise, car je vois en toi un ami et l'homme le mieux doué pour la mener à bien.

CHÉRÉAS. – Dans les cas de ce genre, Sostrate, voici comment je suis. Un ami fait-il appel à moi pour une histoire d'amour avec une courtisane ? Dans l'instant je l'enlève, je l'amène, je m'enivre, j'incendie, je n'admets absolument aucune espèce de raison. Avant d'avoir cherché à savoir qui elle est, il me la faut. De fait, la lenteur augmente beaucoup la passion, tandis qu'une prompte action y met promptement fin. Parle-t-on mariage et fille de naissance libre ? Là, je suis un autre homme : je m'informe de la famille, des ressources, du caractère ; car c'est pour tout le reste du temps que je laisse cette fois un souvenir à mon ami, en rapport avec ma conduite dans cette affaire.

Le Dyscolos, I, 1

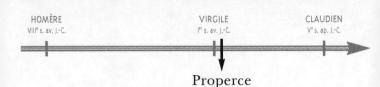

HOMÈRE
VIIIe s. av. J.-C.

VIRGILE
Ier s. av. J.-C.

CLAUDIEN
Ve s. ap. J.-C.

Properce

L'amoureux ne se défie jamais assez de ses intimes : ils sont capables des trahisons les plus perfides. Le séducteur n'est pas prêteur : Properce se venge en démasquant un ami qui affiche des mœurs sévères et son grand âge pour braconner impunément sur les terres d'autrui.

L'AMI VOLEUR

Je parle en expert, personne n'est loyal en amour : une belle, il est rare que chacun ne la désire pas pour soi. Ce dieu souille les liens du sang, dénoue les amitiés et appelle à de tristes combats ceux qui s'entendent bien. L'hôte qui demanda l'hospitalité à Ménélas fut adultère et c'est évidemment un inconnu que la Colchidienne[1] suivit. Lyncée, perfide, as-tu pu toucher à l'objet de mes soins amoureux ? Les bras ne te sont-ils pas tombés alors ? Qu'aurais-tu fait si elle n'avait pas été constante et sûre ? Tu aurais pu vivre dans une si grande honte ? Toi, blesse-moi au cœur par le fer ou par le poison, éloigne-toi seulement de ma maîtresse ! Tu pourras être le maître de ma vie, de ma personne ; je t'admets, ami, comme associé à mes affaires ; c'est pour mon lit seulement, uniquement pour mon lit que je t'implore ; je ne puis supporter de rival, même Jupiter. Quand je suis seul, je suis jaloux de mon ombre, je suis jaloux de rien, je suis sot puisque je tremble souvent d'une frayeur sans fondement. Il y a cependant une raison pour que je pardonne de si grandes fautes, c'est qu'une grande ivresse égarait tes mots. Mais jamais je ne me laisserai tromper par les rides d'une vie sévère : tous savent désormais combien il est bon d'aimer.

Élégies, II, 34, 3-24

---

1. Médée.

VANTER SES AVANTAGES
ET EXCITER LA JALOUSIE

Que faire lorsque « Cupidon s'en fout » ? Le dédain est un moyen efficace pour sauver une idylle engagée sous de mauvais auspices. Quand un homme fait miroiter à sa belle la vie confortable qu'elle mènera auprès de lui, ses arguments trop rationnels peuvent échouer. S'ils font mouche, c'est qu'il a affaire à une âme intéressée, manquant singulièrement de noblesse. Il faut songer à d'autres artifices et, en particulier, manier habilement le désintérêt. Rien n'ulcère plus la belle dédaigneuse que de se voir dédaignée à son tour. Pour séduire Galatée, Polyphème n'a guère d'avantages à faire valoir. Borgne – c'est un cyclope –, sale et peu fortuné, il restait à pleurer son chagrin sur la grève, tandis que la Néréide s'amusait à jeter des pommes sur son troupeau. Il eut l'idée de feindre l'indifférence : la vanité de la divinité en fut piquée et Polyphème l'aurait conquise si Galatée ne s'était éprise d'Acis. Attiser la jalousie est souvent le signe que l'on est soi-même jaloux : Polyphème tue Acis et n'obtient pas Galatée. La jalousie est une arme dangereuse que seuls les plus audacieux utilisent, souvent à leurs dépens. Ovide relate la fable de Céphale et Procris : chacun surveillait étroitement l'autre, craignant d'être trompé et abandonné. Un jour, le chasseur Céphale, entendant du bruit dans un fourré, perça de son javelot le cœur de son épouse Procris, postée là pour l'épier. Les ardeurs jalouses doivent être suscitées avec modération.

HOMÈRE
VIII° s. av. J.-C.

VIRGILE
I° s. av. J.-C.

CLAUDIEN
V° s. ap. J.-C.

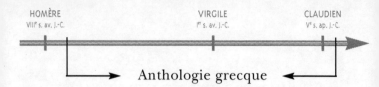

Anthologie grecque

*Quand Amour peine à faire des ravages, le séducteur sait piquer l'orgueil de la personne convoitée. Pour susciter l'intérêt, rien n'est efficace comme l'indifférence, ainsi que le suggère un poète de l'*Anthologie grecque.

INDIFFÉRENCE FEINTE

D'AGATHIAS LE SCHOLASTIQUE

Si tu aimes, fais que ton cœur ne se laisse jamais aller, effondré, plein de très humbles supplications ; au contraire, montre dans tes sentiments quelque réserve, tiens le sourcil haut, mais tout en regardant d'un œil condescendant. Car c'est le propre des femmes de se désintéresser des orgueilleux, comme de faire des gorges chaudes des gens trop pleurnicheurs. Celui-là est un amant parfait qui sait allier à un caractère sensible un brin de fierté.

Épigrammes, V, 216

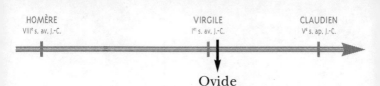

HOMÈRE
VIIIe s. av. J.-C.

VIRGILE
Ier s. av. J.-C.

CLAUDIEN
Ve s. ap. J.-C.

Ovide

Quand la passion vient à languir, une thérapie de choc s'impose: la crainte d'un(e) rival(e) est susceptible de pimenter n'importe quelle liaison, à condition que cette épice subtile n'enflamme pas irrémédiablement la colère du partenaire.

USER DE LA JALOUSIE AVEC MODÉRATION

Il y a des femmes auprès desquelles une obéissance craintive va contre le but, et dont l'amour languit, faute d'une rivale. Généralement, la prospérité enivre l'esprit et il n'est pas facile, dans le bonheur, de montrer une âme égale. Voyez un feu presque éteint pour avoir consumé peu à peu ses aliments; il a disparu sous la cendre blanche qui le recouvre; mais, si l'on y ajoute du soufre, la flamme qui semblait éteinte se retrouve et donne la même lumière qu'auparavant. Ainsi, quand le cœur languit dans l'indolente torpeur de la sécurité, il faut employer des aiguillons pénétrants pour réveiller l'amour. Arrange-toi pour que ta maîtresse ait des inquiétudes sur ton compte; réchauffe l'ardeur de son cœur attiédi; qu'elle pâlisse en apprenant ton infidélité.

Ô quatre fois heureux, infiniment heureux, celui dont la maîtresse souffre de se voir offensée et qui, aussitôt que son oreille apprend une faute dont elle voudrait douter, s'évanouit; malheureuse! elle perd à la fois la couleur et la voix. Puissé-je être celui dont sa fureur arrache les cheveux! Puissé-je être celui dont ses ongles déchirent les joues délicates, qu'elle ne peut voir sans pleurer, qu'elle regarde d'un œil farouche, sans lequel elle ne peut vivre, mais voudrait pouvoir vivre! Si tu me demandes pendant combien de temps tu la laisseras se plaindre de son offense, je répondrai: qu'il soit court; sinon un trop long retard permettrait à la colère de prendre des forces.

L'Art d'aimer, II, 435-456

Virgile

Corydon, pour se concilier les faveurs de son bien-aimé Alexis, énumère tous les dons que la nature lui a accordés. Virgile parcourt ainsi le domaine de la poésie bucolique et communique à son lecteur l'émotion érotique qui l'attache autant à son sujet qu'à sa langue. Désir d'aimer et désir d'écrire se confondent.

UN BON PARTI

Pour le bel Alexis, chéri de son maître, Corydon, un berger, brûlait d'amour, sans aucun espoir. Il se contentait de venir assidûment dans un fourré de hêtres aux cimes ombreuses ; là, solitaire, il jetait sans art aux monts et aux bois ces plaintes passionnées… vainement :

« Ô cruel Alexis, tu n'as aucun souci de mes chants ? aucune pitié de nous ? Tu finiras par me faire mourir. À cette heure, les troupeaux eux-mêmes cherchent l'ombre et le frais ; à cette heure, les lézards verts eux-mêmes se cachent dans les buissons d'épines, et Thestylis, pour les moissonneurs harassés par la chaleur dévorante, broie de l'ail et du serpolet, herbes odorantes[1]. Mais moi, rôdant sur la trace de tes pas, sous le soleil ardent, je fais, avec les rauques cigales, résonner les vergers. N'eût-il pas mieux valu endurer les sombres colères d'Amaryllis et ses dédains superbes ? ou Ménalque, si noiraud qu'il soit, si blanc que tu sois ? Ô bel enfant, ne te fie pas trop à la couleur ! On laisse les blancs troènes se flétrir, on cueille les vaciets noirs. Tu me dédaignes et tu ne demandes pas, Alexis, qui je suis, quelle est ma richesse en bétail, quelle est mon abondance

---

1. Cette préparation est le *moretum*, dont une pièce de l'*Appendix vergiliana*, sans doute de Virgile, donne la recette. Voir, dans la même collection, *À La table des Anciens. Guide de cuisine antique.*

en lait neigeux. J'ai mille brebis qui paissent en liberté sur les monts de Sicile ; je ne manque de lait frais ni l'été ni durant la froidure. Je chante les airs qu'affectionnait, lorsqu'il rappelait son troupeau, Amphion de Dircé sur l'Aracynthe actéen[2]. Et je ne suis pas tellement laid ! naguère je me suis miré sur le rivage, quand les vents laissaient la mer en repos ; non, moi, je ne craindrais pas Daphnis – de ce conflit tu serais juge – si une image n'est jamais trompeuse.

Oh ! si seulement il te plaisait d'habiter avec moi la campagne misérable et ses humbles cabanes ; de percer les cerfs, et de pousser un troupeau de chevreaux vers la mauve verdoyante ! En ma compagnie, dans les bois, tu imiteras Pan par tes chansons. Pan le premier apprit à souder avec la cire plusieurs chalumeaux ; Pan veille sur les brebis et leurs maîtres. Et ne regrette pas que le chalumeau use ta lèvre mignonne : pour en savoir autant, que ne faisait pas Amyntas ? J'ai une flûte, composée de sept tuyaux inégaux. Damète m'en a fait don jadis et m'a dit en mourant : « Tu es maintenant son maître, son second maître. » Ainsi parla Damète ; qui fut jaloux ? Amyntas, le sot ! Et puis, j'ai deux jeunes chevreuils – je les ai trouvés dans une vallée peu sûre ; leur pelage est encore moucheté de blanc ; chaque jour, ils tarissent deux mamelles de brebis ; je te les réserve ; depuis longtemps, Thestylis me prie de les lui laisser emmener ; et elle le fera, puisque mes cadeaux te répugnent.

Viens ici, ô bel enfant : pour toi, à pleines corbeilles, voici les Nymphes qui t'apportent des lis ; pour toi, la blanche Naïade, cueillant les pâles giroflées et les pavots en tiges, assemble le narcisse et la fleur du fenouil odorant ; puis, les entrelaçant au garou et à d'autres plantes suaves, elle marie les tendres vaciets au jaune souci. Moi-même je cueillerai des pommes blanchâtres au tendre duvet, et des

2. Amphion jouait de la lyre avec tant d'art que les pierres bâtirent d'elles-mêmes les remparts de Thèbes.

fruits de châtaignier que mon Amaryllis aimait ; j'ajouterai des prunes couleur de cire ; ce fruit sera, lui aussi, à l'honneur. Et vous, lauriers, je vous cueillerai, et toi, myrte, en leur voisinage, puisqu'ainsi placés vous mêlez vos suaves senteurs.

Tu es un rustaud, Corydon : de présents Alexis n'a cure et, dans une lutte à coups de présents, Iollas n'aurait pas le dessous. Hélas ! qu'ai-je voulu, malheureux ? Sur les fleurs, dans mon égarement, j'ai lâché l'Auster et, dans les sources limpides, les sangliers. Sais-tu qui tu fuis, ah ! insensé ? Les dieux aussi et le Dardanien Pâris ont habité les bois. Libre à Pallas d'habiter elle-même les citadelles qu'elle a fondées ! Nous, plus que tout, aimons les bois. La lionne au regard torve cherche le loup ; le loup, la chèvre ; le cytise en fleurs est recherché par la chèvre folâtre ; et toi, Alexis, par Corydon : chacun est entraîné par son plaisir. Vois, les bœufs rapportent les charrues suspendues au joug, et le soleil, à son déclin, double les ombres qui s'allongent ; moi, pourtant, l'amour me brûle encore ; pourrait-il en effet y avoir un terme à l'amour ?

Ah ! Corydon, Corydon, quelle démence t'a saisi ? Ta vigne reste à demi taillée sur l'ormeau trop feuillu. Prépare-toi donc plutôt à tresser quelque objet dont le besoin te presse, avec des brins d'osier ou du jonc souple. Si celui-ci te dédaigne, tu trouveras un autre Alexis. »

Bucoliques, 2

HOMÈRE
VIIIᵉ s. av. J.-C.

VIRGILE
Iᵉʳ s. av. J.-C.

CLAUDIEN
Vᵉ s. ap. J.-C.

Claudien

Devant les larmes de Proserpine, arrachée à sa mère Cérès, le cœur impitoyable de Pluton, dieu des enfers, fond. Il s'emploie à lui faire voir le monde infernal sous un autre jour et à lui rendre agréable sa nouvelle souveraineté.

MON ROYAUME À VOS PIEDS

Le farouche Pluton est vaincu par ces mots et par ces pleurs
Qui l'embellissent : il a senti les soupirs du premier amour.
Le voici qui, de son manteau foncé, essuie ses larmes,
Et d'une voix douce console sa cuisante douleur :
« N'accable plus ton âme, ô Proserpine, de funestes soucis
Ni de peurs vaines : tu recevras un sceptre plus puissant
Sans supporter les feux d'un mari indigne de toi.
Je suis fils de Saturne ; la machine du monde
Me sert, et mon pouvoir s'étend parmi l'immensité du vide.
Ne pense pas avoir perdu le jour : nous avons d'autres astres,
Nous avons d'autres globes, et tu verras une clarté plus pure,
Tu admireras plus le soleil des champs Élysées
Et ses habitants vertueux. Là vit la race la plus précieuse,
Celle de l'âge d'or ; nous possédons toujours ce que là-haut
On n'a mérité qu'une fois. Et il n'y manque pas pour toi
La douceur des prairies. Sous de meilleurs Zéphyrs,
Là embaument des fleurs vivaces que n'a pas portées ton Etna[1].
Sous l'ombrage des bois, il est même un arbre précieux
Qui courbe ses brillants rameaux à la verdure de métal[2] :
Je te le donne et le consacre : l'automne pour toi sera opulent
Et ses fruits fauves t'enrichiront sans cesse.

---

1. Proserpine a été enlevée en Sicile, alors qu'elle cueillait des fleurs.
2. Claudien s'inspire ici du rameau d'or décrit par Virgile dans l'*Énéide*, VI, 136-144. La Sibylle révèle à Énée que, pour descendre aux enfers, il doit cueillir ce rameau et l'offrir à Proserpine.

Mais c'est là peu : tout ce qu'embrasse l'air limpide,
Ce que roulent les fleuves, ce qu'ont engraissé les marais
Céderont à ton sceptre, comme tout animal soumis
À la sphère lunaire, septième cercle qui entoure les airs,
Séparant les choses mortelles des constellations éternelles.
Dessous tes pieds viendront les rois qui s'habillaient de
[pourpre,
Dépouillés de leur luxe, mêlés à la foule des pauvres,
Car la mort égalise tout. Tu condamneras les coupables,
Tu donneras aux justes le repos ; c'est toi qui, juge, forceras
Les criminels à avouer les forfaits commis en leur vie.
Avec le gouffre du Léthé, reçois les Parques pour servantes,
Et que le destin soit toutes tes volontés. » Sur ce, il encourage
Ses chevaux triomphants et entre adouci au Tartare[3].

Le Rapt de Proserpine, II, 273-307

---

3. Le Tartare est une région des enfers, le Léthé en est un fleuve. Les
Parques sont les divinités du destin : ce sont elles qui filaient, tiraient et
coupaient le fil de l'existence humaine.

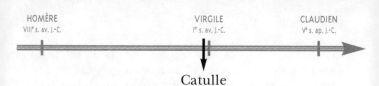

HOMÈRE
VIIIe s. av. J.-C.

VIRGILE
Ier s. av. J.-C.

CLAUDIEN
Ve s. ap. J.-C.

Catulle

*En voulant plastronner devant une fille et laisser croire qu'il
s'est enrichi lors de ses missions dans les provinces, Catulle est pris
au piège de ses vantardises.*

TEL EST PRIS QUI CROYAIT PRENDRE

Mon ami Varus, m'ayant trouvé oisif au forum, m'avait
conduit chez l'objet de ses amours : une petite catin qui, au
premier coup d'œil, ne me parut dénuée assurément ni de
charme ni de grâce. À peine arrivés, la conversation tomba
sur différents sujets, entre autres sur la Bithynie : Où en
était-elle à présent ? Quel était l'état de ses affaires ? N'y
avais-je pas gagné quelque argent[1] ? Je répondis, ce qui était
vrai, que les préteurs eux-mêmes, pas plus que leur
cohorte, n'en tiraient de quoi se mieux parfumer la tête au
retour, surtout ceux qui avaient pour préteur un bougre
aux yeux de qui sa cohorte ne comptait pas même autant
qu'un poil. « Mais au moins, reprennent-ils, tu as acheté ce
qui est, dit-on, un produit du pays, des hommes pour ta
litière. » Moi, voulant devant cette fille me donner l'air
d'être plus heureux que tous les autres : « La fortune, dis-je,
ne m'a pas si mal traité dans cette misérable province qui
m'est échue, que je n'aie pu en ramener huit hommes de
belle prestance[2]. » Or, pas plus ici que là-bas, je n'en ai
jamais eu un seul qui pût charger sur son cou le pied brisé
d'un vieux grabat. Alors la dame, comme il convenait à une
telle garce : « Je t'en prie, dit-elle, mon cher Catulle, prête-
moi un peu tes hommes, je veux me faire porter au temple

---

1. Catulle revenait alors de la Bithynie (en 56 av. J.-C.). Ce pays avait
beaucoup souffert pendant la guerre contre Mithridate.
2. Les porteurs de litières à Rome étaient souvent des esclaves bithy-
niens. Une litière à huit porteurs supposait un grand train de maison.

151

de Sarapis[3]. – Attends, ai-je répondu à la belle ; je t'ai dit tout à l'heure qu'ils étaient à moi, mais j'ai mal fait mon compte ; j'ai pour camarade Gaius Cinna, c'est lui qui les a achetés. Au reste, qu'ils soient à lui ou à moi, que m'importe ? Je m'en sers aussi bien que si je les avais achetés. Mais toi, tu es tout à fait sotte et pénible de ne pas permettre qu'on soit distrait. »

Poésies, 10

---

3. Dieu égyptien.

VI

FAIRE SA COUR

ACCOSTER

Une fois le lieu et le moment choisis, à quels mots recourir ? Comment créer la connivence avec un ou une étrangère ? Le rêve du bel inconnu fait aussi battre les cœurs antiques. En règle générale, c'est à l'homme de faire les premiers pas. Le jeu est d'autant plus ardu que les belles sont surveillées ; quant aux courtisanes, elles ont le verbe haut et ne s'en laissent pas conter. Ovide conseille les banalités, assorties de politesse, pour se montrer sous un jour flatteur sans pour autant paraître insistant. L'idéal évidemment est de voler au secours de sa proie pour être celui qui arrive à point nommé.

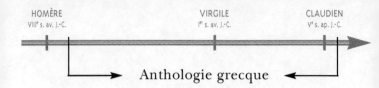

HOMÈRE
VIIIe s. av. J.-C.

VIRGILE
Ier s. av. J.-C.

CLAUDIEN
Ve s. ap. J.-C.

Anthologie grecque

*L'*Anthologie grecque *regorge de surprises délicieuses : voici, en vers, quelques leçons pour aborder une femme dans la rue.*

TENTER SA CHANCE

De Philodème

— Bonjour.

— À toi aussi, bonjour.

— Comment faut-il t'appeler ?

— Et toi ?

— Pas encore : tu es trop pressée.

— Ne le demande donc pas non plus.

— As-tu quelqu'un ?

— Toujours celui qui m'aime.

— Veux-tu souper aujourd'hui avec moi ?

— Si tu veux.

— Bon ; combien te faut-il pour venir ?

— Ne me donne rien d'avance.

— Étrange, cela !

— Mais, la nuit passée, tu me donneras ce que tu croiras me devoir.

— Voilà qui est fort juste. Mais où demeures-tu ? J'enverrai…

— Tu n'as qu'à l'apprendre.

— Mais à quelle heure viendras-tu ?

— À l'heure que tu voudras, toi.

— C'est tout de suite que je veux.

— Conduis-moi.

Anonyme

– Bonjour, jeune fille.
– Bonjour.
– Qui est celle-là qui te précède ?
– Qu'est-ce que cela te fait ?
– J'ai mes raisons pour le demander.
– C'est notre maîtresse.
– Y a-t-il quelque espoir ?
– Qu'est-ce que tu veux ?
– Une nuit.
– Tu as quelque chose ?
– De l'or.
– Cela va bien.
– Et voici combien.
– Impossible !

De Philodème

La belle, attends-moi ; quel est ton joli nom ? où peut-on te voir ? Ce que tu veux, je le donnerai ; tu ne dis mot ? où demeures-tu ? J'enverrai quelqu'un avec toi. Es-tu prise ? Hou, l'orgueilleuse, adieu. Tu ne dis pas même adieu ? Une fois, puis d'autres encore je t'aborderai ; je sais en amadouer même de plus rébarbatives que toi. Pour aujour-d'hui, adieu, la fille.

Épigrammes, V, 46, 101, 308

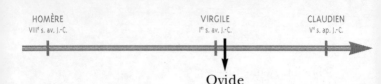

HOMÈRE
VIII° s. av. J.-C.

VIRGILE
I° s. av. J.-C.

CLAUDIEN
V° s. ap. J.-C.

Ovide

Si les spectacles offrent l'opportunité de faire des rencontres, ils ont aussi l'avantage de fournir des sujets de conversation anodins qui permettent, après une rapide prise de contact, de la prolonger et d'éprouver ses premiers frissons.

PRENDRE LANGUE

Ne néglige pas non plus les courses où rivalisent des chevaux généreux. Le cirque, avec son nombreux public, offre de multiples occasions. Pas besoin du langage des doigts pour exprimer tes secrets, et les signes de tête ne sont pas nécessaires pour que tu aies une marque d'assentiment. Assieds-toi contre celle qui te plaît, tout près, nul ne t'en empêche; approche ton flanc le plus possible du sien; heureusement la dimension des places force les gens, bon gré mal gré, à se serrer, et les dispositions du lieu obligent la belle à se laisser toucher. Cherche alors à engager une conversation qui servira de trait d'union, et que tes premières paroles soient des banalités. À qui sont les chevaux qui viennent là? demanderas-tu avec empressement, et, immédiatement, son cheval favori, quel qu'il soit, doit être le tien. Mais quand s'avancera la procession nombreuse[1] avec ses éphèbes qui combattent[2], alors applaudis avec enthousiasme Vénus, qui tient son sort en ta main.

Si, comme il arrive, il vient à tomber de la poussière sur la poitrine de ta belle, que tes doigts l'enlèvent; s'il n'y a pas de poussière, enlève tout de même celle qui n'y est pas:

---

1. La procession qui, au début des jeux du cirque, descendait du Capitole, traversait le forum et le forum *boarium*, puis pénétrait dans le cirque, dont elle faisait le tour. Les images des dieux y figuraient dans des voitures ou sur des civières.
2. Dans les jeux dits troyens.

tout doit servir de prétexte à tes soins officieux. Le manteau, trop long, traîne-t-il à terre ? Prends-en le bord, et, avec empressement, soulève-le du sol malpropre. Aussitôt, récompense de ton zèle officieux, sans que ta belle puisse s'en fâcher, tes yeux verront des jambes qui en valent la peine.

Regarde également tous ceux qui seront assis derrière vous : que leur genou ne vienne pas s'appuyer trop fort contre son dos délicat. De petites complaisances captivent ces âmes légères ; plus d'un s'est félicité d'avoir arrangé un coussin d'une main prévenante. On n'a pas regretté non plus d'avoir agité l'air avec un léger éventail et d'avoir placé un tabouret creux sous un pied délicat.

Toutes ces facilités pour un nouvel amour, tu les trouveras au cirque, et de même au forum, parmi le public impatient, lorsqu'on a semé le sable de funestes présages[3]. Là souvent le fils de Vénus a combattu sur ce sable et celui qui regardait les blessures d'autrui a été blessé lui-même. On parle, on touche une main, on demande un programme, on engage un pari sur le vainqueur, et voici qu'une blessure vous fait gémir, que l'on sent une flèche rapide et que l'on joue soi-même un rôle dans les jeux que l'on regarde.

L'Art d'aimer, I, 135-170

3. Parce qu'on y donnait des jeux de gladiateurs.

HOMÈRE
VIII° s. av. J.-C.

VIRGILE
I°° s. av. J.-C.

CLAUDIEN
V° s. ap. J.-C.

Ménandre

Voler à la rescousse d'une jeune femme est un moyen habile de briser la glace et d'espérer des faveurs en retour. Sostrate profite d'une cruche, fort lourde et fort opportune, pour faire la connaissance de celle qu'il couve du regard.

UN HASARD OPPORTUN

LA JEUNE FILLE. – Pauvre de moi ! Comme j'ai du malheur ! Que faire à présent ? La nourrice, en voulant tirer de l'eau, a laissé tomber le seau dans le puits.

SOSTRATE *(à part).* – Zeus père ! Phoibos Paean ! Chers Dioscures ! la beauté irrésistible !

LA JEUNE FILLE. – Et papa qui m'a dit en sortant de faire chauffer de l'eau !

SOSTRATE. – Messieurs ! (que dire ?)

LA JEUNE FILLE. – S'il s'en aperçoit, il va la faire périr misérablement sous son bâton. Il n'y a pas de temps à perdre, non, par les deux déesses ! *(Elle se dirige vers l'antre des Nymphes.)* Nymphes chéries ! c'est chez vous qu'il faut en prendre. *(Elle s'arrête.)* Certes, j'ai scrupule, s'il y a des sacrifiants à l'intérieur, à les déranger…

SOSTRATE *(s'avançant).* – Eh bien, si tu veux me confier ta cruche, je te la rapporterai remplie.

LA JEUNE FILLE *(en lui tendant la cruche).* – Oui, par les dieux ! Fais vite !

SOSTRATE *(à part).* – Il y a de la noblesse chez cette paysanne ! Ô dieux tant vénérés ! quelle divinité me sauvera ? *(Il entre dans la grotte des Nymphes.)*

Le Dyscolos, I, 4

ŒILLADES ET BILLETS DOUX

S'il revient aux hommes, traditionnellement, d'oser le premier pas, pour autant, la femme ne doit pas attendre passivement qu'ils s'élancent. Celui qu'elle a remarqué ne se risque pas à l'aborder si elle n'a pas, auparavant, multiplié les invites. Sourires engageants, battements de cils, coups d'œil expressifs, confidences murmurées, déhanchements coquets et frôlements concertés : qu'elle soit débutante ou rompue à l'exercice, la proie prédatrice dispose d'un vaste arsenal pour encourager les chasseurs timides ou hésitants. Quelques mots confiés à une missive, un geste parlant et les imaginations les moins fertiles s'enflamment, les souvenirs affluent, les espérances prennent corps. Ce savoir sophistiqué se transmettait de femme à femme, parfois de mère en fille quand les charmes vieillis d'une ancienne courtisane la contraignaient à passer la main à son enfant. Elle en devenait la léna, autrement dit la « maquerelle ». Mais, même sans leçons, l'inventivité des débutantes ne connaît pas de limite : des joues enflammées suffisent à trahir, avec moins d'ambiguïté et plus de sincérité, les premiers émois. À l'amant qui sait la saisir, la chance est offerte.

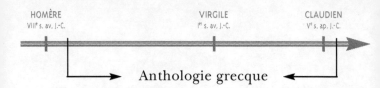

HOMÈRE
VIIIe s. av. J.-C.

VIRGILE
Ier s. av. J.-C.

CLAUDIEN
Ve s. ap. J.-C.

Anthologie grecque

Un coup d'œil, rapide ou appuyé, est un baiser chaste. Méléagre le regrette et, à tout prendre, préférerait être un petit moustique pour vrombir au creux de l'oreille de sa bien-aimée. Cultivant le détail selon le goût de la poésie alexandrine, ces deux épigrammes sont aussi gracieuses que piquantes.

FURTIVES ŒILLADES ET MURMURES CÂLINS

De Paul le Silentiaire

Jusques à quand, cachant nos regards enflammés, nous lancerons-nous l'un à l'autre de furtives œillades ? Déclarons ouvertement notre tourment, et si quelqu'un s'oppose au lien des étreintes où s'oublient les peines, une épée sera pour tous deux le remède : il est plus doux de posséder en commun pour toujours ou la vie ou la mort.

De Méléagre

Prends-moi ton vol, cousin, sois mon rapide messager et, effleurant à peine l'oreille de Zénophila, murmure-lui ces mots : « Il ne dort pas, lui, il t'attend ; et toi, oublieuse de ceux qui t'aiment, tu dors ! » Hop, vole ; allons, musicien, vole. Mais parle-lui tout bas de peur de réveiller aussi son compagnon de lit, dont tu déchaînerais à mon sujet le jaloux ressentiment. Si tu m'amènes ma petite amie, je te ceindrai d'une peau de lion, cousin, et te donnerai à la main une massue à porter[1].

Épigrammes, V, 221 et 152

---

1. Les attributs du héros Héraclès.

HOMÈRE
VIIIe s. av. J.-C.

VIRGILE
Ier s. av. J.-C.

CLAUDIEN
Ve s. ap. J.-C.

Alciphron

À quoi ressemble une lettre d'amour antique ? L'éloge et le blâme sont les maîtres mots de la littérature galante. La courtisane Lamia se montre experte en séduction comme dans l'art de flatter la vanité masculine.

UNE COURTISANE AMOUREUSE

Lamia à Démétrios.

Pour moi, seigneur Démétrios, chaque fois que je te contemple et que j'entends ta voix en public, avec tes gardes, tes armées, tes ambassadeurs et tes diadèmes, par Aphrodite, je frémis et je prends peur, je suis troublée et je détourne le regard comme devant le soleil, de peur d'avoir les yeux brûlés, et alors, j'ai l'impression d'avoir vraiment devant moi Démétrios Poliorcète, le preneur de cités: quels regards tu lances! comme ils sont durs et guerriers! Je doute de moi-même et je me dis: « Lamia, est-ce bien toi qui couches avec cet homme? Est-ce toi qui, toute la nuit, le berces avec ton *aulos*[1]? Est-ce vraiment à toi qu'il vient d'envoyer un message? Est-ce à toi qu'il compare l'hétaïre Gnathaina? » Je reste silencieuse et confuse, demandant aux dieux de me permettre de te contempler chez moi. Quand tu arrives, je me prosterne devant toi. Mais lorsque tu m'as enlacée et embrassée très fort, je me dis au contraire: « Est-ce bien lui, le preneur de cités? Est-ce lui qui commande aux armées? Est-ce vraiment lui que craignent la Macédoine et la Grèce et la Thrace? Aujourd'hui, par Aphrodite, c'est moi qui vais l'assiéger avec mon *aulos* et je verrai comment il va me traiter… »

Lettres de pêcheurs, de paysans, de parasites et d'hétaïres, IV, 16

---

1. Flûte.

163

HOMÈRE
VIIIᵉ s. av. J.-C.

VIRGILE
Iᵉʳ s. av. J.-C.

CLAUDIEN
Vᵉ s. ap. J.-C.

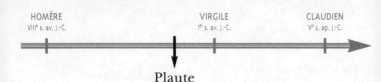

Plaute

*Après une longue cécité, il est douloureux de recouvrer la vue :
un soupirant apprend, pour son malheur, que les caresses et la sou-
mission dont on l'a flatté étaient intéressées. Gare aux oiseaux
chanteurs trop enchanteurs !*

CHATTERIES
POUR ATTIRER LES OISEAUX FORTUNÉS

DIABOLE. – Tu as bien changé de ton, depuis que tu me
vois dépouillé. Quelle différence avec autrefois, quand je
donnais sans compter ! Quelle différence alors, quand tu
m'attirais chez toi à force de caresses et de cajoleries ! En ce
temps-là, ta maison elle-même semblait me sourire, à mon
arrivée. Pour toi et pour ta fille, j'étais l'unique élu, me
disais-tu, le seul aimé. À chaque cadeau que je faisais, vous
étiez toutes deux à me bécoter sans arrêt, comme les petits
de la colombe. Mes goûts étaient vos goûts. Vous me suiviez
comme mon ombre. [...] Maintenant, que je veuille ou ne
veuille pas, vous vous en moquez, coquines.

CLÉÉRÈTE. – Vois-tu, notre métier est tout pareil à celui de
l'oiseleur. L'oiseleur commence par préparer le terrain, puis il
répand des graines. Peu à peu les oiseaux s'habituent : pour
gagner, il faut savoir dépenser. Ils viennent souvent manger.
Une fois pris, ils dédommagent le chasseur. Il en est de même
chez nous : notre terrain, c'est la maison ; je suis l'oiseleur, la
fille est l'amorce, le lit est l'appeau, les amoureux, les oiseaux.
On les apprivoise avec des bonjours aimables, des paroles
caressantes, avec des baisers, des propos bien mignons et bien
tendres. Si l'un pelote un téton, c'est tout profit pour l'oiseleur. S'il prend un baiser, on peut le prendre sans filets. Avoir
oublié tout cela, toi qui as été si longtemps à bonne école !

Asinaria, I, 3, 205-225

PRÉSENTS

Les cadeaux sont le meilleur moyen d'attendrir les cœurs, ceux des filles, des pères et des amants. Est-ce à dire que les amours antiques sont vénales ? La place de l'argent est si prépondérante que les comiques plaisantent en assurant que, si Aphrodite est dite « d'or », c'est parce qu'elle est assoiffée d'argent. Quand il s'agit d'épouser, la question est avant tout pécuniaire. La dot est déterminante dans le choix de l'épouse, à tel point qu'un des termes désignant en grec le mariage, *enguê*, signifie le « gage ». De même, le prétendant doit se prévaloir d'avantages sonnants et trébuchants pour conquérir le père. Quand les amours sont impossibles, la cause en est le plus souvent financière. La courtisane, quant à elle, vit de ses charmes, c'est-à-dire des présents qu'on lui fait. Dans ces conditions, rien d'étonnant à ce que les amours antiques soient cupides. Les problèmes d'argent sont l'un des principaux ressorts de la comédie, de la femme avide à l'amoureux transi et sans fortune. La corruption intervient dans les mythes les plus gracieux : la pomme d'or donnée par Pâris à Aphrodite, la pluie d'or par laquelle Zeus vint à Danaé sont, pour les plus cyniques, le signe de cette vénalité.

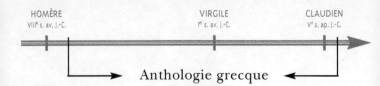

HOMÈRE
VIIIe s. av. J.-C.

VIRGILE
Ier s. av. J.-C.

CLAUDIEN
Ve s. ap. J.-C.

Anthologie grecque

Pour amadouer la belle, rien de tel qu'un cadeau, à condition qu'il soit adapté : un parfum, un vêtement, un bijou ou une simple pomme sont du meilleur effet. Non sans malice, Antipater et Parménion soulignent toutefois que leurs amies ne se montrent sensibles qu'aux espèces sonnantes et trébuchantes.

QUELQUES IDÉES DE CADEAUX

D'Antipater de Thessalonique

Il dit toujours vrai, le poète de Méonie, mais jamais autant que lorsqu'il appelle Aphrodite « la déesse d'or ». Si vous apportez de l'argent, on vous reçoit en ami ; pas de portier pour vous barrer la route, pas de chien : tout est enchaîné dans le vestibule ; mais si vous venez les mains vides, c'est Cerbère que vous trouverez. Ô hommes avides de richesses, quel crime vous commettez, légalement, envers la pauvreté !

Du même

Il y a eu jadis un âge d'or, un âge de bronze, un âge d'argent ; maintenant, Cythérée est de tous ces âges à la fois : elle vénère quiconque a de l'or, elle offre ses baisers à ceux qui n'ont que du bronze et elle ne se détourne jamais de qui possède de l'argent. C'est un Nestor que cette Aphrodite, et je crois bien que Danaé a vu Zeus venir à elle non en or, mais apportant cent pièces d'or.

De Parménion

Chez Danaé, tu t'es coulé, Zeus Olympien, en pluie d'or, pour que la jeune fille cédât à l'argument du cadeau, non à la crainte du fils de Cronos.

De Platon

Avec cette pomme je t'envoie ceci : si tu consens à m'aimer, accepte-la et, en échange, donne-moi ta virginité ; si tu penses le contraire de ce que je souhaite, prends-la tout de même et voit comme la beauté est éphémère.

Anonyme

Je t'envoie un doux parfum ; c'est un cadeau que je fais au parfum, pas à toi ; car tu peux parfumer même le parfum.

D'Agathias le Scholastique

Tiens, prends, ma fiancée, ce voile que je t'apporte, tout éclatant de l'or dont il est brodé : mets-le sur tes cheveux puis, en le jetant sur tes épaules, couvre ta blanche poitrine du vêtement que voilà. Oui, oui, ta poitrine surtout, de façon qu'il te protège les seins en te prenant la taille de toute son étoffe. Et ainsi porte cette parure qui sied à ta virginité ; mais puisses-tu voir aussi la couche nuptiale et une belle gerbe d'enfants en fleur, pour me permettre de te faire faire un bandeau blanc ainsi qu'une résille aux mailles nouées de pierreries.

Épigrammes, V, 30, 31, 33, 79, 91, 276

HOMÈRE
VIIIᵉ s. av. J.-C.

VIRGILE
Iᵉʳ s. av. J.-C.

CLAUDIEN
Vᵉ s. ap. J.-C.

Alciphron

L'hétaïre, la courtisane, vit de ses charmes, c'est-à-dire de l'argent et des cadeaux que lui font ses amants. Ce sont des prostituées de haute volée, souvent affranchies et éduquées, qui ne se bornent pas à vendre leurs services. Elles n'en sont pas moins tributaires de la générosité de leurs compagnons. Pingres et pauvres s'abstenir! L'une d'elles reproche à son amant de ne pas l'entretenir comme elle le mérite.

AMOURS VÉNALES

Pétalè à Simaliôn.

Si seulement la maison d'une hétaïre pouvait être entretenue avec des larmes! Je serais dans une situation éclatante, car tu m'en offres sans compter. Mais il me faut de l'or, des vêtements, des parures, des petites servantes; toute l'organisation de ma vie dépend de cela. Je ne possède pas, moi, de bien de famille à Myrrhinos, ni d'intérêts dans les mines d'argent; je n'ai pour maigres revenus que les pauvres cadeaux que mes stupides amants m'apportent en soupirant. Voici un an que je te reçois, et j'en suis bien affligée: mes cheveux sont tout secs car, pendant tout ce temps, je n'ai seulement pas vu d'huile parfumée; quant aux tissus de Tarente que je porte, ils sont vieux, tout déchirés, ils me font honte devant mes amies. Que les dieux m'assistent! De quoi vivrai-je, à ton avis, si je reste assise près de toi? Tu pleures? Tu cesseras bientôt. Pour moi, si personne ne m'offre rien, j'aurai faim de belle façon. Je m'étonne que tes larmes soient si peu convaincantes. Dame Aphrodite! tu es amoureux, Monsieur, à ce que tu prétends, et tu veux que ta bien-aimée te reçoive car sans elle, tu ne peux pas vivre. Mais quoi? N'y a-t-il pas de coupes dans votre maison? Ne peux-tu mettre la main sur les bijoux de ta mère ou sur les reconnaissances de dettes que garde ton père?

Lettres de pêcheurs, de paysans, de parasites et d'hétaïres, IV, 9

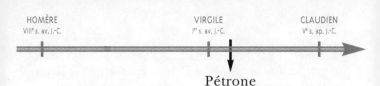

HOMÈRE
VIII⁰ s. av. J.-C.

VIRGILE
I⁰ˢ s. av. J.-C.

CLAUDIEN
V⁰ s. ap. J.-C.

Pétrone

Avec l'extension de l'empire, Rome voit affluer les richesses: les présents d'amour deviennent plus luxueux. Oublié le temps où l'aimé(e) s'émerveillait d'une simple pomme! Chez les parvenus qui entourent Gaïus Trimalcion et sa femme, Fortunata, la surenchère s'est emparée des cœurs et des mains avides. Même à ce prix-là, le bon goût n'est pas garanti.

FEMMES-OBJETS

« Mais dis donc, Gaïus, s'il te plaît, Fortunata, pourquoi elle n'est pas à table? – Comme tu la connais, répondit Trimalcion, tant qu'elle n'aura pas serré l'argenterie et distribué les restes aux serviteurs, elle n'avalera pas une goutte d'eau. – Bon, répliqua Habinnas, si elle ne vient pas à table moi je me taille. » Il allait se lever si, sur un signal donné aux valets, ceux-ci n'avaient appelé en chœur, par quatre fois et plus, Fortunata. Elle arriva donc, la robe élégamment troussée d'une mignonne ceinture poireau laissant dépasser une tunique cerise, les chevilles entortillées de bracelets, chaussée de babouches blanches brodées d'or. Lors, s'essuyant les mains à un torchon qu'elle avait au cou, elle alla s'embosser au lit où était installée Scintilla, embrassa Mme Habinnas qui battait des mains, et lui dit: « Alors te voilà! »

De là on passa à l'ostension à Scintilla admirative des bracelets que Fortunata détacha de ses bras obèses avant d'en venir enfin à délacer les tortils de ses chevilles et la résille de ses cheveux qu'elle lui certifia garantie pur or fin. Trimalcion en prit note, ordonna qu'on lui apportât le tout, et déclara: « Vous voyez les chaînes des femmes. C'est ainsi qu'on nous pirate, pauvres rafiots. Elle doit en avoir six livres et demie. Mais moi, avec le millième de

Mercure[1], je me suis quand même fait fabriquer un brace-let qui en fait au moins dix. » De crainte qu'on le prît pour un menteur, il en vint à faire apporter une balance de bijoutier et vérifier le poids à la ronde. Scintilla n'en usa pas mieux, détachant de son cou une petite bourse d'or qu'elle appelait sa tirelire, d'où elle sortit deux pen-deloques de perles qu'elle présenta à son tour à l'exa-men expert de Fortunata, précisant: « C'est un cadeau de M. Habinnas, personne n'en a de plus belles. – Hein? dit Habinnas, tu m'as purgé à sec pour que je te paye ces fayots de verroterie. Sûr que j'aurais une fille, je commen-cerais par lui découper le bas des oreilles. Il n'y aurait pas les femmes, on aurait tout au prix de la gadoue, au lieu qu'aujourd'hui c'est rien qu'à pisser du chaud pour pico-ler du froid. »

Satiricon, 67

1. Pour les uns, une ristourne qu'il était d'usage d'offrir au dieu du Commerce, et que Trimalcion aurait gardée pour lui. Pour d'autres, les aubaines inattendues que procurait le dieu aux commerçants ses fidèles.

HOMÈRE	VIRGILE	CLAUDIEN
VIIIᵉ s. av. J.-C.	Iᵉʳ s. av. J.-C.	Vᵉ s. ap. J.-C.

Aristénète

La pomme de la discorde portait ces mots : « à la plus belle ».
Elle valut aux déesses le jugement de Pâris et aux hommes la guerre
de Troie. Le mythe correspond à une réalité antique : la pomme est,
avec la rose, le cadeau amoureux par excellence.

LA POMME D'ACONTIOS

Ératocleia à Dionysias.

Acontios, beau jeune homme, a épousé Cydippé, belle
jeune fille. C'est la confirmation de ce vieux dicton : la divinité favorise toujours le rapprochement du semblable au
semblable. Aphrodite a paré Cydippé de tous ses propres
avantages, en se réservant seulement le ceste[1], car c'est là
un privilège dont la déesse a privé la jeune fille. Autour de
ses yeux danse le chœur des Grâces, et elles ne sont pas
trois, comme le dit Hésiode, mais une dizaine de dizaines.
Quant au garçon, il se parait d'un regard à la fois étince-
lant, effet de la beauté, et imposant, effet de la sagesse ; la
nature faisait courir sur ses joues une florissante rougeur.
Les amateurs de beauté l'observaient en se pressant les uns
les autres lorsqu'il se rendait à l'école et on pouvait les voir
remplir les places et obstruer les rues. Beaucoup même,
entraînés par leur excès de passion, ajustaient leurs pas sur
les traces du jeune homme. Il tomba amoureux de
Cydippé. En effet, ce beau garçon, qui avait frappé par les
flèches de sa beauté tant d'admirateurs, devait un jour faire
l'expérience d'une seule pointe de l'amour et connaître
pleinement ce qu'avaient souffert ses victimes. Éros ne tendit pas modérément la corde (le tir n'est alors qu'un jeu),

1. La ceinture d'Aphrodite. Elle a le pouvoir de rendre irrésistible quiconque s'en revêt.

171

mais il banda l'arc de toute sa force et décocha son trait avec une extrême vigueur. Immédiatement, cher Acontios, ô toi le plus bel enfant, dès que tu fus atteint, tu n'envisageais que de deux choses l'une : le mariage ou la mort. Toutefois celui qui t'avait blessé, toujours en train d'ourdir d'étranges machinations, t'inspira une idée vraiment nouvelle, sans doute par égard pour ta beauté. Donc, aussitôt que tu vis la jeune fille assise à l'Artémision, tu cueillis une pomme de Cydonie dans le jardin d'Aphrodite ; tu inscrivis tout autour un message de tromperie et secrètement tu la fis rouler devant les pieds de la servante. Celle-ci, émerveillée par sa grosseur et sa couleur, la ramassa ; elle se demanda quelle fille, en sautant en l'air, avait bien pu la faire tomber de son corsage. « Serais-tu, ô pomme, dit-elle, un fruit sacré ? Quelles sont ces lettres inscrites tout autour de toi ? Que veux-tu signifier ? Chère maîtresse, accepte une pomme comme je n'en ai jamais vu. Qu'elle est énorme, qu'elle est flamboyante, qu'elle est vermeille à l'égal des roses ! Bravo pour son parfum : comme il charme l'odorat, même de loin ! Dis-moi, ma chère, qu'y a-t-il d'inscrit tout autour ? » La jeune fille prit le fruit, jeta les yeux sur l'inscription et lut tout haut la phrase qu'elle contenait : « Je le jure par Artémis, c'est Acontios que j'épouserai. » Comme elle achevait de prononcer ce qui était un serment malgré son caractère involontaire et même frauduleux, elle rejeta, pleine de honte, cette déclaration d'amour et elle laissa tomber, en ne le prononçant qu'à moitié, le mot final qui évoquait le mariage, chose dont une jeune fille sérieuse ne peut même pas entendre parler sans rougir. Son visage devint tellement écarlate qu'elle semblait porter sur ses joues un parterre de roses, et cette rougeur ne le cédait en rien à celle de ses lèvres. L'enfant avait parlé, Artémis l'avait entendue, et, cher Acontios, malgré sa virginité cette déesse collabora à ton mariage.

Lettres d'amour, I, 10

BAISERS

Avant-goût des étreintes, le baiser est promesse de jouissances délicieuses… ou non. Qui révélera jamais les méfaits d'un premier baiser raté? Tantôt volé, tantôt esquivé, souvent mendié et difficilement accordé, le premier baiser est un geste décisif. Audacieux ou timoré, hésitant ou savant, il permet aux amants d'éprouver leurs sentiments mais aussi leur savoir-faire. L'amoureux doit déployer des trésors de persuasion pour arracher le droit de caresser des lèvres les lèvres aimées. Il faut représenter, comme Cyrano à Roxane, qu'un baiser, à tout prendre, c'est bien peu de chose : « un secret qui prend la bouche pour oreille,/ un instant d'infini qui fait un bruit d'abeille,/ une communion ayant un goût de fleur,/ une façon d'un peu se respirer le coeur,/ et d'un peu se goûter, au bord des lèvres, l'âme ! » Les Romains étaient si fascinés par le baiser qu'ils possédaient trois mots pour désigner trois sortes d'embrassements : *osculum*, le « bisou », *basium*, le « baiser » et *suauium*, le « baiser avec la langue[1] ». Tous ces baisers se prêtent au jeu des diminutifs (*basiolum, suauiolum*) pour mieux évoquer la violence des sensations. Les plus célèbres sont ceux que Catulle réclama inlassablement à sa chère Lesbia : ils inspireront même un recueil de *Baisers* à un poète de la Renaissance, Jean Second, et les poèmes « Baise m'encore », « Douce et belle bouchelette », « Les Baisers de Cassandre » à Louise Labé, Rémy Belleau et Pierre de Ronsard.

---

1. Servius, un commentateur de Virgile, glose le baiser de Jupiter à Vénus (*Énéide*, I, 256) en précisant : « On donne un *osculum* à ses enfants, un *basium* à son épouse, un *suauium* à une catin. » Sur ce sujet, voir dans la bibliographie en fin d'ouvrage « Pour aller plus loin », l'article cité de Jean Lecointe.

HOMÈRE
VIIIᵉ s. av. J.-C.

VIRGILE
Iᵉʳ s. av. J.-C.

CLAUDIEN
Vᵉ s. ap. J.-C.

Achille Tatius

Comment embrasser lorsqu'on est soi-même timide et que l'autre est farouche? Clitophon, bien que débutant en la matière, invente un stratagème « piquant ».

PREMIER BAISER

Il se trouvait que la veille, vers midi, alors que la jeune fille touchait de la cithare, Clio était avec elle et assise à ses côtés, tandis que je me promenais de long en large, moi; soudain, une abeille qui s'était envolée de je ne sais où piqua Clio à la main. Elle poussa un cri et Leucippé ne fit qu'un bond; après avoir posé sa cithare, elle observa la blessure et, en même temps, réconforta Clio en lui disant de n'avoir aucun tourment, car elle ferait cesser sa douleur en chantant deux incantations qu'elle avait apprises d'une Égyptienne, contre les blessures de guêpes et d'abeilles. Et, en même temps, elle fit ces incantations; et Clio dit, peu après, qu'elle allait mieux. C'est alors que le hasard voulut qu'une abeille ou une guêpe, qui bourdonnait autour de mon visage, se précipita sur moi; je saisis ce prétexte et, ayant porté la main à mon visage, je fis semblant d'avoir été piqué et d'avoir mal. Leucippé s'approcha, retira ma main et me demanda où j'avais été piqué. « À la lèvre, répondis-je, mais que ne fais-tu pas ton incantation, ma chérie? » Elle s'approcha, posa sa bouche comme pour faire l'incantation et murmura quelque chose, en effleurant mes lèvres. Je lui donnai, en silence, de tendres baisers en tentant de dissimuler le bruit de mes baisers; et elle, ouvrant puis fermant les lèvres en les rapprochant pour murmurer son incantation, la changeait en baisers. À ce moment, l'ayant serrée dans mes bras, je lui donnai ouvertement des baisers; mais elle, s'étant dégagée, dit: « Que fais-tu? Toi aussi tu fais une incantation? – C'est l'ensorceleuse que j'embrasse, répliquai-je, parce que tu as guéri ma douleur. » Et comme elle avait compris ce que je voulais dire et avait souri, je dis, plein de confiance : « Hélas, ma chérie, je suis blessé de nouveau, et plus gravement, car ma blessure s'est glissée vers le cœur et recherche ton incantation. En vérité, toi aussi tu portes une abeille sur la bouche car tu es pleine de miel et tes baisers blessent. Mais, je t'en supplie, fais l'incantation une fois encore, ne dis pas trop vite ton charme, et n'aggrave pas, de nouveau, ma blessure. » Et, tout en parlant, je la serrais plus fortement dans mes bras et je l'embrassais plus librement ; elle le supporta, en résistant, du moins en apparence.

Le Roman de Leucippé et Clitophon, II, 7

HOMÈRE
VIIIe s. av. J.-C.

VIRGILE
Ier s. av. J.-C.

CLAUDIEN
Ve s. ap. J.-C.

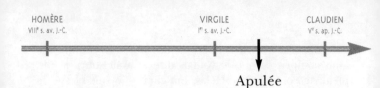

Apulée

Les agaceries provocantes d'un baiser mettent au supplice en lais-
sant entrevoir des paradis de volupté. Apulée développe ici le motif
du « doux-amer[1] » cher aux Anciens : l'Amour dispense douceur et
douleur à ses adeptes.

MISE EN BOUCHE

Au supplice, ne pouvant me tenir face à ce tableau si
sublimement voluptueux, je me penchai vers elle et appliquai
sous le retroussis des cheveux un baiser plus doux que le miel
le plus doux. Tournant la tête vers moi elle me lança un clin
d'œil en coin et me mit en garde : « Attention, petit garçon,
tu goûtes d'un apéritif doux-amer, méfie-toi bien que le trop
de douceur de son miel ne t'écœure pas à la longue d'amer-
tume et de fiel ! – Comment ça, répondis-je, mais, petite fête
de mon cœur, pour que d'un seul baiser tu me fasses renaître,
je suis prêt à rôtir allongé sur ton réchaud », et ce disant je la
serrai bien fort et la couvris de baisers. Au souffle de cinname
qu'exhalaient ses lèvres ouvertes, aux aguichantes agaceries
dont me titillait sa langue de nectar, à la douceur avec
laquelle elle s'abandonnait dans mes bras, je sentais s'allumer
chez elle une ardeur d'amour égale et monter un désir
jumeau du mien. « Je meurs, lui dis-je alors, non, je suis déjà
mort, si tu ne te laisses rendre propice. » M'embrassant dere-
chef : « Affermis ton cœur, me répondit-elle, je suis ton bien
de par notre consentement mutuel, et notre plaisir ne sera
pas différé au-delà du premier flambeau, heure à laquelle je
serai dans ta chambre. Va, prépare-toi, la lutte sera chaude, je
me battrai de tout cœur, toute la nuit. »

Les Métamorphoses ou l'Âne d'or, II, 10

---

1. *Glukupikron* en grec.

HOMÈRE
VIIIe s. av. J.-C.

VIRGILE
Ier s. av. J.-C.

CLAUDIEN
Ve s. ap. J.-C.

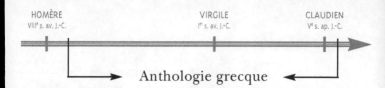

Anthologie grecque

Tendres, profonds ou frénétiques, les baisers sont aussi variés que les amours. Des premiers baisers malhabiles et avides qui rougissent le pourtour des lèvres aux baisers délicats, promesses d'une passion ultérieure, tous sont dignes d'éloges.

CATALOGUE DES BAISERS

DE RUFIN

Le baiser d'Europê, quand il atteint les lèvres, est doux, ou quand il effleure seulement la bouche. Mais ce n'est pas du bout des lèvres qu'elle embrasse : elle attire votre bouche et c'est votre âme qu'elle aspire alors, jusqu'aux ongles.

DE MÉLÉAGRE

Ton baiser est de la glu et tes yeux, Timarion, sont du feu : si tu nous regardes, tu nous brûles ; si tu nous touches, tu nous tiens enchaînés.

DE PAUL LE SILENTIAIRE

Longs sont les baisers de Galatée et sonores ; doux, ceux de Démô ; ceux de Dôris, des morsures. Quels sont les plus émoustillants ? Ce n'est point aux oreilles à juger des baisers ; quand j'aurai goûté aux lèvres sauvages, j'exprimerai mon suffrage... Tu te fourvoyais, ô mon cœur : l'expérience est faite des doux baisers de Démô et de la rosée de ses lèvres de miel ; tiens-t'en à ceux-là : à elle la palme, sans qu'elle ait à l'acheter. Qu'un autre ailleurs trouve son plaisir, on ne m'arrachera pas de Démô.

Du même

J'ai vu, moi, des amants bien épris ; avec une frénésie impatiente, tenant longtemps leurs deux bouches collées, ils ne pouvaient se rassasier d'un amour sans réserve ; désireux, si possible, de pénétrer chacun dans le cœur de l'autre, ils soulageaient tant soit peu les tortures de leur impuissance en échangeant entre eux leurs souples vêtements. Et lui, ainsi, ressemblait tout à fait à Achille, tel que se montrait ce héros dans le palais de Lycomède ; quant à la jeune fille, enveloppée d'une tunique qui descendait jusqu'à son blanc genou, elle reproduisait la silhouette de Phébé. Et de nouveau leurs lèvres se pressaient, car, dévorant leur chair, une soif d'amour incessant les tenait. Plus facilement délierait-on la tortueuse étreinte de deux ceps de vigne grandis ensemble dans un long enlacement que ces amants nouant dans des embrassements mutuels les souples liens de leurs membres. Trois fois heureux, amie, celui que de tels nœuds ont enchaîné, trois fois heureux ! Mais nous, loin l'un de l'autre, nous nous consumons.

Épigrammes, V, 14, 96, 244, 255

HOMÈRE
VIIIe s. av. J.-C.

VIRGILE
Ier s. av. J.-C.

CLAUDIEN
Ve s. ap. J.-C.

Bucoliques grecs

Est-il une manière de bien embrasser? Le berger courtisant
Eunica aurait besoin de quelques leçons.

BAISERS BUCOLIQUES

Eunica m'a ri au visage comme je voulais l'embrasser
doucement; et elle m'a dit sur un ton injurieux: « Va-t'en
d'ici! Tu es un bouvier, et tu veux me donner un baiser,
malheureux! Je ne suis pas instruite à embrasser des
rustres, mais à presser des lèvres citadines. Je te défends, à
toi, de baiser ma belle bouche, même en songe. Quelle
manière de regarder! quelle façon de parler! quel grossier
badinage! Que de grâce dans tes invites! que de charme
dans tes propos! Que ton menton est doux, ta chevelure
élégante! Tu as du mal aux lèvres, tes mains sont noires, tu
sens mauvais. Éloigne-toi de moi, pour ne pas me salir! »
Ce disant, par trois fois elle cracha dans son sein, me toisa
tout du long de la tête aux pieds, avec une moue des lèvres
et un coup d'œil de travers; elle faisait de grands embarras
à cause de sa beauté; et elle éclata de rire à mon adresse, la
bouche railleuse, l'air insolent. Aussitôt mon sang
bouillonna, et je rougis de dépit, comme une rose sous la
rosée. Elle partit en me laissant là; mais j'ai la colère au
cœur, parce qu'une méchante courtisane s'est moquée du
joli garçon que je suis.

Bergers, dites-moi la vérité: ne suis-je pas beau? Est-ce
que, brusquement, quelque divinité a fait de moi un autre
homme? Naguère un aimable duvet fleurissait sur moi, tel
le lierre attaché à un arbre, et revêtait ma lèvre; les boucles
de mes cheveux, pareilles à du persil frisé, s'étalaient
autour de mes tempes; mon front brillait, blanc, au-dessus
de mes sourcils noirs. Mes yeux étaient bien plus étincelants que les yeux brillants d'Athéna; mes lèvres, plus

tendres que le lait caillé ; et la voix qui coulait de mes lèvres, plus douce que le miel qui coule du rayon. Mes chants sont harmonieux, que je fasse chanter la syrinx, que je fasse parler la flûte droite, le roseau ou la flûte traversière. Toutes les femmes, dans la montagne, disent que je suis beau ; toutes m'embrassent. Mais cette demoiselle de la ville ne m'a pas embrassé, sous prétexte que je suis un bouvier, et elle a passé outre devant moi. N'a-t-elle jamais entendu dire que le beau Dionysos conduit la génisse dans les vallons ? N'a-t-elle pas appris que Cypris fut follement amoureuse d'un homme gardeur de bœufs[1] et garda les troupeaux dans les montagnes de Phrygie ; qu'elle embrassa Adonis dans les bois et dans les bois le pleura ? Et Endymion, n'était-ce pas un bouvier ? Séléné l'embrassa comme il gardait ses bœufs ; descendant de l'Olympe, elle vint aux bocages du Latmos[2] et y coucha avec le beau garçon. Et toi aussi, Rhéa, tu pleures ton bouvier[3]. Toi-même, fils de Cronos, n'est-ce pas pour un enfant pasteur de bœufs[4] que tu erras sous la forme d'un oiseau[5] ? Seule, Eunica a refusé ses baisers au bouvier, elle qui est plus que Cybèle[6], que Cypris et que Séléné. Puisse-t-elle désormais, ô Cypris, ne plus embrasser même l'homme qui lui est cher ni en ville ni dans la montagne, et dormir seule toute la nuit !

Bucoliques grecs, 20

---

1. Anchise, qu'Aphrodite fréquenta sur l'Ida.
2. Montagne de la Carie, un des lieux où la légende plaçait les amours clandestines de la déesse Séléné et d'Endymion.
3. Attis.
4. Ganymède.
5. Sous la forme d'un aigle. D'après la légende adoptée ici, Zeus, changé en aigle, enlevait lui-même Ganymède.
6. La même qui est appelée précédemment Rhéa.

HOMÈRE
VIIIᵉ s. av. J.-C.

VIRGILE
Iᵉʳ s. av. J.-C.

CLAUDIEN
Vᵉ s. ap. J.-C.

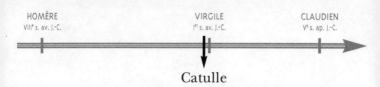

Catulle

S'aimer à en perdre compte et raison…

INSATIABLE

Vivons, ma Lesbia, aimons-nous et que tous les murmures des vieillards moroses aient pour nous la valeur d'un as[1]. Les feux du soleil peuvent mourir et renaître ; nous, quand une fois est morte la brève lumière de notre vie, il nous faut dormir une seule et même nuit éternelle. Donne-moi mille baisers, puis cent, puis mille autres, puis une seconde fois cent, puis encore mille autres, puis cent. Et puis, après en avoir additionné beaucoup de milliers, nous embrouillerons le compte si bien que nous ne le sachions plus et qu'un envieux ne puisse nous porter malheur, en apprenant qu'il s'est donné tant de baisers[2].

Poésies, 5

1. Autrement dit : qu'ils soient sans valeur.
2. La croyance au mauvais œil (*fascinum*) était générale à cette époque. On était convaincu que tout bonheur par lui-même attirait l'envie, à plus forte raison celui qui dépassait la commune mesure. Les gens heureux doivent se tenir en garde contre les jeteurs de sorts. Compter ses biens, en savoir exactement le nombre, c'était prendre conscience de son bonheur et augmenter par là le danger ; on avait plus de chances d'y échapper si on s'abstenait de préciser.

DÉCLARATIONS

Après les préliminaires, les atermoiements, les signes silencieux mais éloquents, il devient impossible de se dérober plus longtemps. Pas de séduction sans confession. Il faut en passer par la formulation pour voir se réaliser les espoirs caressés. À trop méditer ses propos, on peut n'accoucher que d'un discours empesé : mieux vaut travailler sa légèreté et sa spontanéité, donner l'impression de ne se déclarer qu'à regret. Le lyrisme précieux n'est pas toujours apprécié, la sobriété est préférable, quand elle semble sincère. Les troublantes circonlocutions, les bégaiements hésitants, les rougeurs opportunes, les regards fuyants accompagnent les aveux charmants. Au milieu de toutes les prières adressées à l'objet du désir, qu'il est difficile de glisser un « je t'aime » ! Quand l'autre n'est pas au diapason de nos espérances, il est plus risqué de dénuder son cœur que son corps.

HOMÈRE
VIIIe s. av. J.-C.

VIRGILE
Ier s. av. J.-C.

CLAUDIEN
Ve s. ap. J.-C.

Aristénète

Lamprias s'est jeté à l'eau et a osé déclarer sa flamme. Le cœur encore palpitant, il raconte à son ami.

DÉCLARER SA FLAMME

Lamprias à Philippidès.

Victime d'un amour inavoué, je me disais à moi-même dans mon embarras : « Personne ne sait de quel trait est frappé mon cœur, sinon toi qui l'as blessé à mort et ta mère qui t'a joliment instruite en la matière ! Je ne peux en effet dire à personne la passion dont je souffre. Or, ceux qui en souffrent ne font qu'augmenter leur amour s'ils le cachent et le taisent. Quelle que soit la peine de cœur, en racontant son chagrin on allège le poids des soucis. Du même trait dont tu as frappé mon âme, puisses-tu, Éros, atteindre ma bien-aimée, ou plutôt moins cruellement, afin de ne pas détruire sa beauté par des souffrances. » On m'annonce tout de suite ; j'entre dans la maison et je vais à sa rencontre. Ma bien-aimée engage la conversation ; la grâce de sa personne, la suave odeur de ses parfums accompagnent ses paroles, et son regard pudique est bien fait pour ensorceler le véritable amant. Je vis le bout de ses mains et de ses pieds, brillants indices de la beauté, et je vis son visage, son beau visage. Je regardais un peu de sa poitrine qu'elle avait négligé de couvrir. Cependant je n'ai pas osé déclarer ouvertement ma passion ; à grand-peine je pus balbutier du bout des lèvres : « C'est à toi, Éros, car tu en as le pouvoir, de la préparer à faire la première avance, à m'attirer vers elle, à me conduire jusqu'au lit. » À peine avais-je prononcé cette prière en m'adressant au très puissant Éros que celui-ci m'écouta bienveillamment et exauça mon souhait. Elle me prit la main et me caressa les doigts en tirant doucement sur les jointures, sourit doucement, son regard mon-

184

trant un vif désir : tout à l'heure sérieux, il était devenu passionné. Transportée d'un délire amoureux, elle me saisit le cou, m'attira contre elle, me donna un baiser si fou que j'eus de la peine à dégager mes lèvres et elle m'écrasa la bouche. Lorsque ses lèvres s'entrouvrirent, une suave haleine, qui ne le cédait en rien aux parfums exotiques, se répandit dans mon âme. Pour le reste (tu sais ce dont il s'agit), tu te le représentes, mon cher, sans avoir besoin d'explication inutile. Je te dirai simplement ceci : nous avons rivalisé toute la nuit, jouant à qui des deux se montrerait le plus ardent, et pendant ces débats amoureux où nous échangions des compliments, des mots se perdaient à moitié sous l'effet du plaisir.

Lettres d'amour, I, 16

HOMÈRE
VIIIᵉ s. av. J.-C.

VIRGILE
Iᵉʳ s. av. J.-C.

CLAUDIEN
Vᵉ s. ap. J.-C.

Théocrite

D'autres préfèrent boire pour se donner du courage. Le vin délie les langues, au-delà de la mesure, comme en témoigne cette déclaration aussi alcoolisée qu'inattendue.

IL FAUT QUE JE TE DISE

« Avec le vin », comme on dit, cher enfant, « la vérité[1] ». À notre tour nous sommes ivres ; soyons vrais. Pour moi, je vais te dire ce qu'il y a au fond de ma pensée. Tu ne veux pas m'aimer de tout ton cœur. Je m'en aperçois. Car je vis d'une moitié de vie, à cause de ta beauté ; et le reste est perdu. Quand tu veux, je passe le jour tout comme les Immortels ; quand tu ne le veux pas, je suis en pleines ténèbres. Est-ce chose convenable de livrer aux tourments qui vous aime ? Si tu veux bien me croire, toi plus jeune, moi qui suis ton aîné, tu pourras t'en trouver mieux toi-même et m'en remercier. Fais un seul nid sur un seul arbre, où n'atteindra aucun méchant serpent. Présentement, tu occupes aujourd'hui une branche, demain une autre ; tu cherches à passer de celle-ci à celle-là. Si quelqu'un te voit et loue ton beau visage, te voilà devenu pour lui, aussitôt, mieux qu'un ami de trois ans ; et celui qui t'aimait le premier, tu le mets au rang des amis de trois jours. Tu as l'air animé d'une fierté plus qu'humaine ; contente-toi, tant que tu aimeras, d'avoir toujours ton égal. Si tu agis de la sorte, tu entendras parler en bien de toi par tes concitoyens et Éros ne te sera pas cruel, Éros qui sans peine fléchit sous lui l'âme des hommes et qui m'a amolli, moi qui étais de fer. Mais, par ta bouche si douce, je t'en supplie, souviens-toi

---

1. *In vino veritas.* L'idée est exprimée plusieurs fois par des écrivains grecs.

que l'an dernier tu étais plus jeune que tu n'es, qu'en moins de temps qu'il ne faut pour cracher nous sommes vieux et ridés, et que ramener à soi la jeunesse est impossible, car elle a des ailes aux épaules, et nous sommes trop lents pour saisir ce qui vole. Songe à cela, et montre-toi plus doux ; je t'aime, aime-moi toi aussi franchement. Ainsi, quand tu auras au menton une barbe virile, nous serons l'un pour l'autre des amis dignes d'Achille. Mais si tu laisses les vents emporter mes paroles, si tu dis en toi-même : « À quoi bon, mon cher, m'importuner ? » – moi qui maintenant irais pour te complaire chercher les pommes d'or et conquérir Cerbère gardien des trépassés[2] –, alors, m'appellerais-tu, je n'avancerais pas même à la porte de ma maison, guéri que je serais de la passion dont je souffre !

Idylles, 29

---

2. La quête des pommes d'or au jardin des Hespérides, l'extraction de Cerbère hors des enfers sont deux travaux d'Héraclès.

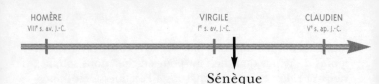

Sénèque

Les aveux de Phèdre, épouse de Thésée, à Hippolyte, son beau-fils, sont sans doute les plus désespérés de la mythologie. La reine égarée confesse son amour et son crime au vertueux Hippolyte, horrifié par cette flamme coupable. En repoussant sa belle-mère, il l'entraîne à la vengeance et scelle son propre destin.

LES AVEUX DE PHÈDRE

Phèdre. – Ô espoir crédule des amants, ô Amour trompeur! Ai-je assez parlé? Je vais le harceler de pressantes prières. Prends pitié, exauce les prières d'un désir qui reste muet. – J'ai envie de parler et cela me fait mal.

Hippolyte. – Quel est donc le mal dont tu souffres?

Phèdre. – Un mal dont on croirait difficilement qu'il pût convenir à une marâtre.

Hippolyte. – Équivoques sont ces paroles que tu jettes d'une voix embrouillée. Parle ouvertement.

Phèdre. – La chaleur de l'amour consume mon cœur en délire. Un feu dissimulé dans mes entrailles, caché dans mes veines, déchaîne sa fureur sauvage au plus profond de mes moelles et circule à travers mes veines, semblable à la flamme rapide courant à travers les lambris.

Hippolyte. – C'est bien sûr ton légitime amour pour Thésée qui déchaîne en toi cette fureur?

Phèdre. – Hippolyte, c'est bien cela: ce qui enflamme mon amour, c'est ce visage de Thésée jeune, celui qu'il offrait jadis adolescent, au temps où sa première jeunesse imprimait son dessin sur ses joues immaculées, lorsqu'il alla voir l'obscure demeure du monstre de Cnossos[1] et tint en sa main le fil tout au long du sinueux chemin. De quel éclat

1. Le Minotaure.

188

il brillait alors ! Des bandelettes pressaient sa chevelure et la pudeur donnait à sa tendre face sa teinte incarnadine ; sur ses bras délicats s'implantaient de solides muscles ; c'était le visage de ta Phébé ou de mon Phébus, plutôt le tien – tel, oui, tel il fut lorsqu'il séduisit son ennemie, c'est ainsi qu'il portait haut la tête ; en toi resplendit encore davantage un charme sans apprêt ; ton père, tout entier en toi, et cependant un peu de la sévérité maternelle composent également ta beauté : sur ton visage de Grec transparaît la rudesse scythe. Si tu avais pénétré avec ton père dans la mer de Crète, c'est pour toi que ma sœur aurait préféré façonner son fil. Toi, toi, sœur, quel que soit l'endroit où tu brilles dans le ciel étoilé, je t'invoque pour une pareille cause ; une même maison a mis la main sur deux sœurs : le père sur toi, mais sur moi le fils. Vois, suppliante, terrassée, effondrée à tes genoux la descendance d'une royale demeure. Éclaboussée par aucune tache, pure, exempte de faute, c'est pour toi seul que je me métamorphose. En toute détermination, je m'abaisse à ces prières : ce jour mettra un terme à ma souffrance ou à ma vie. Prends pitié de celle qui t'aime !

Phèdre, 634-671

RIGUEURS ET FAVEURS

« Fuis-moi, je te suis ; suis-moi, je te fuis. » Malgré les présents généreux, les baisers volés, les déclarations réitérées, il arrive que la proie résiste et choisisse de se faire désirer avant de s'abandonner. Exacerber le désir, trouver mille prétextes pour se refuser permet d'obtenir tout ce que l'on veut de l'amoureux, même un mariage. Ou bien, quand elle s'est donnée, la belle songe à réveiller l'amour assoupi en le piquant au vif. L'amoureux comblé d'hier est aujourd'hui éconduit pour lui éviter de s'endormir sur ses lauriers : il est contraint de dormir à même le sol dur, sur le seuil glacé de sa maîtresse. En littérature, la coutume a donné naissance à une scène topique, appelée *paraclausithuron,* « la plainte devant la porte fermée » : elle se trouve dans l'*Anthologie grecque* et chez Théocrite ; les Romains, qui avaient un dieu tutélaire pour chaque élément de la porte, reprennent cette saynète dans la comédie et dans l'élégie latines. L'évocation de la porte qui s'ouvre pour admettre l'amoureux à l'intérieur de la demeure possède évidemment une symbolique sexuelle. Cette scène emblématique fut aussi parodiée : chez Plaute, dans *Curculio* (*Le Charançon*), le jeune héros tente de persuader les verrous de s'ouvrir en leur prodiguant des paroles caressantes et, surtout, en les abreuvant de vin, car ils sont tenus fermés par une vieille ivrogne. Dans ses écrits d'exil, Ovide reprit le thème sur un mode pathétique : la ville de Rome était devenue la bien-aimée qu'un portier sévère, l'empereur Auguste, l'empêchait de rejoindre.

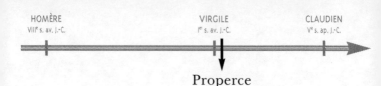

HOMÈRE
VIIIe s. av. J.-C.

VIRGILE
Ier s. av. J.-C.

CLAUDIEN
Ve s. ap. J.-C.

Properce

La scène du paraclausithuron *est si conventionnelle dans l'Antiquité que chaque auteur fait la preuve de son génie en imposant au modèle une nouvelle variation. Dans cette pièce, ce n'est pas l'amant que l'on entend se plaindre, mais la porte d'une noble demeure. Elle maudit sa maîtresse, l'infamie qu'elle lui fait subir et ses soupirants bruyants. Seul le doux Properce, aussi respectueux qu'amoureux, a su toucher son cœur de bois.*

COMPLAINTE DEVANT LA PORTE FERMÉE

Moi qui avais été autrefois ouverte pour de grands triomphes, porte vouée à la Pudeur patricienne, dont les chars dorés honorèrent le seuil humide des larmes suppliantes des captifs, maintenant, moi, blessée par les rixes nocturnes des buveurs, heurtée par des mains indignes, souvent je me plains, il ne me manque jamais des couronnes infamantes qui pendent et des torches qui gisent, traces d'un amant exclu[1]. Et je ne puis me défendre des nuits infâmes de ma maîtresse, moi si noble, livrée aux chansons obscènes; cependant elle n'en est point invitée à épargner sa propre renommée et à ne pas vivre de façon plus infamante que la débauche du siècle. Au milieu de ces plaintes, je dois pleurer plus fort, attristée davantage par les longues veilles d'un suppliant. Celui-là ne laisse jamais de repos à mes jambages, répétant des chants à l'harmonieuse séduction : « Porte encore plus profondément cruelle que ta maîtresse elle-même, pourquoi es-tu silencieuse, fermée pour moi de si durs battants ? Pourquoi ne t'ouvres-tu jamais pour admettre mon amour, ne sachant pas t'émou-

---

1. Les amants suspendaient des couronnes et abandonnaient leurs torches pour signaler leur passage.

voir pour transmettre mes prières furtives ? N'y aura-t-il pas de fin accordée à ma souffrance et dormirai-je de façon infamante sur ton seuil attiédi ? De moi qui gis à terre, de moi le milieu de la nuit, de moi les astres à leur déclin et l'air froid du gel matinal ont compassion. Oh ! puisse ma faible voix, par une fente creuse aller frapper les oreilles de ma maîtresse ! Bien qu'elle soit plus résistante qu'un rocher, et bien qu'elle soit plus dure que le fer et l'acier, elle ne pourra contrôler ses yeux, et un soupir surgira parmi ses pleurs involontaires. Maintenant, elle est couchée appuyée sur les bras heureux d'un autre, tandis que mes mots retombent dans le zéphyr nocturne. Mais toi seule, toi cause immense de ma douleur, porte jamais vaincue par mes cadeaux, toi seule qui n'as jamais eu pitié des douleurs humaines, tu me réponds de ton côté par le silence de tes gonds. Aucune impudence de ma langue ne t'a blessée ; elle a l'habitude de dire des choses si graves en plaisantant avec colère que tu supportes de me voir veiller au coin de la rue, enroué par une longue plainte dans une attente tourmentée. Souvent, pour toi, j'ai étiré des chants d'un vers nouveau, j'ai donné des baisers appuyés en pressant tes degrés. Combien de fois, perfide, me suis-je tourné devant tes jambages et ai-je apporté furtivement les vœux qui t'étaient dus ! » De ces chants-là et de tous ceux que vous connaissez, amants malheureux, il couvre la voix des oiseaux du matin. C'est ainsi que moi maintenant, avec les vices de ma maîtresse et les pleurs d'un amant fidèle, je suis décriée par une éternelle malveillance.

Élégies, I, 16

HOMÈRE
VIIIe s. av. J.-C.

VIRGILE
Ier s. av. J.-C.

CLAUDIEN
Ve s. ap. J.-C.

Lucrèce

Le paraclausithuron *inspire aussi parodies et railleries.*
Certains amoureux transis s'imaginent que la bien-aimée leur
ferme sa porte pour mieux les tromper, alors que ce sont des motifs
bien moins romanesques qui la retiennent.

PARFOIS POUR DE BONNES RAISONS

Mais soit: son visage a toutes les beautés que vous vou-
drez, et le charme de Vénus émane de toute sa personne.
Eh bien, il y en a d'autres qu'elle, nous avons vécu sans elle
jusqu'à ce jour. Elle est sujette, et nous le savons, à toutes
les infirmités d'une laide. La malheureuse s'empoisonne
elle-même d'odeurs repoussantes, à certains moments où
ses servantes la fuient pour aller rire à la dérobée. Bien des
fois cependant, son amoureux, pleurant d'être éconduit,
couvre son seuil de fleurs et de guirlandes; il parfume de
marjolaine la porte altière; dans sa douleur, il en couvre les
panneaux de baisers. S'il était reçu, à peine à son entrée la
première émanation l'aurait-elle frappé, qu'il chercherait
un prétexte honorable pour prendre congé; son élégie longuement méditée et tirée de loin tomberait de ses mains; il
condamnerait sa sottise en voyant qu'il a prêté à sa belle
plus de qualités qu'il ne sied d'en accorder à une mortelle.
Et nos Vénus ne l'ignorent point; aussi mettent-elles tous
leurs soins à dissimuler les coulisses de leur vie aux amants
qu'elles veulent retenir enchaînés.

De la nature, IV, 1171-1186

HOMÈRE
VIIIe s. av. J.-C.

VIRGILE
Ier s. av. J.-C.

CLAUDIEN
Ve s. ap. J.-C.

Anthologie grecque

SE FAIRE DÉSIRER

DE RUFIN

J'ai eu la chance de trouver Prodikê toute seule et je l'ai suppliée en touchant ses genoux d'ambroisie : « Sauve, lui disais-je, un homme près de mourir ; par pitié, rends-moi la vie qui m'abandonne. » À ces mots, elle versa des larmes ; mais elle les essuya et, de ses mains si douces, elle me mit à la porte.

DE MACÉDONIOS

« Demain je te verrai. » Mais ce demain ne vient jamais pour moi et tes ajournements coutumiers sans cesse s'allongent. Voilà les faveurs que tu accordes à mon désir ; tandis que pour les autres tu as d'autres présents, tu refuses la foi que je t'offre. « Je te verrai ce soir. » Mais qu'est-ce que le soir d'une femme ? La vieillesse, toute pleine de rides sans nombre.

DE PAUL LE SILENTIAIRE

J'ai ses seins dans mes mains, contre ses lèvres mes lèvres et, dans ma rage forcenée, je dévore tout son cou d'une éclatante blancheur. Mais je n'ai pas encore eu mon Aphrodite tout entière et je m'évertue toujours à poursuivre une vierge qui me refuse son lit. C'est qu'elle s'est donnée moitié à la déesse de Paphos[1], mais moitié aussi à Athéna[2] ; et moi, entre les deux, je me dessèche.

Épigrammes, V, 66, 233, 272

1. Aphrodite.
2. Déesse vierge.

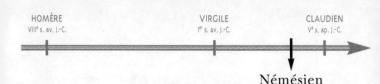

HOMÈRE
VIIIᵉ s. av. J.-C.

VIRGILE
Iᵉʳ s. av. J.-C.

CLAUDIEN
Vᵉ s. ap. J.-C.

Némésien

Le jeune Iollas ou la jolie Méroé possèdent, sans l'avoir appris, l'art de frustrer les amoureux Lycidas et Mopsus, de s'égayer à leurs dépens tout en leur inspirant des plaintes émouvantes.

DÉROBADES

À l'ombre d'un peuplier, les bergers Lycidas et Mopsus, l'un et l'autre flûtistes et poètes experts dont les accents n'avaient rien de trivial, chantaient leurs propres amours : Mopsus brûlait pour Méroé, Lycidas pour Iollas à l'abondante chevelure, et une même passion née d'un sexe opposé les jetait dans des courses fiévreuses à travers des forêts entières. Le garçon et Méroé s'amusaient beaucoup de leurs fureurs. Tantôt ils évitaient les rendez-vous fixés sous les ormes des vallons, tantôt ils fuyaient les hêtres choisis pour les rencontres, tantôt ils ne venaient pas dans les grottes où ils avaient promis de se rendre et n'avaient plus envie de s'ébattre auprès de leurs sources habituelles. Quand, à la fin, les deux amants furent las, dévorés qu'ils étaient par leur flamme cruelle, ils mirent à nu leurs blessures dans les forêts désertes et chantèrent ainsi tour à tour une douce complainte :

Mopsus. – Farouche Méroé, qui fuis-tu plus vite que les Eurus[1] rapides, pourquoi te dérobes-tu à ma flûte, à mes chants de berger ? Pourquoi ? Ou qui fuis-tu ? Quelle gloire tires-tu de ma défaite ? Pourquoi sur ton visage caches-tu tes sentiments et sur ton front serein fais-tu pour moi briller l'espoir ? Une bonne fois, cruelle, dis-moi non : je puis ne pas t'aimer, si tu me dis non.

---

1. Vent du sud-est.

Chante chacun l'objet qu'il aime: la chanson calme aussi les peines.

LYCIDAS. – Tourne enfin ton regard vers moi, ô Iollas, garçon cruel. Tu ne seras pas toujours ce que tu es: le gazon aussi perd ses fleurs, l'épine perd ses roses, les lis n'ont pas toujours leur blancheur éclatante, la vigne ne garde pas longtemps sa chevelure ni le peuplier son ombrage. La beauté est un don éphémère et qui ne s'accommode pas des années.

Chante chacun l'objet qu'il aime: la chanson calme aussi les peines.

Bucoliques, IV, 1-25

HOMÈRE
VIIIe s. av. J.-C.

VIRGILE
Ier s. av. J.-C.

CLAUDIEN
Ve s. ap. J.-C.

Tacite

Poppée aurait mérité de figurer au panthéon des séductrices : la stratégie si rusée qu'elle déploie pour prendre dans ses rets l'empereur Néron témoigne de la dextérité avec laquelle elle maniait la carotte et le bâton, la caresse et le scrupule, la licence et la réticence.

VÉNÉNEUSE POPPÉE

Il y avait dans la cité une femme nommée Sabina Poppaea. [...] Cette femme possédait tout, sauf une âme honnête : de fait, sa mère, qui surpassait en beauté toutes les femmes de son temps, lui avait donné à la fois la gloire et la grâce ; ses richesses suffisaient à l'éclat de sa race ; sa conversation était affable et son esprit ne manquait pas d'agrément. Sous des dehors réservés, elle se livrait à la débauche ; elle sortait rarement en public, et toujours à demi voilée, pour ne pas rassasier les regards ou parce que cela lui allait bien. Jamais elle ne ménagea sa réputation, ne faisant aucune distinction entre ses maris et ses amants ; sans se laisser lier ni par ses affections ni par celles d'autrui, partout où elle voyait son intérêt, elle portait son caprice. Aussi, bien que mariée au chevalier romain Rufrius Crispinus[1], dont elle avait eu un fils[2], elle se laissa séduire par la jeunesse et le faste d'Othon et parce qu'il passait pour tenir une place des plus brillantes dans l'amitié de Néron ; et l'adultère ne tarda pas à être suivi du mariage.

Othon, peut-être imprudent par amour, se met à vanter au prince la grâce et la distinction de son épouse, peut-être aussi dans le dessein de l'enflammer et l'idée que la possession de la même femme serait un nouveau lien qui accroî-

---

1. Préfet du prétoire de 47 à 51 ; exilé en 65, il dut se tuer.
2. Néron le fit noyer.

trait son pouvoir. Souvent on l'entendit déclarer, en quittant la table du prince, qu'il allait, lui, la voir, se flattant d'avoir pu obtenir cette noblesse, cette beauté, la convoitise de tous, la joie des bienheureux. De telles incitations ne restent pas longtemps sans effet; mais, admise au palais, Poppée emploie d'abord les caresses et les artifices pour s'imposer, feignant de ne pouvoir résister à sa passion et d'être conquise par la beauté de Néron; puis, sentant l'amour du prince s'aviver, elle recourt à la fierté: s'il veut la retenir au-delà de deux nuits[3], elle se récrie qu'elle est mariée et qu'elle ne peut renoncer à cette union, étant enchaînée à Othon par un genre de vie où il n'a pas d'égal; en lui, l'âme et les manières sont magnifiques; chez lui, elle voit tout digne du rang suprême, tandis que Néron, amant d'une servante, attaché au commerce d'Actè, n'a retiré de ce concubinage avec une esclave rien que de bas et de sordide. Othon est exclu d'abord de l'intimité que lui réservait le prince, puis de sa cour et de sa suite; enfin, pour l'empêcher de jouer dans la Ville le rôle de rival, on l'envoie gouverner la province de Lusitanie[4]. Il y resta jusqu'à la guerre civile[5], et, renonçant à ses scandales passés, il mena une vie pure et irréprochable, sans frein dans le loisir, plus maître de lui dans le pouvoir.

Annales, **XIII**, 45-46

3. Trois nuits d'absence brisaient l'engagement matrimonial.

4. Partie occidentale de la péninsule ibérique, érigée en province sénatoriale de rang prétorien. Othon, âgé de 26 ans, n'avait encore exercé que la questure.

5. La crise de 69, où Othon prit le pouvoir contre Galba.

HOMÈRE
VIIIe s. av. J.-C.

VIRGILE
Ier s. av. J.-C.

CLAUDIEN
Ve s. ap. J.-C.

Théocrite

Polyphème le Cyclope est amoureux de Galatée, une Néréide. Son amour est loin d'être partagé : vieux, sale, velu et borgne, Polyphème n'obtient de sa belle que des rebuffades.

SAVOIR DIRE NON...

Blanche Galatée, pourquoi repousses-tu celui qui t'aime – toi plus blanche à voir que le lait caillé, plus tendre que l'agneau, plus fringante que la génisse, plus luisante que le raisin vert ? Pourquoi te promènes-tu ici comme tu fais quand le doux sommeil me possède, et t'en vas-tu aussitôt quand le doux sommeil m'abandonne, fuyant telle qu'une brebis lorsqu'elle a vu le loup au gris pelage ? Je me suis mis à t'aimer, jeune fille, du jour que tu es venue avec ma mère[1] pour cueillir des fleurs d'hyacinthe dans la montagne et que moi je vous servais de guide. Cesser, après que je t'ai vue encore d'autres fois, cela m'est aujourd'hui tout à fait impossible, impossible depuis ce jour. Mais toi, tu n'en as pas souci, non par Zeus, pas du tout.

Je sais, charmante jeune fille, pourquoi tu me fuis. C'est parce qu'un sourcil velu s'étend sur tout mon front de l'une à l'autre oreille, unique et long, parce que j'ai au front un œil unique, et qu'un nez épaté me surmonte la lèvre. N'empêche qu'en même temps, tel que je suis, j'ai au pâturage un millier de brebis, que je trais et dont je tire pour boire le lait le plus nourrissant ; quant au fromage, il ne me fait défaut ni en été, ni en automne, ni au plus fort de l'hiver et mes claies sont toujours surchargées. Je m'entends à jouer de la syrinx comme ici pas un des Cyclopes,

---

1. La mère de Polyphème, Thoosa, était, comme Galatée, une Nymphe marine.

quand je chante pour toi, douce pomme chérie, et aussi pour moi-même, souvent bien avant dans la nuit. J'élève pour toi onze biches, toutes marquées de lunes, et quatre petits oursons. Viens donc me trouver ; et tu n'y perdras rien. Laisse la mer glauque déferler contre le rivage ; tu seras mieux dans mon antre, près de moi, pour passer la nuit. Il y a là des lauriers, il y a de sveltes cyprès, il y a du lierre noir, il y a une vigne aux doux fruits, il y a de l'eau fraîche, divin breuvage que l'Aitna couvert d'arbres laisse couler pour moi de sa blanche neige. Qui préférerait à cela habiter la mer et les flots ? Si moi-même je te parais trop velu, j'ai des bûches de chêne et, sous la cendre un feu infatigable ; et j'endurerais que, de ta main, tu me brûles même l'âme, même mon œil unique, qui m'est plus cher que tout.

Idylles, XI, 6-55

...ET PARFOIS OUI

La persévérance est souvent récompensée : un amant raconte sa première nuit avec le garçon qu'il convoitait.

Tu es venu, cher enfant ! – tu es venu, avec la troisième nuit et la troisième aurore ! Ceux qui soupirent vieillissent en un jour. Autant la belle saison est plus douce que l'hiver, autant la pomme que la prune sauvage, autant la toison de la brebis est plus épaisse que celle de son agneau, autant la vierge l'emporte sur la femme trois fois mariée, autant la biche est plus légère que la génisse, autant le rossignol à la voix harmonieuse est prince du chant parmi tous les oiseaux, autant tu m'as réjoui en paraissant, et j'accourus, comme sous l'ombrage d'un chêne un voyageur lorsque le soleil brûle.

Puissent les Amours sur nous deux souffler d'un souffle pareil ! Puissions-nous, pour tous ceux qui vivront après nous, devenir un sujet de chant : « Ils furent, chez les hommes d'autrefois, un couple de mortels divins. Ils s'aimèrent l'un l'autre également sans que penchât la balance. Certes, c'était alors de nouveau l'âge d'or quand l'aimé aimait en retour ! » Puisse-t-il en être ainsi, auguste fils de Cronos[2] ! puisse-t-il en être ainsi, Immortels qui ne vieillissez point ! Puisse, dans deux cents générations d'ici, quelqu'un venir me dire aux bords de l'Achéron[3] d'où l'on ne ressort pas : « L'amour qui t'unissait à ton charmant bienaimé est maintenant sur les lèvres de tous, principalement dans le monde des jeunes gens. »

Mais, là-dessus, les dieux fils d'Ouranos aviseront comme ils veulent. Pour moi, je puis faire ton éloge, bel enfant, sans risquer que sur la pointe de mon nez poussent des boutons de mensonge. Car, s'il t'arrive de me faire de la peine, aussitôt tu guéris la peine que tu m'as faite ; tu me donnes deux fois plus de joie ; et je m'en vais ayant plus que mon compte.

Habitants de Mégare Niséenne, qui excellez au maniement des rames, vivez heureux chez vous, vous qui avez honoré par-dessus tous les autres l'hôte venu d'Attique, Dioclès le tendre amant[4]. Chaque année, au début du printemps, les jeunes garçons en foule autour de son tombeau luttent pour emporter le prix du baiser ; et celui qui a, sur des lèvres, imprimé plus suavement ses lèvres, retourne à sa mère chargé de couronnes. Heureux qui est, au milieu des enfants, l'arbitre de ces baisers !

Idylles, XII, 1-36

---

2. Zeus.
3. Fleuve des enfers.
4. Dioclès, personnage légendaire, venu d'Éleusis à Mégare, avait perdu la vie dans un combat en sauvant celui qu'il aimait.

VII

FAIRE L'AMOUR

Les Anciens faisaient-ils l'amour dans le noir? Si l'on en croit les nombreux poèmes écrits à la gloire de la lampe abritant les ébats, l'obscurité totale n'était pas de mise. En tous les cas, dans l'Antiquité, la séduction ne s'arrête pas au seuil de la chambre : Ovide donne quelques conseils pratiques pour paraître sous son meilleur jour dans la pénombre de l'étreinte. Être dans la place ne signifie pas que l'affaire est faite. L'amant n'est pas à l'abri de se voir infliger une ultime épreuve, une ultime reculade, voire un ultime refus, définitif. Qui plus est, la première nuit est déterminante : si l'excitation de la rencontre ne se prolonge pas dans le lit, le séducteur se voit congédié sur-le-champ. Seuls les débutants se pardonnent quelques maladresses et hésitations. De toutes les batailles qu'a traversées l'amour, celle de la chambre n'est pas la plus facile : elle est décisive. Après la première nuit, consécration ou déception d'un amour jusqu'ici balbutiant, il s'agit d'être ingénieux. Les peintures retrouvées à Pompéi, les textes de Pétrone, d'Ovide ou de Sappho nous montrent que les Grecs et les Romains étaient fort exigeants en la matière et qu'il n'était pas question de « confondre l'érotisme avec la gymnastique ». Le plaisir ne se trouvait pas forcément dans le lit conjugal. En revanche, qui veut conserver son amante doit autant donner que prendre. Comme l'indique Hésiode, la Vergogne avait tôt quitté le monde des hommes[1]. Qui trop embrasse mal étreint ? Mieux vaut ne pas crier victoire trop tôt : les séducteurs ne sont pas tous des amants.

---

1. *Les Travaux et les Jours*, 200-201.

HOMÈRE
VIIIᵉ s. av. J.-C.

VIRGILE
Iᵉʳ s. av. J.-C.

CLAUDIEN
Vᵉ s. ap. J.-C.

Apulée

Alors que la tension érotique atteint son comble, Lucius supplie la ravissante Photis de mettre fin à une attente qui menace de devenir insupportable.

JUSTE AVANT

Je venais de me mettre au lit quand ma Photis, ayant couché sa maîtresse, s'avança gaiement, parée d'une couronne de roses, une rose coupée gonflant le sein de sa tunique, me pressa de baisers, me festonna de guirlandes, me parsema de pétales, prit une coupe, y versa de très haut de l'eau chaude, me la tendit à boire, me la reprit délicatement avant que je ne l'eusse entièrement vidée, et doucement dégusta le fond du bout des lèvres, à petites lampées, en me regardant bien. Après que nous en eûmes ainsi entre-bu une deuxième, une troisième et encore bien d'autres, je sentis l'effet du vin non seulement dans ma tête mais dans mon corps tout entier. Tourmenté, bouillonnant, torturé de désir, je relevai en un éclair ma tunique pour montrer à ma Photis l'impatience de ma Vénus : « Pitié, suppliai-je, au secours, n'attends pas ! Tu m'as annoncé un combat sans déclaration de guerre, je me tiens en alerte, au garde-à-vous, à peine j'ai senti que Cupidon le cruel me décochait sa première flèche en plein cœur, moi aussi j'ai bandé mon arc à fond, mais j'ai une grosse peur que sa corde casse à force d'être trop tendue, alors réalise mon rêve, détache tes cheveux, laisse-les flotter librement, que je me noie dans leur cascade, serre-moi très fort et rends-moi heureux. »

En un clin d'œil toute la vaisselle était débarrassée, et l'instant d'après elle dépouillait tous ses vêtements, laissait aller sa chevelure et m'apparaissait pour mon plus joyeux plaisir aussi ravissante qu'une Vénus réincarnée sortant du flot marin, le rose de sa paume ombrant à demi le blanc lisse de sa féminité dans un geste plus érotique que pudique. «À l'attaque! me lança-t-elle, à l'attaque, du courage, je ne reculerai pas devant toi, je ne te tournerai pas le dos, bats-toi au corps à corps si tu es un homme, frappe bien fort, tue ou meurs, pas de quartier aujourd'hui!» Ce disant elle grimpa sur le lit, m'enfourcha avec une savante lenteur, puis me chevaucha de plus en plus vivement, réglant ses glissements sur le souple branle de ses reins, et me fit savourer les délices de la bascule de Vénus jusqu'à ce que nous nous effondrions dans les bras l'un de l'autre, hors d'haleine, épuisés, les membres brisés, à bout de lassitude. Ces joutes et d'autres du même genre nous tinrent éveillés jusqu'aux premières lueurs, demandant de temps en temps au vin de ranimer nos forces, d'aiguillonner nos désirs, de varier nos plaisirs. À l'instar de cette nuit nous en eûmes plus d'une autre.

Les Métamorphoses ou l'Âne d'or, II, 16-17

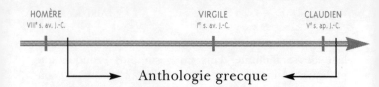

HOMÈRE
VIIIe s. av. J.-C.

VIRGILE
Ier s. av. J.-C.

CLAUDIEN
Ve s. ap. J.-C.

Anthologie grecque

*L'attente avant les ébats a inspiré aux poètes de l'*Anthologie grecque *des pièces en l'honneur du lit ou de la lampe qui éclaire, pour un temps, la scène à venir.*

SE METTRE EN CONDITION

De Philodème

Abreuve, Philainis, du suc de l'olive la lampe, silencieuse confidente de nos mystères, et puis va-t'en, car à nul autant qu'à Éros ne déplaisent les témoins vivants ; et ferme à clef, Philainis, la porte solide. Toi, Xanthô, embrasse-moi ; et toi, lit propice à l'amour, connais maintenant ce qui reste dû à la déesse de Paphos[1].

D'Asclépiade

Lampe, c'est par toi que, lorsqu'elle était devant moi, Héracleia m'a trois fois juré qu'elle viendrait, et elle n'est pas venue. Lampe, c'est à toi, si tu es une divinité, de châtier la perfide : quand elle aura chez elle un amant et qu'elle prendra ses ébats, éteins-toi, refuse-lui ta lumière.

De Philodème

Chaque fois que, de jour ou sur le soir, j'ose aller me jeter dans les bras de Cydilla, c'est, je le sais, sur le bord d'un abîme que je me fraie un chemin ; c'est ma tête, je le sais bien, que je joue sur un seul coup de dés. Mais à quoi sert de le savoir ? Car on est téméraire et, quand on est à toute heure entraîné par Éros, on ne sait plus du tout, même en rêve, ce que c'est que la peur.

Épigrammes, V, 4, 7, 8

1. Aphrodite.

Obtenir un rendez-vous nocturne n'est pas décisif: après ce préliminaire, le risque de difficultés nouvelles n'est pas à écarter.

FRANCHIR QUELQUES OBSTACLES

DE MÉLÉAGRE

Nuit sacrée et toi, lampe, nous n'avons pas pris d'autres témoins de nos serments, c'est devant vous que nous avons juré tous deux, lui de m'aimer toujours, moi de ne jamais le quitter; c'est vous qui avez reçu notre mutuel engagement. Mais maintenant, il prétend que des serments comme ceux-là sont écrits sur l'eau; et toi, lampe, tu le vois dans les bras d'autres femmes.

D'AGATHIAS LE SCHOLASTIQUE

La vieille, l'odieuse vieille, était couchée tout contre la jeune fille, et en travers du lit reposait sur le dos, s'avançant à la façon d'un rempart inaccessible; mais, comme il convient au printemps, un seul tissu de sa longueur couvrait la fillette. Une farouche servante, après avoir bien fait joindre les portes de la chambre, s'était étendue, alourdie par des libations de vin pur. Malgré tout, elles ne me firent pas peur: sans bruit je soulève légèrement de mes mains le gond de la porte, du vent de mon manteau je souffle les feux qui brûlaient, puis je me glisse de côté dans la chambre, en trompant la sentinelle endormie; doucement, par-dessous le lit, sous les sangles, je rampe sur le ventre pour me redresser peu à peu au point franchissable du rempart; tout près de la petite, appuyant ma poitrine contre la sienne, je lui prenais les seins, je jouissais de son visage, dévorant à pleine bouche sa lèvre moelleuse. Je faisais ainsi mon butin de sa belle bouche et son baiser m'était les arrhes d'une joute nocturne. Toutefois je n'ai pas encore mis à mal le rempart de sa virginité et, comme une trêve a suspendu la lutte, la ceinture en est toujours intacte. Mais que dans une nouvelle rencontre nous engagions le combat, ma parole, j'aurai vite saccagé la forteresse de sa virginité et il n'y aura plus de remparts pour m'arrêter ; alors, en cas de succès, je te tresserai des couronnes, Cypris porteuse de trophées !

Épigrammes, V, 25 et 294

*À trop attendre, certains se lassent, d'autres deviennent fréné-tiques, ou au contraire sont trop émus. Un poète de l'*Anthologie grecque *osa composer des épigrammes sur les « pannes » antiques*

NE PAS MOLLIR

De Rufin

Bien des fois j'ai souhaité, Thaleia, de te prendre, une nuit, pour assouvir l'ardeur de mes désirs furieux. Et maintenant que tu es là, toute nue, que j'ai tout près de moi tes membres délicats, je suis sans force, je succombe à la fatigue et au sommeil. Pauvre courage, qu'es-tu devenu ? Réveille-toi, pas de défaillance : c'est toi qui as cherché cette félicité qui te dépasse.

Épigrammes, V, 47

HOMÈRE
VIIIe s. av. J.-C.

VIRGILE
Ier s. av. J.-C.

CLAUDIEN
Ve s. ap. J.-C.

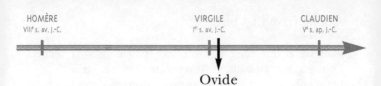

Ovide

La séduction ne s'abandonne pas au pied du lit avec les vête-
ments. Ovide recommande aux femmes de faire valoir leurs appâts
jusque dans l'abandon de la volupté. S'il avait conseillé ailleurs
aux hommes de ne pas se hâter pour emmener avec eux leur com-
pagne jusqu'aux sommets du plaisir, il engage aussi celles qui sont
trop lentes à simuler.

PARAÎTRE À SON AVANTAGE
DANS TOUTES LES POSITIONS

Je rougis des enseignements qu'il me reste à donner,
mais la bonne Dioné[1] me dit : « Ce dont on a honte, c'est
justement notre affaire. » Que chaque femme se connaisse
bien ; d'après votre physique, choisissez telle ou telle attitude ; la même posture ne convient pas à toutes. La femme
dont la figure est particulièrement jolie s'étendra sur le
dos. C'est de dos que devront se montrer celles qui sont
satisfaites de leur dos. Lucine[2] a-t-elle laissé des rides sur
ton ventre ? Fais, toi aussi, comme le Parthe, qui combat en
tournant le dos. Milanion portait sur ses épaules les jambes
d'Atalante[3] ; si les vôtres sont belles, il faut les faire voir de
la même façon. La femme petite prendra la posture du
cavalier ; comme elle était fort longue, jamais la Thébaine[4],
l'épouse d'Hector, ne se mit sur son mari comme sur un
cheval. Elle se présentera à genoux sur le lit, la tête un peu
cambrée en arrière, la femme qui doit se faire admirer par
toute la ligne du flanc. Si vos cuisses ont le charme de la

1. La mère de Vénus, et, plus souvent, Vénus elle-même.
2. Déesse qui protège les femmes lors de l'accouchement.
3. Atalante était une chasseresse infatigable. Milanion l'accompagnait
pour tenter d'obtenir ses faveurs.
4. Andromaque était originaire de Thèbes en Mysie.

jeunesse et que votre poitrine soit également sans défaut, l'homme sera debout, et vous-même étendue sur le lit perpendiculairement à lui. N'ayez pas honte de dénouer votre chevelure, comme les Bacchantes, et tournez la tête en laissant flotter vos cheveux. Il y a mille manières de goûter les plaisirs de Vénus ; la plus simple et la moins fatigante est d'être à demi couchée sur le côté droit.

Mais ni les trépieds de Phébus, ni Ammon à la tête de taureau ne seront pour vous des oracles plus sûrs que ma Muse ; si quelque chose mérite confiance, suivez les conseils de ce traité, fruit d'une longue expérience ; nos vers ne tromperont pas votre confiance. Que la femme sente le plaisir de Vénus l'abattre jusqu'au plus profond de son être, et que la jouissance soit égale pour son amant et pour elle ! Que les propos d'amour et les doux murmures ne s'interrompent jamais et que des mots lascifs trouvent place parmi vos ébats. Même toi, à qui la nature a refusé les sensations de l'amoureux plaisir, feins, par des inflexions mensongères, de goûter les douces joies. (Combien il faut plaindre la femme chez laquelle reste insensible cet organe, qui doit procurer des jouissances à la femme comme à l'homme !) Mais que cette feinte ne se laisse pas déceler ! Que tes mouvements et l'expression même de tes yeux réussissent à nous tromper ! Que la volupté, que les mots, que la respiration haletante en donnent bien l'illusion ! Je rougis de poursuivre : cet organe a ses moyens d'expression secrets. Après ces joies de Vénus, demander à son amant un cadeau, c'est bien vouloir que les prières n'aient aucun poids. J'oubliais : ne laisse pas la lumière pénétrer par toutes les fenêtres dans ta chambre à coucher ; bien des parties de votre corps gagnent à n'être pas vues au grand jour.

L'Art d'aimer, III, 769-790

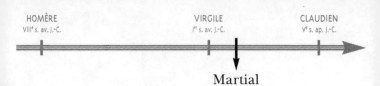

Martial

Pour plaire, il faut, dans l'intimité, se révéler une autre femme,
voire feindre d'être un garçon.

SANS INTERDIT

J'ai eu à moi, pendant la nuit entière, une maîtresse las-
cive, dont nulle femme au monde ne saurait surpasser les
folâtres jeux. Après m'être, de mille façons, recru de fatigue,
je lui ai demandé de me permettre de la traiter en jeune garçon : sans me laisser achever ma prière, dès mes premiers
mots, elle y a consenti. En riant et en rougissant, je lui ai
adressé une requête encore plus libertine : elle a dit oui, dans
son amour du plaisir, sans une ombre d'hésitation. Et pourtant je l'ai laissée pure : il n'en ira pas de même avec toi,
Aeschylus, si tu veux recevoir cette caresse à des conditions
peu acceptables.

Épigrammes, IX, 67

HOMÈRE
VIIIe s. av. J.-C.

VIRGILE
Ier s. av. J.-C.

CLAUDIEN
Ve s. ap. J.-C.

Pétrone

Eumolpe s'est composé un masque de puritain pour devenir le pédagogue du jeune garçon qu'il convoite. La nuit, quand le jouvenceau feint de dormir, il s'emploie à gagner ses faveurs silencieuses en lui promettant des présents. Après une nuit de baisers qui valut à l'enfant des colombes, une autre de caresses récompensées par des coqs, Eumolpe espère toucher au but.

DE LA COMPLAISANCE...

La troisième nuit m'étant aussi propice, je me levai et dis à l'oreille du faux dormeur : « Dieux immortels, si pendant qu'il dort j'arrive à lui faire complètement l'amour et à prendre mon plaisir, et à la condition expresse qu'il n'ait rien senti, pour la jouissance reçue, j'offrirai demain à ce garçon un superbe trotteur de Macédoine. » Jamais l'éphèbe ne sommeilla plus profondément. J'emplis tout d'abord mes mains de ses seins à la blancheur de lait, puis lui appliquai un baiser sur la bouche, enfin atteignis l'endroit où s'accomplirent tous mes vœux. Le lendemain, il resta assis dans sa chambre, attendant son cadeau comme d'habitude. Tu sais comme il est plus facile d'acheter des colombes et des coqs qu'un trotteur. En plus de ça j'avais peur qu'un cadeau aussi important ne rendît suspecte ma civilité. Aussi, lorsque, après m'être promené quelques heures, je rentrai chez mon hôte, l'enfant n'eut de moi qu'un baiser et rien d'autre. Alors il regarda alentour, me passa les bras autour du cou, et me demanda : « Monsieur, s'il vous plaît, où est le trotteur ? »

Satiricon, 86

Malgré la fâcherie, l'adolescent a pris goût aux dons en nature de son maître. Trop, sans doute, pour l'homme d'un certain âge qui n'a plus l'habitude de satisfaire de telles exigences.

...ET DE LA RÉSISTANCE

Bien que ce manquement m'eût clos l'accès que je m'étais ménagé, je revins rapidement en faveur. Quelques jours après, le même concours de circonstances nous offrit une occasion identique. Dès que j'entendis le père ronfler, j'entrepris le garçon, le pressant de faire sa paix avec moi en me laissant simplement le rendre heureux. J'invoquais toutes les bonnes raisons que peut dicter un désir gonflé de sève. Mais lui, buté dans sa colère, ne faisait que répéter : « Dormez, ou je vais le dire à mon père ! » Il n'est point d'obstacle dont l'acharnement ne finisse par venir à bout. Pendant qu'il répétait : « Je vais appeler mon père », je m'insinuai, et, malgré un semblant de résistance, conquis mon plaisir. Ma friponnerie ne le laissa pas de marbre. Après de longues récriminations sur sa déception et les moqueries des camarades auprès desquels il s'était vanté de mes largesses, il ajouta : « Quand même, vous allez voir, je ne suis pas comme vous. Si vous avez envie, refaites-le moi. » Du coup, oubliés tous mes torts, rentré en grâce auprès du garçon, je pris mon avantage et m'endormis. Mais ce deuxième acte ne suffit pas à l'éphèbe. Il était dans la fleur de l'adolescence, à l'âge où l'on brûle de se donner. Il me remit donc en érection dans mon sommeil et me dit : « Vous ne voulez plus ? » Certes, le cadeau n'était pas encore franchement une corvée. Aussi, vaille que vaille, éreinté, suant et soufflant, je pus lui donner son content et, brisé de volupté, retombai dans mon sommeil. Moins d'une heure après, le voilà qui m'agace de la main et qui me dit : « Pourquoi on ne le fait plus ? » Moi, du coup, à force d'être réveillé, j'ai piqué une grosse colère, et je lui ai renvoyé du tac au tac : « Dors, ou je vais le dire à ton père ! »

Satiricon, 87

HOMÈRE
VIIIᵉ s. av. J.-C.

VIRGILE
Iᵉʳ s. av. J.-C.

CLAUDIEN
Vᵉ s. ap. J.-C.

Musée

Héro et Léandre vivent dans deux cités séparées par le bras de mer des Dardanelles. Afin de rejoindre sa bien-aimée, le héros n'a d'autre recours que de nager, la nuit, guidé par la flamme que la jeune fille a allumée. Pour la première fois, il parvient à franchir le seuil de la chambre à coucher.

PREMIÈRE NUIT D'AMOUR

Quant à Héro, son flambeau à la main, en haut de la tour, elle abritait souvent la lampe de son voile, du côté où le vent soufflait ses faibles haleines, jusqu'au moment où, après bien des fatigues, Léandre eut mis le pied sur le rivage de Sestos accueillant aux vaisseaux ; puis, elle le fit monter vers la tour. Dès la porte, elle entoura de ses bras, sans mot dire, son amant essoufflé qui dégouttait encore des éclaboussures de la mer et dont les cheveux ruisselaient d'écume ; puis elle le conduisit tout au fond de sa chambre de vierge et d'épousée, essuya son corps entier, frotta sa peau d'une huile parfumée, d'une huile de rose, et fit disparaître l'odeur de la mer ; puis, enlaçant sur sa couche aux épaisses couvertures son amant encore essoufflé, elle lui dit ces tendres mots :

« Ô mon jeune époux qui t'es donné tant de peine, une peine que ne s'est jamais donnée aucun autre amant ; ô mon jeune époux qui t'es donné tant de peine, oublie l'âcreté de la mer, oublie l'odeur de poisson de la mer grondante. Viens ici ; contre mon sein, efface tes fatigues. »

Elle eut tôt fait de le convaincre, et lui, aussitôt, de dénouer la ceinture de son amie, et tous deux accomplirent la loi de la bonne Cythérée. C'était un mariage, mais sans chœurs de danse ; c'était une union, mais sans chants d'hyménée. Il n'y eut personne pour invoquer en chantant l'Héra conjugale ; point de lueurs de torches pour éclairer la couche nuptiale ; personne pour danser une ronde bon-dissante ; point de père, non plus que de mère vénérable, pour entonner le chant d'hymen. Après avoir disposé la couche aux heures où se consomme le mariage, le Silence avait assemblé le lit nuptial et l'Obscurité paré la jeune épousée. C'était un mariage, mais sans chant d'hyménée. La Nuit présidait à leur union, et jamais le Jour ne vit le jeune Léandre dans un lit trop bien connu ; il nageait de nouveau vers la cité d'Abydos, en face, toujours inassouvi et respirant encore ses hyménées nocturnes. Héro à la longue robe était, à l'insu de ses parents, vierge le jour, mais femme la nuit. Et tous deux, souvent, conjurèrent le Jour de se coucher plus tôt.

Héro et Léandre, 256-290

HOMÈRE
VIIIe s. av. J.-C.

VIRGILE
Ier s. av. J.-C.

CLAUDIEN
Ve s. ap. J.-C.

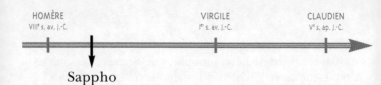

Sappho

La première nuit d'amour marque la fin de l'innocence. Sappho, avec une délicatesse toute féminine, écrit quelques vers en souvenir de la virginité perdue.

PREMIER REGRET

La jeune fille. – Virginité, virginité, tu me quittes, où t'en vas-tu ?

La virginité. – Non jamais plus, non jamais plus, enfant, je ne reviendrai vers toi.

Sappho, Alcée. Fragments, IX, 109

HOMÈRE
VIIIᵉ s. av. J.-C.

VIRGILE
Iᵉʳ s. av. J.-C.

CLAUDIEN
Vᵉ s. ap. J.-C.

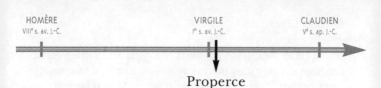

Properce

« Je croirai à cette assimilation de l'amour aux joies purement physiques (…) le jour où j'aurai vu un gourmet sangloter de délices devant son mets favori, comme un amant sur une jeune épaule. »
Dans les Mémoires d'Hadrien, *Marguerite Yourcenar rappelle que la jouissance physique ne peut se passer de sentiments, comme la première nuit ne peut aller sans l'espoir d'une seconde.*

DOUX SOUVENIR, TENDRES ESPÉRANCES

Ô mon bonheur! Ô nuit pour moi brillante! Et toi, ô petit lit heureux de mes plaisirs! Combien de paroles avons-nous dites sous la lampe, et quelle bataille ce fut, la lumière enlevée! Car tantôt elle luttait avec moi les seins nus, tantôt de sa tunique fermée elle créait un retard. Elle me fit ouvrir de sa bouche des yeux qui vacillaient de sommeil et dit: « Est-ce ainsi, paresseux, que tu restes inerte? » Avec quelle variété d'embrassements nous bougeâmes nos bras! Combien mes baisers s'attardaient sur tes lèvres! Il me déplaît de perdre l'amour en mouvements aveugles: si tu ne le sais pas, les yeux sont des guides en amour. On dit que Pâris périt d'amour pour la Laconienne[1] un jour qu'elle sortit nue du lit de Ménélas. On dit qu'Endymion[2] était nu quand il conquit la sœur de Phébus et que, nu, il fit l'amour avec elle. Si tu t'entêtes à coucher vêtue, ton vêtement déchiré, tu sentiras mes mains; bien plus, si la colère m'entraîne plus loin, tu montreras à ta mère des bras meurtris. Tu n'as pas encore des mamelles pendantes pour te priver des jeux de l'amour; c'est bon pour celle qui aura honte d'avoir déjà enfanté. Tant que les destins le

1. Hélène.
2. Aimé de la Lune, Phébé, sœur de Phébus, le Soleil.

permettent, rassasions nos yeux d'amour. Voici que vient la longue nuit et le jour ne reviendra pas. Et puisses-tu vouloir nous lier, attachés l'un à l'autre, d'une chaîne si bien qu'aucun jour ne la romprait jamais! Prends exemple sur les colombes, jointes l'une à l'autre en amour, où mâle et femelle ne sont qu'union. Il se trompe celui qui cherche les limites d'un amour fou : le véritable ne sait avoir de mesure. La terre se jouera plutôt du laboureur, par une production trompeuse, le soleil conduira plus vite de noirs chevaux, les fleuves remonteront à leur source et le poisson sera desséché dans un gouffre tari avant que je puisse transporter ailleurs mes peines. Je serai à elle vivant, je serai à elle mort. Si elle voulait m'accorder quelquefois de telles nuits, une seule année serait comme une longue vie. Si elle m'en donnait beaucoup, je serais immortel dans ces nuits : par une seule nuit n'importe qui peut devenir un dieu.

Élégies, II, 15, 1-40

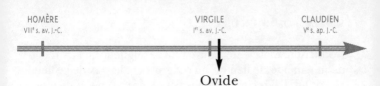

HOMÈRE
VIIIᵉ s. av. J.-C.

VIRGILE
Iᵉʳ s. av. J.-C.

CLAUDIEN
Vᵉ s. ap. J.-C.

Ovide

Quand l'espoir de connaître d'autres nuits semblables s'en est allé, comme le souvenir des voluptés d'autrefois devient insupportable! La nature changée semble compatir à l'affliction de Sappho abandonnée par Phaon.

LA DOULEUR DU SOUVENIR

C'est toi mon souci, Phaon, toi que ramènent mes songes, songes plus éclatants qu'un beau jour. Là je te retrouve, quoique absent de nos contrées. Mais le sommeil n'a pas de joies assez longues. Souvent, il me paraît que j'appuie ma tête sur tes bras, souvent que les miens supportent la tienne. Je reconnais les baisers dont ta langue était messagère et que tu avais coutume de recevoir savamment, de donner savamment. Quelquefois je te caresse et je profère des mots tout semblables à la réalité et ma bouche veille pour exprimer ce que je sens. Ce qui s'ensuit, j'ai honte à le conter ; mais tout s'accomplit et cela m'est doux et je ne puis rester aride.

Mais lorsque Titan[1] se montre et toutes choses avec lui, je me plains d'être si vite frustrée du sommeil. Je gagne les grottes et les bois, comme si grottes et bois pouvaient me servir : ils furent témoins de mes voluptés. Là, privée de raison, comme une possédée de la féroce Ényo[2], j'erre, les cheveux épars sur le cou. Mes yeux voient, hérissées de tuf rocailleux, les grottes, qui furent pour moi pareilles au marbre de Mygdonie[3]. Je trouve la forêt qui souvent nous offrit un lit et nous couvrit, ombreuse, d'une abondante

1. Le Soleil, petit-fils de Titans.
2. Avec laquelle fut identifiée Bellone, la déesse de la Guerre.
3. Région de la Macédoine, célèbre par ses carrières de marbre.

frondaison. Mais je ne trouve plus le seigneur de la forêt et de moi-même ; le lieu est un sol grossier ; le prix de ce lieu, c'était lui. J'ai reconnu les herbes du gazon connu de moi : les pousses étaient encore courbées de notre poids. Je m'y suis étendue et j'ai touché l'endroit où fut ta place ; l'herbe, naguère amicale, a bu mes larmes. Il y a plus : on croirait que les rameaux pleurent, dépouillés de leur feuillage ; aucun oiseau n'y murmure doucement ; seul l'oiseau de Daulis[4], mère douloureuse qui tira de son époux une vengeance impie, chante Itys l'Ismarien. L'oiseau chante Itys ; Sappho chante ses amours désertées, et c'est tout ; le reste fait silence, comme au milieu de la nuit.

Héroïdes, XV, 123-156

4. Voir, dans ce volume, « La tragique histoire de Philomèle ».

VIII

EN DÉSESPOIR DE CAUSE,
STRATAGÈMES AMOUREUX

LARMES, RUSES ET BONIMENTS

Après un premier échec, faut-il abandonner? Il convient au moins de changer de tactique. Si elle est payée en retour, l'amant est appelé persévérant; infructeuse, il est accusé d'obstination. Les femmes ne sont pas en reste: au jeu de l'amour, les ruses sont un atout puissant. En outre, les stratagèmes de la séduction ne sont pas réservés à la seule relation amoureuse: si Andromaque s'emploie à retenir Hector en laissant couler ses larmes, la courtisane Phryné aurait évité la condamnation grâce à ses seins que son défenseur, Hypéride, eut le bon goût de dévoiler en guise d'argument. La perfidie est l'ennemie de l'amour, mais elle est parfois une des armes de la séduction. Voici quelques conseils antiques pour faire entendre (dé)raison aux cœurs les plus endurcis.

HOMÈRE
VIII° s. av. J.-C.

VIRGILE
I° s. av. J.-C.

CLAUDIEN
V° s. ap. J.-C.

Achille Tatius

Clitophon tarde à déclarer sa flamme à Leucippé. Son serviteur Satyros vient à la rescousse, imaginant une déclaration aussi muette qu'explicite.

UNE RUSE D'AMOUR

Lorsque ce fut l'heure du banquet, nous bûmes de nouveau ensemble comme précédemment. C'est Satyros qui nous versait le vin et voilà qu'il imagine une ruse d'amour : il échange nos coupes, place la mienne devant la jeune fille puis, versant dans les deux du vin mélangé, c'est la sienne qu'il me tend. Après avoir remarqué l'endroit de la coupe où la jeune fille, en buvant, avait posé ses lèvres, je bus en y posant les miennes ; lui renvoyant à distance ce baiser, j'embrassai en même temps la coupe. Et elle, lorsqu'elle le vit, comprit que je baisais jusqu'à l'empreinte de ses lèvres. Satyros, ayant de nouveau rassemblé nos coupes, de nouveau les échangea. C'est alors que je vis la jeune fille imiter mon manège et boire de la même façon que moi ; je fus alors plus heureux encore. Et cela se reproduisit une troisième fois, une quatrième fois, et le reste du jour, nous bûmes ainsi nos baisers à la santé l'un de l'autre.

Après le dîner, Satyros vint me dire : « C'est maintenant le moment d'être un homme, car la mère de la petite est, comme tu sais, souffrante et, toute seule, se repose ; c'est donc seule que sa fille fera sa promenade, comme d'habitude accompagnée par Clio, avant d'aller dormir. Quant à moi, j'éloignerai celle-ci en causant. » Sur ces mots, nous étant partagé, lui Clio, moi la jeune fille, nous nous mîmes à les épier. Et il en fut ainsi : comme Clio était attirée à l'écart, la jeune fille resta seule dans la promenade. Ayant attendu le moment où la plus grande partie de la lumière du soleil serait disparue, j'allai à elle, enhardi par le pre-

mier engagement, tel un soldat qui a déjà vaincu et qui fait
fi de la guerre, car j'avais alors bien des armes pour me
donner confiance : le vin, l'amour, l'espoir, l'isolement. Et
sans rien dire, mais comme si nous avions convenu de l'affaire, après l'avoir, sans façon, serrée dans mes bras, je lui
donnai de tendres baisers. Mais, comme je tâchais d'en
tirer quelque avantage, un bruit se produisit derrière nous ;
tout troublés, nous fîmes un bond en arrière. Leucippé,
aussitôt après, se dirigea vers sa chambre, et moi, de l'autre
côté, fort mécontent d'avoir perdu une affaire aussi douce,
maudissant le bruit. À ce moment, Satyros vint à ma rencontre, le visage radieux ; il me sembla en effet qu'il obser-
vait ce que nous faisions, en embuscade sous un arbre, de
peur qu'on ne vînt vers nous ; et c'est lui-même qui avait fait
le bruit, car il avait vu s'approcher quelqu'un.

Le Roman de Leucippé et Clitophon, II, 9-10

HOMÈRE
VIIIe s. av. J.-C.

VIRGILE
Ier s. av. J.-C.

CLAUDIEN
Ve s. ap. J.-C.

Ovide

Le héros Jason n'a pas la force d'Hercule ou d'Achille, ni l'intelligence d'Ulysse, mais il possède un talent certain pour faire palpiter les cœurs candides. Médée raconte leur premier entretien.

COMÉDIE D'AMOUR

D'une bouche perfide tu commenças à parler ainsi le premier : « La fortune t'a désignée pour arbitre de mon salut : en ta main sont ma vie et ma mort. C'est assez de pouvoir perdre quelqu'un, pour qui est jaloux d'un tel pouvoir, mais il te sera plus glorieux de me sauver. Je t'en conjure par mes maux, dont tu peux être l'allègement, par ta race et la divinité de ton aïeul qui voit tout[1], par le visage et les mystères sacrés de la triple[2] Diane, par les autres dieux que peut posséder ton peuple, ô vierge, prends pitié de moi, prends pitié des miens. Fais-moi tien pour toujours par tes bienfaits. Que si d'aventure tu ne dédaignes pas un Pélasge[3] pour mari (mais comment les dieux me seraient-ils si favorables et si dévoués ?), mon esprit se dissipera dans les airs subtils, avant que nulle épouse, sinon toi, partage ma couche. J'en atteste Junon, qui préside à la sainteté du mariage et la déesse qui nous abrite en son temple de marbre. » Ces mots (encore pour quelle faible part !) et ta main droite serrant ma main droite émurent l'âme d'une jeune fille naïve. Je vis même des larmes : est-il donc un art de les faire mentir elles aussi ? C'est ainsi que ma jeunesse fut vite captée par tes paroles.

Héroïdes, XII, 72-92

1. Le Soleil, grand-père paternel de Médée.
2. Phébé au ciel, Diane sur la terre, Proserpine aux enfers.
3. Un Grec.

Aristénète

Les grossesses ont hâté bien des mariages ! Certaines ont des effets inattendus. Mélissarion, petite vertu mais grande courtisane, se sert de son état pour se faire épouser par le riche Chariclès : la prostituée d'hier se mue en honorable matrone. Mélissarion, transformée par la maternité, ne daigne plus adresser la parole à ses anciennes rivales.

GROSSESSE OPPORTUNE

Euphronion à Thelxinoé.

Mélissarion fréquentait avec grand succès les hommes les plus riches. Mais il ne lui fallait pas se faire engrosser, car elle aurait ainsi flétri le jeune éclat de sa beauté par les douleurs de l'enfantement. La chanteuse avait entendu ce que les femmes se disent entre elles : que lorsqu'une femme va devenir grosse la semence ne lui sort plus du tout, car la nature la force à rester dedans. Ayant donc entendu cela, elle le comprit parfaitement et n'oublia pas ce qui avait été dit. Aussi quand elle s'aperçut qu'elle se trouvait en pareille situation et que la semence ne lui sortait plus, elle en parla à sa mère, puis s'adressa à moi comme étant plus expérimentée. L'ayant mise ainsi au courant et lui ayant indiqué de faire ce que je savais, je la délivrai rapidement de la crainte qui la menaçait. Mais lorsqu'elle se fut éprise de Chariclès, jeune homme remarquable par sa beauté et sa richesse et qui partageait son amour, elle supplia tous les dieux présidant aux naissances d'avoir un enfant de lui. Effectivement elle se trouva enceinte, puis, avec l'heureuse assistance d'Ilithye[1], elle accoucha d'un bel enfant, j'en atteste les Grâces, physiquement le vrai portrait de son père. La mère considère que

1. Déesse présidant aux accouchements.

229

c'est là pour elle chance et bonne aubaine et elle donne à son fils le prénom d'Eutychidès[2]. Elle adore ce bébé, le choyant outre mesure parce que c'est son fils, parce qu'il est joli, parce que c'est un enfant désiré et parce qu'il ressemble tellement à son père si joli. Tu constateras en effet que les parents ont tendance à préférer parmi leurs enfants ceux qui par chance sont les plus gracieux et qu'entre deux ou plusieurs c'est le plus beau qui leur plaît davantage. Chariclès éprouva immédiatement tant d'affection pour ce fils qu'il jugea souverainement injuste d'entendre appeler plus longtemps « courtisane » la mère d'un si joli petit amour. Aussi, sans plus tarder, il la libéra de son métier infamant et, pour n'avoir que des enfants légitimes, il fit de sa maîtresse son épouse. Et le caractère de ce petit enfant multipliait chez le mari son amour pour sa femme. Comme il fallait s'y attendre, la joie de la mère maintint chez elle l'éclat du regard de l'accouchée, qui ne connut pas de flétrissement.

Par les deux déesses, je suis abasourdie de tout le brusque changement qui s'est produit chez cette femme. On ne peut qu'admirer son regard modeste, son air convenable, son sourire discret, sa chevelure simplement tressée, le foulard qu'elle porte, extrêmement discret, et la sobriété de ses paroles qu'elle exprime d'une voix douce. Je lui ai vu des anneaux aux poignets et aux chevilles, mais ce ne sont pas de ces bijoux prétentieux, ma chère ; au contraire un ouvrage seyant vraiment à la condition libre. C'est du même genre que l'on peut voir également sur elle collier et autre parure. On dit que lorsqu'elle se promène elle baisse les yeux et marche à pas comptés ; elle a l'air qui convient à une situation sérieuse et on jurerait qu'elle a été toujours pareille depuis l'enfance. D'ailleurs, tout cela fait le sujet des conversations entre femmes dans les réunions féminines et lorsqu'elles se groupent pour filer la laine.

Lettres d'amour, I, 19, 17-73

---

2. C'est-à-dire « Bonne fortune ».

HOMÈRE
VIIIᵉ s. av. J.-C.

VIRGILE
Iᵉʳ s. av. J.-C.

CLAUDIEN
Vᵉ s. ap. J.-C.

Bucoliques grecs

Les Champs de l'Affliction abritent, selon Virgile, les âmes des défunts emportés par un amour non partagé. Dans cette triste région des enfers, Didon, la reine de Carthage, pleure Énée; le héros de ce poème menace de l'y rejoindre.

CHANTAGE AFFECTIF

Un homme au cœur passionné aimait un éphèbe impitoyable, qui méritait l'éloge pour sa beauté, mais non plus pareillement si l'on tenait compte de son humeur, car il haïssait son amant et n'avait rien de doux; il ne savait quel grand dieu est Éros, combien puissant l'arc qu'il porte en ses mains, combien amers les traits qu'il décoche à Zeus même; tout en lui était dureté, dans son langage, dans son abord. Nul apaisement aux feux qu'il allumait: pas un gracieux frémissement de ses lèvres, pas une lueur brillante de ses yeux, pas une pomme offerte, pas un mot, pas un baiser, allègement aux peines de l'amour. Comme une bête des bois marque une défiance hostile à l'égard des chasseurs, ainsi, lui, faisait-il toujours à l'égard de son ami; sa bouche était cruelle; ses prunelles avaient des regards d'une sévérité inflexible comme le destin; la colère transformait son visage; les couleurs auparavant répandues sur ses traits charmants les délaissaient. Mais, dans cet état même, il était beau; et, par son courroux, la passion de son amant était encore plus irritée. À la fin, celui-ci ne put pas supporter la violence des flammes de Cythérée[1]; et se rendant près de la maison barbare, il pleura, baisa le seuil, et sa voix s'éleva pour cette plainte:

« Enfant cruel et barbare, nourrisson d'une lionne féroce, enfant de pierre et indigne d'amour, je suis venu t'ap-

---

1. Aphrodite.

porter ce suprême présent: le lacet qui me sera mortel. Car je ne veux plus, jeune garçon, t'importuner en m'offrant à ta vue; je m'en vais où tu m'as condamné à aller, où les amants, dit-on, trouvent le commun remède de leurs misères, où ils trouvent l'oubli[2]. Mais si même, l'approchant de ma lèvre, je l'aspire jusqu'au bout, je n'éteindrai pas encore à ce prix ma passion. Maintenant, je fais mes adieux à ta porte[3]. Je sais ce qui arrivera. La rose est belle, et le temps la flétrit; la violette est belle au printemps, et bien vite elle passe; le lis est blanc, il se flétrit au moment même qu'il fleurit; la neige est blanche, et elle fond au moment même qu'elle tombe; belle aussi est la fleur de l'enfant, mais elle dure peu. Le temps viendra où toi aussi tu aimeras, où ton cœur brûlera, où tu pleureras des larmes amères. Mais, ne serait-ce qu'à la toute dernière heure, enfant, fais-moi un plaisir. Lorsque tu sortiras et que devant ta porte tu me verras pendu, malheureux que je suis, ne passe pas auprès de moi avec indifférence; arrête-toi, pleure-moi un instant; et, quand tu auras versé sur moi les larmes qui se doivent, détache-moi de la corde, enveloppe-moi, couvre-moi de vêtements enlevés à ton corps; et, pour finir, donne-moi un baiser; à mon cadavre du moins accorde la faveur de tes lèvres; n'aie pas peur de moi; je ne peux te saisir, tu t'en iras après m'avoir baisé. Élève-moi un tertre, où mon amour sera enseveli; en te retirant, adresse-moi par trois fois ce salut: "Ami, repose en paix"; si tu le veux, ajoute: "J'ai perdu un ami excellent"; et inscris sur ma tombe cette inscription, que je grave sur ton mur: *Celui-là est mort d'amour; passant, ne passe pas ta route; arrête-toi et dis: "Il avait un ami cruel."* »

Bucoliques grecs, XXIII, 1-49

2. D'après certaines traditions, un des fleuves des enfers était le Léthé, dont les eaux, à qui en buvait, enlevaient la mémoire.
3. La même porte à qui, suivant les rites de la galanterie antique, il avait dû maintes fois adresser, au cours de ses malheureuses amours, lamentations et prières.

PHILTRES, POTIONS ET ENVOÛTEMENTS

Parfois, un peu de chimie est nécessaire pour que l'alchimie opère entre deux êtres. Au vu du nombre de textes antiques qui déconseillent aux amoureux de recourir aux services d'une magicienne, il est aisé d'imaginer qu'il s'agissait là d'une pratique courante et d'un négoce lucratif ! Hécate, la déesse de la Magie, est assimilée à Artémis/Diane, divinité à la chasteté intransigeante : voilà qui augure mal des vertus du sortilège. Les philtres d'amour, plus ou moins efficaces mais quelquefois mortels, sont concoctés à partir d'ingrédients à faire dresser les cheveux sur la tête. Certains des breuvages contiennent de l'hippomane, une excrétion produite par les juments en chaleur, par simple mimétisme. D'autres comportent des racines et des plantes qui ne les distinguent guère de poisons. La sorcière traditionnelle est souvent vieille, décatie et ivrogne : nombre d'anciennes courtisanes se reconvertissent dans la profession et cornaquent les jeunes femmes en leur enseignant comment délester les adolescents énamourés. Charlatans et belles complices s'entendent fort bien à dépouiller les naïfs. Il existe toutefois de jeunes et séduisantes sorcières : la lignée du Soleil en compte au moins deux. Circé avait la fâcheuse habitude de transformer ses prétendants en porcs tandis que Médée, pour conquérir Jason, trahit son père. Jason, bourreau des cœurs et expert en manipulation sentimentale, ne comprit pas qu'il avait affaire à forte partie. Sa sorcière bien-aimée se montra d'une cruauté barbare quand elle se vit délaissée.

HOMÈRE
VIIIe s. av. J.-C.

VIRGILE
Ier s. av. J.-C.

CLAUDIEN
Ve s. ap. J.-C.

Alciphron

Avec les ruses, les charmes et les larmes, les philtres passent pour provoquer un retour d'affection. Ils sont parfois mortifères. Qu'importe! un amour délaissé l'est tout autant. Rancœur, jalousie, reproche et vengeance consument le cœur de Myrrhinè négligée par son amant.

ÉLIXIR D'AMOUR

Myrrhinè à Nikippè.

Diphilos ne s'intéresse pas à moi; il n'a d'yeux que pour l'abominable Thessalè. Jusqu'aux fêtes d'Adonis, il venait me voir pour faire la fête, parfois même pour passer la nuit, mais déjà on aurait dit qu'il se faisait prier et qu'il se laissait aimer; très souvent, il avait bu et était amené par Hélix, l'amoureux d'Herpyllis, qui aimait passer son temps libre chez nous. Maintenant on voit bien qu'il n'a pas l'intention d'avoir la moindre relation avec moi. Voici quatre jours que, sans discontinuer, il fait la fête dans le jardin de Lysis, avec Thessalè et Strongyliôn, lequel (maudit soit-il!), après s'être querellé avec moi, a fait l'entremetteur entre le garçon et sa bien-aimée. Les billets doux, les petites servantes que je lui ai envoyées et toutes les manœuvres du même genre ont été peine perdue. Il n'en est rien sorti de bon, j'ai même l'impression que cela a plutôt renforcé son orgueil et qu'il me méprise encore davantage. Il ne me reste plus désormais qu'à lui fermer ma porte. S'il vient un jour pour dormir avec moi, dans l'intention peut-être de rendre Thessalè jalouse, je le repousserai: l'arrogance est souvent vaincue par l'indifférence. Si, même de cette manière, je n'arrive à rien, il faudra, comme pour une grave maladie, un remède plus violent. Car c'est épouvantable d'être privée de l'argent que je tirais de lui et surtout d'être l'objet des railleries de Thessalè. Tu possèdes, dis-tu, un philtre que tu as éprouvé souvent dans ta jeunesse. C'est ce genre de secours qu'il me faut, pour balayer son immense vanité et son ivrognerie. Je vais entrer en pourparlers avec lui ; je pleurerai de manière émouvante, je lui dirai de prendre garde à Némésis[1] ; s'il continue à mépriser mon amour, j'inventerai d'autres propos du même genre. Il viendra, c'est sûr, ne serait-ce que par pitié, croyant que je brûle d'amour pour lui ; il me dira qu'il est beau de se souvenir du temps passé et de notre liaison ; il se gonflera d'orgueil, le bougre. Hélix me prêtera son aide lui aussi, car Herpyllis se déshabillera pour lui. Pourtant les philtres sont souvent risqués et peuvent conduire à la mort… Tant pis ! il faut qu'il vive pour moi ou qu'il meure pour Thessalè.

Lettres de pêcheurs, de paysans, de parasites et d'hétaïres, IV, 10

---

1. La vengeance personnifiée.

HOMÈRE
VIIIe s. av. J.-C.

VIRGILE
Ier s. av. J.-C.

CLAUDIEN
Ve s. ap. J.-C.

Ovide

Hypsipyle, que Jason a séduite au cours de son voyage vers la Colchide et qu'il a rendue mère de jumeaux, a du mal à croire que la barbare Médée ait pu captiver son bien-aimé par sa seule beauté. Elle lui déclare sans ambages qu'elle soupçonne sa rivale d'avoir usé d'autres charmes.

CHARMES AMBIGUS

À dire vrai, je ne fus jamais rassurée, car toujours je redoutais que ton père ne prît sa bru dans une ville argienne. J'ai craint les Argiennes et c'est une rivale barbare qui m'a nui : j'ai subi la blessure d'une ennemie que je n'attendais pas. Et ce n'est ni par sa beauté, ni par ses services qu'elle te plaît ; mais elle connaît des formules magiques ; d'une faux enchantée elle moissonne des plantes redoutables, et tout ce que j'aime mieux ignorer. Il est odieux de provoquer avec des herbes l'amour que doivent gagner la beauté et les vertus.

Telle, tu peux l'embrasser, et seul avec elle dans un lit unique, tu peux goûter sans peur le sommeil dans la nuit silencieuse ? Évidemment, elle te contraint à porter le joug, comme les taureaux, et par le même pouvoir que les serpents cruels, elle te charme, toi aussi. Bien plus, elle se flatte d'être comprise dans tes exploits, dans ceux de tes principaux compagnons et l'épouse fait obstacle à la gloire du mari. Et même certains partisans de Pélias[1] imputent tes hauts faits aux enchantements et trouvent une foule pour le croire. « Ce n'est pas le fils d'Éson, mais la Phasienne, fille d'Éétès, qui arracha la toison d'or au bélier de Phrixus[2]. »

Héroïdes, VI, 79-104

1. Fils de Neptune, qui avait poussé Jason à son expédition pour éviter l'accomplissement d'un oracle qui prédisait que Jason le tuerait.
2. C'est Phrixus qui avait tué le bélier. Éson est le père de Jason.

HOMÈRE
VIIIe s. av. J.-C.

VIRGILE
Ier s. av. J.-C.

CLAUDIEN
Ve s. ap. J.-C.

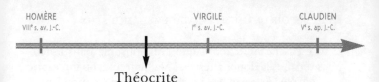

Théocrite

Lorsque les philtres se sont avérés sans effet, reste Hécate, la déesse de la Magie : inquiétante et maléfique, elle se manifeste aux carrefours, la nuit, entourée de chiens furieux. Avide de reconquérir le cœur de son amant, une jeune femme ose l'invoquer.

RETOUR D'AFFECTION

Où sont mes branches de laurier ? Apporte, Thestylis. Où sont les philtres ? Couronne la coupe de fine laine teinte en rouge. Je veux enchaîner à moi l'amant cher qui me fait de la peine. Voilà douze jours qu'il n'est pas même venu, le malheureux, qu'il ne s'est pas occupé de savoir si nous sommes morte ou vivante, qu'il n'a pas frappé à ma porte, le cruel. Sans doute Éros a emporté ailleurs son cœur mobile, et Aphrodite. J'irai à la palestre de Timagétos, demain, pour le voir, et lui reprocherai ce qu'il me fait. Maintenant, je l'enchaînerai à l'aide de sacrifices. Mais toi, Séléné[1], brille d'un bel éclat, car c'est à toi que je vais adresser à voix basse mes incantations, déesse, et à la souterraine Hécate, devant qui tremblent les chiens eux-mêmes, quand elle vient à travers les monuments des morts et le sang noir. Salut, Hécate redoutable ; assiste-moi jusqu'au bout, et rends mes enchantements aussi forts que ceux de Circé, ou de Médée, ou de la blonde Périmède[2].

Iynx[3], attire vers ma demeure cet homme, mon amant.

---

1. La Lune.
2. Le nom de Périmède désigne une sorcière.
3. L'iynx était un oiseau, en lequel avait été changée, par la vengeance d'Héra, la nymphe du même nom, fille d'Écho, qui avait au moyen de ses philtres rendu Zeus amoureux d'Io ou d'elle-même. Attaché sur une roue, le volatile servait à des opérations de magie amoureuse.

237

C'est la farine d'abord que l'on consume dans le feu. Mais répands-la donc, Thestylis ! Malheureuse, où ton esprit est-il envolé ? Est-ce que par hasard, misérable, pour toi aussi je suis un objet de risée ? Répands, et dis en même temps ces paroles : « Ce sont les os de Delphis que je répands. »

Iynx, attire vers ma demeure cet homme, mon amant.

Delphis m'a fait du mal ; moi, à l'intention de Delphis, je brûle cette branche de laurier ; et comme elle craque fort en prenant feu, comme elle s'est embrasée tout d'un coup sans laisser même de cendre visible, ainsi puisse la chair de Delphis s'anéantir dans la flamme.

Iynx, attire vers ma demeure cet homme, mon amant.

Comme je fais fondre cette cire avec le concours de la déesse, ainsi fonde d'amour à l'instant le Myndien[4] Delphis ; et comme ce disque d'airain tourne éperdument sous l'action d'Aphrodite, ainsi puisse-t-il tourner éperdument à ma porte.

Iynx, attire vers ma demeure cet homme, mon amant.

Maintenant je vais brûler le son. Artémis, toi qui serais capable de remuer et l'acier des enfers et ce qu'il peut y avoir encore d'inébranlable… Thestylis, les chiens, tu les entends, aboient à travers la ville ; la déesse est dans les carrefours ; vite, fais résonner l'airain.

Iynx, attire vers ma demeure cet homme, mon amant.

Voici que la mer se tait, que se taisent les vents ; mais point ne se tait ma peine dans mon sein. Je brûle tout entière pour lui, qui de moi, malheureuse, a fait, au lieu de son épouse, une mauvaise femme et une fille perdue.

Iynx, attire vers ma demeure cet homme, mon amant.

Par trois fois je fais une libation, et trois fois, souveraine, je prononce ces mots : « Qu'une femme soit couchée près de lui ou un homme, qu'il l'oublie aussi complètement que jadis, dit-on, dans l'île de Dia, Thésée a oublié Ariane aux belles tresses. »

---

4. Myndos était une ville de Carie, en face de Cos.

Iynx, attire vers ma demeure cet homme, mon amant.

L'hippomane est une plante au pays d'Arcadie. De cette plante sont folles, dans les montagnes, toutes les jeunes pouliches et les rapides cavales. Puissé-je voir Delphis dans de pareils transports ! Puisse-t-il, comme un fou, se précipiter dans cette maison au sortir de la grasse palestre !

Iynx, attire vers ma demeure cet homme, mon amant.

Delphis a perdu cette frange de son manteau ; maintenant, brin à brin, je la jette dans le feu dévorant. Hélas, funeste Éros, pourquoi, attaché à ma chair comme une sangsue des marais, en as-tu sucé tout le sang noir ?

Iynx, attire vers ma demeure cet homme, mon amant.

Je veux écraser une salamandre et lui porter demain un funeste breuvage. Mais toi maintenant, Thestylis, prends ces drogues, va les pétrir discrètement sur le dessus du seuil de sa maison avant que la nuit soit finie et dis en crachant : « Je pétris les os de Delphis. »

Idylles, II, 1-63

MÉTAMORPHOSES

Plus que la magie, pauvre science humaine, les forces surnaturelles de la nature et des dieux sont capables d'accomplir des prodiges impressionnants. Zeus, en particulier, est doué d'un pouvoir de métamorphose dont il semble n'user que pour surprendre les plus jolies mortelles et tromper la vigilance jalouse de son épouse. Europe, Danaé et tant d'autres, succombent à ses avances insistantes. Si Io est métamorphosée en vache pour lui éviter les fureurs d'Héra, la colère de la déesse n'épargne pas la pauvre Callisto, changée en ourse. La métamorphose est aussi une échappatoire aux assiduités divines. En s'enfuyant, les objets de leurs soupirs implorent le secours d'autres divinités qui les exaucent en changeant leur apparence. Il en va ainsi de la nymphe Syrinx, transformée en roseau pour échapper à Pan. Cela n'empêche pas leur union, puisque le dieu en fit une flûte qu'il portait constamment à ses lèvres. Ces métamorphoses diverses sont l'occasion de composer des poèmes « étiologiques », des pièces qui narrent l'origine légendaire de lieux-dits ou de curiosités naturelles. Le surgissement d'une fontaine d'eau douce entourée de l'eau salée de la mer, sur l'île d'Ortygie, près de Syracuse, s'explique ainsi : la nymphe Aréthuse, pour fuir l'amour du dieu-fleuve Alphée, se transforma en une source à laquelle il unit ses eaux. Elle disparut dans le sol et rejaillit bien loin de lui, en Sicile.

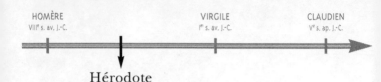

HOMÈRE
VIIIᵉ s. av. J.-C.

VIRGILE
Iᵉʳ s. av. J.-C.

CLAUDIEN
Vᵉ s. ap. J.-C.

Hérodote

*Les Spartiates passaient pour être de jolies femmes, à commen-
cer par Hélène dont la beauté valut la guerre aux Grecs et aux
Troyens. L'héroïne de la mythologie possédait un sanctuaire dans
la ville, aux propriétés étonnantes.*

ON NE NAÎT PAS SÉDUCTRICE, ON LE DEVIENT

Ariston avait pour ami un Spartiate à qui il était attaché
plus qu'à tout autre citoyen. Cet homme avait pour épouse
une femme qui, de beaucoup était la plus belle de Sparte,
et cela après être devenue de très laide très belle. Car sa
nourrice, qui la voyait physiquement disgraciée – cette
enfant à la vilaine figure était la fille de gens riches – et qui
voyait aussi ses parents prendre mal leur parti de cette disgrâce, après avoir constaté tout cela, avait eu cette idée :
tous les jours elle la portait à la chapelle d'Hélène, qui est
au lieu appelé Thérapné au-dessus du temple de Phoibos ;
et, chaque fois qu'elle l'y avait apportée, elle la présentait
debout à la statue divine, priant la déesse de guérir l'enfant
de sa laideur. Or, un jour qu'elle revenait de la chapelle,
une femme se montra à elle, et cette femme qui se montra
ainsi lui demanda ce qu'elle portait dans ses bras ; elle dit
que c'était une enfant ; la femme l'invita à la lui montrer ;
elle refusa, car les parents, dit-elle, lui avaient interdit de la
laisser voir à personne. La femme insista vivement pour
qu'elle la lui montrât ; et la nourrice, voyant que cette
femme tenait tant à la voir, finit par la lui montrer. La
femme caressa la tête de l'enfant et déclara que ce serait la
plus belle de toutes les femmes de Sparte. À partir de ce
jour, l'enfant changea effectivement de figure ; et, quand ce
fut une fille arrivée à l'âge de se marier, elle fut épousée par
Agétos, fils d'Alkeidès, l'ami d'Ariston dont j'ai parlé.

Histoires, VI, 61-62

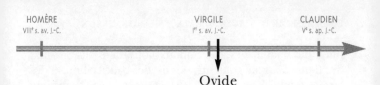

HOMÈRE
VIIIe s. av. J.-C.

VIRGILE
Ier s. av. J.-C.

CLAUDIEN
Ve s. ap. J.-C.

Ovide

Est-il meilleure façon de trouver la femme idéale que de la sculpter ? Est-il meilleur moyen de se faire épouser que de devenir réalité ? S'il y a peu d'amours heureuses dans la mythologie, celles de Pygmalion et de Galatée comptent parmi les plus gracieuses exceptions.

PRENDRE LA FORME DE SES DÉSIRS

Témoin de l'existence criminelle qu'elles[1] avaient menée, et révolté des vices dont la nature a rempli le cœur des femmes, Pygmalion vivait sans compagne, célibataire ; jamais une épouse n'avait partagé sa couche. Cependant, grâce à une habileté merveilleuse, il réussit à sculpter dans l'ivoire blanc comme la neige un corps de femme d'une telle beauté que la nature n'en peut créer de semblable et il devint amoureux de son œuvre. C'est une vierge qui a toutes les apparences de la réalité ; on dirait qu'elle est vivante et que, sans la pudeur qui la retient, elle voudrait se mouvoir ; tant l'art se dissimule à force d'art. Émerveillé, Pygmalion s'enflamme pour cette image ; souvent il approche ses mains du chef-d'œuvre pour s'assurer si c'est là de la chair ou de l'ivoire et il ne peut encore convenir que ce soit de l'ivoire. Il donne des baisers à sa statue et il s'imagine qu'elle les rend ; il lui parle, il la serre dans ses bras ; il se figure que la chair cède au contact de ses doigts et il craint qu'ils ne laissent une empreinte livide sur les membres qu'ils ont pressés ; tantôt il caresse la bien-aimée, tantôt il lui apporte ces cadeaux qui plaisent aux jeunes

---

1. Les Propétides et les Cérastes. Originaires de Chypre, l'île de Vénus, les premières égorgeaient leurs hôtes, les secondes niaient que Vénus fût une déesse et se prostituaient.

filles, des coquillages, des cailloux polis, de petits oiseaux, des fleurs de mille couleurs, des lis, des balles peintes[2], des larmes tombées de l'arbre des Héliades[3]; il la pare aussi de beaux vêtements; il met à ses doigts des pierres précieuses, à son cou de longs colliers; à ses oreilles pendent des perles légères, sur sa poitrine des chaînettes. Tout lui sied et, nue, elle ne semble pas moins belle. Il la couche sur des tapis teints de la pourpre de Sidon; il l'appelle sa compagne de lit et il pose son cou incliné sur des coussins de plumes moelleuses, comme si elle pouvait y être sensible.

Le jour était venu où Chypre tout entière célébrait avec éclat la fête de Vénus : des génisses, dont on avait revêtu d'or les cornes recourbées, étaient tombées sous le couteau qui avait frappé leur cou de neige; l'encens fumait de toutes parts; alors, après avoir déposé son offrande, Pygmalion, debout devant l'autel, dit d'une voix timide : « Ô dieux, si vous pouvez tout accorder, donnez-moi pour épouse, je vous en supplie, (il n'ose pas dire : la vierge d'ivoire) une femme semblable à la vierge d'ivoire. » Vénus, parée d'or, qui assistait elle-même à sa fête, comprit ce que signifiait cette prière; présageant les dispositions favorables de la déesse, trois fois la flamme se ralluma et dressa sa crête dans les airs. De retour chez lui, l'artiste va vers la statue de la jeune fille; penché sur le lit il lui donne un baiser; il croit sentir que ce corps est tiède. De nouveau il en approche sa bouche, tandis que ses mains tâtent la poitrine; à ce contact, l'ivoire s'attendrit; il perd sa dureté, il fléchit sous les doigts, il cède; ainsi la cire de l'Hymette[4] s'amollit au soleil; ainsi, façonnée par le pouce, elle prend les formes les plus variées et se prête à de nouveaux services, à force de servir. L'amant reste saisi; il hésite à se

2. Le jeu de balle était un des jeux ordinaires des jeunes filles.
3. Les Héliades avaient été transformées en peuplier. Cet arbre passait pour sécréter de l'ambre, dont on faisait des bijoux.
4. Montagne voisine d'Athènes, célèbre pour ses abeilles qui produisaient du miel et de la cire de grande qualité.

réjouir, il craint de se tromper; sa main palpe et palpe encore l'objet de ses désirs; c'était bien un corps vivant; il sent des veines palpiter au contact de son pouce. Alors le héros de Paphos adresse à Vénus de longues actions de grâces; sa bouche presse enfin une bouche véritable; la jeune fille a senti les baisers qu'il lui donne et elle a rougi; levant vers la lumière un timide regard, elle a vu en même temps le ciel et son amant. La déesse assiste à leur mariage, qui est son œuvre; puis, quand la lune eut neuf fois rapproché ses cornes autour de son disque rempli, la jeune épouse mit au monde une fille, Paphos[5], dont l'île a retenu le nom.

Les Métamorphoses, X, 243-297

Qui peut résister au spectacle de la beauté, de la force et de la sérénité? Quand ces qualités sont incarnées dans un taureau, Europe, fascinée, se laisse aller à enfourcher le bel animal, se confiant ainsi à Jupiter.

EUROPE ET SON BEAU TAUREAU

Déjà les taureaux, chassés de la montagne, s'acheminent, comme Jupiter l'a ordonné, vers le rivage où la fille du puissant roi de cette contrée avait coutume de jouer avec les vierges de Tyr, ses compagnes. On ne voit guère s'accorder et habiter ensemble la majesté et l'amour; lui-même, abandonnant son sceptre auguste, le père et souverain des dieux, dont la main est armée de la foudre au triple dard, qui d'un signe de tête ébranle l'univers, revêt l'apparence d'un taureau; mêlé au troupeau, il mugit et

5. Paphos est le nom d'une ville de Chypre où, selon la légende, Aphrodite naquit de l'écume de la mer. Un temple y était consacré à la déesse.

promène ses belles formes sur le tendre gazon. Sa couleur est celle de la neige où aucun pied n'a encore mis sa dure empreinte et que n'a pas détrempée le souffle humide de l'Auster[6]. Son cou est gonflé de muscles ; son fanon pend jusqu'à ses épaules ; ses cornes sont petites, mais on pourrait soutenir qu'elles ont été faites à la main et elles l'emportent par leur éclat sur une gemme d'une eau pure. Son front n'a rien de menaçant, ses yeux rien de redoutable ; une expression de paix règne sur sa face. La fille d'Agénor[7] s'émerveille de voir un animal si beau et qui n'a pas l'air de chercher les combats ; pourtant, malgré tant de douceur, elle craint d'abord de le toucher. Bientôt elle s'en approche, elle présente des fleurs à sa bouche d'une blancheur sans tache. Son amant est saisi de joie et, en attendant la volupté qu'il espère, il lui baise les mains ; c'est avec peine maintenant, oui avec peine, qu'il remet le reste à plus tard. Tantôt il folâtre, il bondit sur l'herbe verte, tantôt il couche son flanc de neige sur le sable fauve ; lorsqu'il a peu à peu dissipé la crainte de la jeune fille, il lui présente tantôt son poitrail pour qu'elle le flatte de la main, tantôt ses cornes pour qu'elle y enlace des guirlandes fraîches. La princesse ose même, ignorant qui la porte, s'asseoir sur le dos du taureau ; alors le dieu, quittant par degrés le terrain sec du rivage, baigne dans les premiers flots ses pieds trompeurs[8] ; puis il s'en va plus loin et il emporte sa proie en pleine mer. La jeune fille, effrayée, se retourne vers la plage d'où il l'a enlevée ; de sa main droite elle tient une corne ; elle a posé son autre main sur la croupe ; ses vêtements, agités d'un frisson, ondulent au gré des vents.

Les Métamorphoses, II, 843-875

6. Vent du midi.
7. Europe, fille d'Agénor, roi de Phénicie.
8. Qui déguisent leur véritable forme.

FAIRE VIOLENCE

De Perséphone emportée par Hadès pour régner aux enfers, à l'enlèvement des Sabines, en passant par Ganymède ravi par Zeus transformé en aigle, le rapt est au cœur des récits consacrés aux histoires d'amour. Ravir ne signifie-t-il pas autant séduire qu'arracher ? Le fantasme vieux comme le monde trouve un écho dans les textes de l'Antiquité, notamment chez Hérodote qui élabore une véritable théorie du rapt, moment nécessaire au développement d'un peuple, mais aussi origine de toutes les guerres, depuis celle de Troie jusqu'aux guerres médiques. La violence peut aussi se poursuivre après le rapt, comme en témoigne la triste histoire de Philomèle.

Anthologie grecque

*L'*Anthologie grecque *se caractérise par sa préciosité. C'est donc avec délicatesse que ses poètes racontent les moments de folie, où, n'écoutant que leur fougue, ils n'eurent pas la grâce d'attendre le consentement de leurs maîtresses.*

VIOLS

DE PAUL LE SILENTIAIRE

Ô main capable de toutes les audaces, c'est toi qui as osé sans lâcher prise saisir une de ses boucles d'or et la tirer à l'arracher ? Tu l'as osé, et ta témérité n'a pas été attendrie par sa voix plaintive, par sa chevelure ravagée, par son cou mollement incliné ? En vain tu frappes à présent mon front de coups répétés ; jamais plus de ses seins tu n'approcheras ta paume creusée. – Ah, je t'en supplie, maîtresse, ne m'inflige pas un si grand châtiment ; je supporterais, quant à moi, plutôt un coup de poignard.

DU MÊME

Toute détendue en plein jour dans son sommeil, la gracieuse Ménécratis reposait, un bras replié autour de ses tempes. Payant d'audace, je montai sur son lit ; j'étais parvenu avec délices à mi-chemin de l'expédition amoureuse quand, tirée de son sommeil, l'enfant de ses blanches mains ravageait toute ma chevelure. Mais comme, malgré sa résistance, j'achevais l'œuvre d'amour, tout inondée de larmes elle s'écria : « Misérable, voici que tu as satisfait un désir à propos duquel souvent, j'ai repoussé de mes serments tout l'or de ta main ; et de ce pas tu iras maintenant tout droit en étreindre une autre sous ton sein, car vous n'êtes jamais rassasiés des œuvres de l'amour. »

Épigrammes, V, 248 et 27

HOMÈRE
VIIIe s. av. J.-C.

VIRGILE
Ier s. av. J.-C.

CLAUDIEN
Ve s. ap. J.-C.

Tite-Live

Pour effacer la tache que le viol avait inscrite sur son austère vertu, Lucrèce n'eut d'autre choix que de se percer le cœur. Son mari et ses amis la vengèrent en chassant les rois de Rome, auxquels son violeur était apparenté : un crime et son châtiment devinrent ainsi les actes fondateurs de la République romaine.

HÉROÏQUE LUCRÈCE

Lucrèce leur apparaît bien différente des belles-filles du roi : ils les avaient trouvées avec leurs amies devant un festin somptueux en train de tuer le temps ; elle, au contraire, bien avant dans la nuit, elle travaillait la laine, veillant avec ses servantes et assise au milieu de sa maison. La comparaison tourna à la gloire de Lucrèce. À l'arrivée de son mari et des Tarquins, elle leur fait bon accueil ; le mari vainqueur a l'obligeance d'inviter les jeunes princes. C'est alors que Sextus Tarquin est saisi par le désir coupable d'abuser honteusement de Lucrèce, séduit par sa beauté jointe à une vertu exemplaire. Finalement, après une nuit consacrée aux amusements de la jeunesse, ils retournent au camp.

Quelques jours se passent. Sextus Tarquin, à l'insu de Collatin et suivi d'un seul compagnon, revient à Collatie. On lui fait bon accueil sans se douter de ses intentions, et, après dîner, on le conduit dans la chambre des hôtes. Brûlant de désir, quand il juge qu'il ne risque rien et que tout dort autour de lui, il tire son épée, vient près de Lucrèce endormie, lui pèse sur la poitrine de la main gauche en lui disant : « Silence, Lucrèce. Je suis Sextus Tarquin. J'ai l'épée à la main ; tu es morte si tu dis un mot. » Troublée de ce réveil, la pauvre femme se voit sans secours et à deux doigts de la mort. Cependant Tarquin lui fait sa déclaration, se montre pressant, suppliant, menaçant tour à tour, retourne en tous sens ce cœur de femme. Puis, devant sa fermeté qui ne cède pas même à la peur de la mort, après l'intimidation, il aggrave sa menace de la crainte du déshonneur : à côté de son cadavre, il placera celui d'un esclave égorgé et nu, et on dira qu'elle a été tuée dans un adultère ignoble. Par cette menace, la passion de Tarquin triompha, si l'on peut dire, d'une vertu inébranlable, et il partit, fier d'avoir ravi l'honneur à une femme. Lucrèce, accablée d'un tel malheur, envoie un messager prévenir son père à Rome et son mari à Ardée de venir chacun avec un ami sûr : « C'est nécessaire et urgent ; un affreux malheur est arrivé. » Spurius Lucrétius vient avec Publius Valérius, fils de Volésus, et Collatin avec Lucius Junius Brutus : ces derniers revenaient justement à Rome quand ils rencontrèrent le messager de Lucrèce. Ils la trouvèrent assise dans sa chambre et accablée. À l'arrivée des siens, elle fond en larmes. « Comment vas-tu ? » demande son mari. « Mal, dit-elle ; qu'est-ce qui peut aller bien pour une femme qui a perdu l'honneur ? Les traces d'un autre homme, Collatin, sont marquées dans ton lit. D'ailleurs, mon corps seul est souillé ; mon cœur est pur : ma mort te le prouvera. Mais donnez-moi la main comme gage que vous n'épargnerez pas le coupable. C'est Sextus Tarquin, un hôte agissant en ennemi, qui, cette nuit, l'épée à la main, est venu ici voler du plaisir pour mon malheur, mais aussi pour le sien, si vous êtes des hommes. » À tour de rôle, tous donnent leur parole ; ils tâchent d'apaiser sa douleur en rejetant la faute sur l'auteur de l'attentat et non sur celle qui a dû le subir. « C'est l'âme qui est criminelle et non le corps ; sans mauvaise intention, il n'y a pas de faute. – C'est à vous de voir ce qui lui est dû, dit-elle. Quant à moi, si je m'absous de la faute, je ne m'affranchis pas du châtiment. Pas une femme ne se réclamera de Lucrèce pour survivre à son déshonneur. » Elle tenait un couteau caché sous sa robe ; elle s'en perça le cœur, s'affaissa sur sa blessure et tomba mourante au milieu des cris de son mari et de son père.

Histoire romaine, I, 58

HOMÈRE
VIIIᵉ s. av. J.-C.

VIRGILE
Iᵉʳ s. av. J.-C.

CLAUDIEN
Vᵉ s. ap. J.-C.

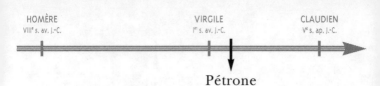

Pétrone

L'Empire romain est souvent présenté comme une période de décadence morale : le relâchement des mœurs et la débauche souillent les valeurs et les modèles les plus sacrés. Pétrone propose une version bouffonne de la malheureuse histoire de Lucrèce en montrant les jeunes Encolpe et Ascylte se disputer les faveurs de leur esclave de seize ans, Giton.

LUCRÈCE SOUS L'EMPIRE

Comme à travers un nuage, j'aperçus Giton se tenant sur l'accotement de la venelle et me jetai vers lui. Quand je demandai si le « petit frère » nous avait préparé à déjeuner, le gosse s'assit sur le lit et fit jaillir un torrent de larmes sous son pouce. Moi, bouleversé de voir mon môme dans cet état, je lui demande ce qui s'est passé. Lui, à contrecœur, traînassant jusqu'à ce que je passe des supplications à la colère : « Ce type, ton camarade, ton "frère", vient de se précipiter dans la chambre et d'essayer de me violer. Comme je criais au secours, il a hurlé, flamberge au vent : "Si tu joues les Lucrèce, tu as trouvé ton Tarquin !" »

Entendant ça, je mets les poings aux yeux d'Ascylte : « Qu'as-tu à dire, femelle qui vends ta croupe aux mâles et dont même l'haleine pue le foutre ? » Lui, jouant la stupéfaction, brandit le poing encore plus haut et hurle plus fort qu'une femme en couches : « Vas-tu te taire, gladiateur porno échappé du cul-de-basse-fosse d'un cirque, vas-tu te taire, poignardeur nocturne qui même au plus fort de tes exploits n'as jamais sailli une femme impollue, toi dont j'ai été le "petit frère" dans un bosquet comme ce môme l'est dans cet hôtel ? »

Satiricon, 9-10

251

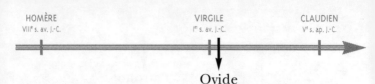

HOMÈRE
VIIIᵉ s. av. J.-C.

VIRGILE
Iᵉʳ s. av. J.-C.

CLAUDIEN
Vᵉ s. ap. J.-C.

Ovide

Le roi de Thrace Térée a épousé l'Athénienne Procné. Cédant aux prières de son épouse qui se languit de sa famille, il va chercher sa sœur, Philomèle. Il s'en éprend et, emporté par ses désirs barbares, la viole avant de lui couper la langue. Elle réussit à contourner son mutisme en brodant sur une toile le récit des exactions de son beau-frère. Procné la venge en tuant son propre fils, Itys, qu'elle fait manger à son époux. Tous les protagonistes furent métamorphosés en oiseaux qui, aujourd'hui encore, gémissent sur leurs crimes et leurs malheurs.

LA TRAGIQUE HISTOIRE DE PHILOMÈLE

Philomèle était à peine montée sur le vaisseau aux vives couleurs, on avait à peine mis les rames à la mer et repoussé la terre que Térée s'écria: « Victoire! j'emporte avec moi l'objet de mes désirs. » Il triomphe, il ne diffère qu'à regret son bonheur, le barbare! Ses regards ne se détournent pas un moment de la jeune fille; ainsi, lorsque, ayant emporté un lièvre entre ses serres recourbées, l'oiseau de Jupiter l'a déposé dans son nid sur une cime, toute fuite est interdite au captif et le ravisseur tient les yeux fixés sur sa proie. Déjà on avait atteint le terme du voyage, déjà les matelots étaient descendus de leurs vaisseaux fatigués sur le rivage de leur patrie, quand le roi entraîne la fille de Pandion dans une bergerie à la haute enceinte, cachée au milieu d'une antique forêt; là, pâle, tremblante, redoutant tous les malheurs à la fois, elle demande en pleurant où est sa sœur; mais il la tient prisonnière, lui avoue son dessein criminel et par la force il triomphe de cette vierge, de cette femme seule, qui vainement invoque à grands cris tantôt son père, tantôt sa sœur, et surtout les dieux tout-puissants. Elle frissonne comme une agnelle épouvantée, qu'un loup au poil gris a blessée et qui, arrachée de sa gueule, ne se croit pas encore en sûreté, ou comme la colombe qui, à la vue de ses plumes trempées de son sang, est saisie d'horreur et redoute encore les serres qui l'étreignaient. Bientôt, quand elle a repris ses sens, Philomèle arrache ses cheveux épars ; comme une femme en deuil, elle meurtrit ses bras à grands coups, puis, les mains tendues vers Térée : « Ô barbare, s'écrie-t-elle, quel n'est pas ton forfait ! Ô cruel, rien n'a donc pu te toucher, ni les ordres de mon père, ni les larmes que lui arrachait sa tendresse, ni le souvenir de ma sœur, ni ma virginité, ni les lois du mariage ? Tu as tout profané ; nous sommes devenus, moi la rivale de ma sœur ; toi, l'époux de deux femmes ; il faudra que je sois châtiée comme une ennemie[1]. Que ne m'ôtes-tu la vie, perfide, pour qu'il ne te reste plus aucun crime à accomplir ? Plût aux dieux que tu me l'eusses ôtée avant l'exécrable attentat qui a fait de moi ta concubine ! Mon ombre eût été pure de toute tache. Mais, si de tels outrages n'échappent pas aux regards des dieux, si leur puissance n'est pas un vain mot, si tout n'a pas péri avec mon honneur, un jour ou l'autre, je me vengerai de toi. Moi-même, rejetant toute pudeur, je dévoilerai ta conduite ; si j'en ai le moyen, j'irai devant le peuple ; si tu me retiens prisonnière dans ces forêts, je remplirai ces forêts de mes plaintes et j'attendrirai les rochers confidents de mon malheur. Ma voix sera entendue du ciel et des dieux, s'il en est qui l'habitent. »

Ces menaces font naître la colère dans le cœur du tyran farouche et, avec elle, une crainte qui n'est pas moins forte ; excité par l'une et par l'autre, il tire du fourreau l'épée qui pend à sa ceinture, saisit la jeune fille par les cheveux, lui tord les bras derrière le dos et la charge de chaînes. Philomèle tendait la gorge ; à la vue de l'épée, elle avait espéré la mort ; mais, tandis que sa langue indignée invoque sans cesse son père et s'efforce de parler, Térée la lui saisit avec des pinces et la coupe avec son épée barbare ;

---

1. Par ma sœur, à qui j'ai enlevé son époux.

la racine de la langue s'agite au fond de la bouche; la langue elle-même tombe et, toute frémissante, murmure encore sur la terre noire de sang; comme frétille la queue d'un serpent mutilé, elle palpite et, en mourant, elle cherche à rejoindre le reste de la personne à qui elle appartient. Même après ce nouvel attentat, dit-on (mais j'ose à peine le croire), Térée assouvit ses désirs à plusieurs reprises sur le corps qu'il avait torturé.

Les Métamorphoses, VI, 515-562

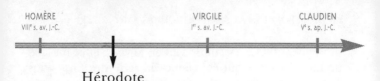

HOMÈRE
VIIIᵉ s. av. J.-C.

VIRGILE
Iᵉʳ s. av. J.-C.

CLAUDIEN
Vᵉ s. ap. J.-C.

Hérodote

*Du rapt de Perséphone par Hadès à celui des Sabines, la mytho-
logie et l'histoire antiques regorgent d'épisodes relatant des enlèvements. L'historien Hérodote en fait la raison principale des guerres.*

THÉORIE DU RAPT

Chez les Perses, les doctes prétendent que les
Phéniciens furent cause du différend[1]. Ils disent qu'après
être venus de la mer qu'on appelle Érythrée sur les bords
de celle-ci et avoir établi leur demeure dans le territoire
qu'ils habitent encore aujourd'hui, les Phéniciens entre-
prirent aussitôt de longues navigations et, transportant
des marchandises d'Égypte et d'Assyrie, se rendirent en
diverses contrées, entre autres à Argos (Argos, à cette
époque, tenait en toutes choses le premier rang entre les
pays de la région que, de nos jours, on appelle la Grèce) ;
qu'une fois dans ce pays d'Argos, les Phéniciens s'occupè-
rent à placer leur cargaison ; que, le cinquième ou sixième
jour à compter de leur arrivée, alors qu'ils avaient presque
tout vendu, une troupe nombreuse de femmes vint au
bord de la mer, parmi elles la fille du roi ; qu'elle avait
nom, comme disent aussi les Grecs, Io fille d'Inachos ;
que, tandis que ces femmes se tenaient près de la poupe
du navire et faisaient emplette des marchandises dont
l'achat leur agréait le mieux, les Phéniciens, s'étant
encouragés les uns les autres, se précipitèrent sur elles ;
que la plupart des femmes prirent la fuite ; mais qu'Io et
d'autres furent ravies ; et que les Phéniciens, les ayant
embarquées sur leur vaisseau, partirent en cinglant vers
l'Égypte. C'est ainsi, disent les Perses, et non pas comme

---

1. Entre Perses et Grecs.

prétendent les Grecs[2], qu'Io vint en Égypte; et ce fut là le premier incident qui commença la série des torts. Plus tard, disent-ils, certains Grecs – ils ne peuvent pas préciser leur nom – abordèrent en Phénicie, à Tyr, et ravirent la fille du roi, Europe; ce pouvaient être des Crétois. À ce moment, on était à égalité; mais, par la suite, les Grecs se rendirent coupables de la seconde offense. Ils gagnèrent par mer avec un vaisseau long Aia de Colchide et les rives du fleuve Phase, et de là, après avoir mené à fin les autres affaires pour lesquelles ils étaient venus[3], enlevèrent la fille du roi, Médée. Le roi des Colchidiens envoya en Grèce un héraut pour demander satisfaction de cet enlèvement et réclamer sa fille; mais les Grecs répondirent que les Barbares ne leur avaient pas donné satisfaction pour l'enlèvement de l'Argienne Io et que, dès lors, eux non plus ne leur donneraient pas satisfaction. À la génération suivante, Alexandre[4], fils de Priam, qui avait entendu parler de ces événements, prit fantaisie de se procurer une femme en Grèce par le moyen d'un rapt, bien persuadé qu'il ne serait pas puni, puisque ceux dont on parlait ne l'étaient pas. Lorsque, dans cette idée, il eut enlevé Hélène, les Grecs décidèrent tout d'abord d'envoyer des députés pour la réclamer et demander satisfaction de son enlèvement; mais, quand ils produisirent ces demandes, on leur objecta l'enlèvement de Médée, et que, sans avoir donné de satisfaction pour leur compte ni livré ce qu'on leur réclamait, ils voulaient recevoir satisfaction d'autrui. Jusqu'alors, il n'y avait donc que des enlèvements commis par les uns chez les autres; mais, à partir de ce moment, les Grecs furent gravement coupables, car ils commencèrent les premiers à porter la guerre en Asie

---

2. C'est-à-dire métamorphosée en génisse et traquée par la jalousie d'Héra.
3. La conquête de la toison d'or, qui déjà faisait tort aux Colchidiens.
4. Autre nom de Pâris.

avant que les Asiatiques la portassent en Europe. Or, au jugement des Perses, si enlever des femmes est le fait d'hommes injustes, s'émouvoir d'enlèvements et vouloir en tirer vengeance est le fait d'hommes déraisonnables, tandis que les hommes de bon sens ne se soucient nullement des femmes enlevées, car il est évident que, si elles-mêmes ne le voulaient, on ne les enlèverait pas. Eux, disent-ils, les gens d'Asie, quand on leur avait enlevé leurs femmes, n'en avaient fait aucun cas ; au lieu que les Grecs, à cause d'une femme lacédémonienne, réunirent une grande expédition, puis vinrent en Asie et renversèrent la puissance de Priam. Aussi, depuis lors, ont-ils toujours pensé que ce qui était grec leur était ennemi. Les Perses, en effet, considèrent comme à eux l'Asie et les peuples barbares qui l'habitent ; et ils tiennent l'Europe et le monde grec pour un pays à part.

Voilà comment, à ce que disent les Perses, les choses se sont passées.

Histoires, I, 1-4

HOMÈRE
VIIIe s. av. J.-C.

VIRGILE
Ier s. av. J.-C.

CLAUDIEN
Ve s. ap. J.-C.

Properce

Lors d'une escale en Asie Mineure, des Argonautes essaient de voler le bel Hylas à son éraste, Hercule. L'éphèbe parvient à leur échapper mais, séduit par les miroitements du flot, le jeune garçon est finalement ravi par des femmes, les Nymphes, qui l'engloutissent dans leurs ondes. Le récit de Properce, adressé à son ami Gallus, peut symboliser le recul de l'homosexualité devant l'hétérosexualité dans la Rome d'Auguste.

HYLAS, OBJET DE TOUS LES DÉSIRS

Ce fut la malheureuse errance soufferte par Hercule sur des bords inconnus, pleurant au bord de l'Ascagne indompté. Car on dit que jadis l'Argo[1] sorti des chantiers de Pagase s'éloigna sur la longue route du Phase et, glissant déjà sur l'onde, après avoir dépassé les eaux de la fille d'Athamas[2], aborda aux rochers de Mysie. Là, la troupe des héros, quand elle s'arrêta sur des bords paisibles couvrit le rivage d'un moelleux lit de feuillage. Mais le jeune compagnon du héros invincible s'était avancé au-delà pour chercher l'eau rare d'une source écartée. Deux frères le poursuivant, fils de l'Aquilon[3] (tantôt Zétés le domine, tantôt c'est Calaïs), avec leurs mains qui planaient tâchaient de prendre des baisers et de donner des baisers par-dessous en s'écartant tour à tour ; lui, se penchant sous le bord de leurs ailes, s'isole et d'une branche repousse les pièges ailés. Déjà la race de Pandion, les fils d'Orithye, s'en est allée : mais

---

1. Nom du navire qui emporta Jason et ses compagnons en Colchide. Il fut bâti en Thessalie, à Pagase.
2. L'Hellespont, où s'était noyée Hellé, fille d'Athamas.
3. Vent du nord, appelé Borée en Grèce. Ses deux fils, Calaïs et Zétés, prirent part à l'expédition des Argonautes. Orithye, fille d'un roi d'Athènes, lui-même descendant de Pandion, est leur mère.

– ô douleur! – Hylas allait, allait vers les Hamadryades. Il y avait là près de la cime du mont Arganthe, la « Pégè[4] », humide demeure agréable aux nymphes de Bithynie, au-dessus de laquelle pendaient, nés sans soins, des fruits couverts de rosée à des arbres isolés et, autour, dans un pré mouillé poussaient des lis blancs mêlés à des pavots pourpres. Tantôt les cueillant comme un enfant d'un ongle tendre, il préféra la fleur au devoir proposé, tantôt, se penchant sans savoir sur les belles eaux, il retarde son cheminement pour des reflets séduisants. Enfin il se prépare à puiser le flot en abaissant ses paumes, s'appuyant, tirant de l'épaule droite pour remplir l'urne. Quand les Dryades, enflammées par son éclat, admiratives, quittèrent leurs danses habituelles, et, comme il glissait, l'attirèrent doucement dans l'onde accueillante, alors de son corps ravi, Hylas produisit un son. Au loin, trois fois, Alcide[5] répond « Hylas! ». Mais la brise du haut des monts ne lui renvoie qu'un nom. Ainsi averti, ô Gallus, tu conserveras tes amours, toi qui sembles confier aux nymphes le bel Hylas.

Élégies, I, 20, 15-52

4. La source en grec.
5. Surnom d'Hercule.

IX

SAVOIR DURER,
SAVOIR FINIR

ENTRETENIR LA FLAMME

Une fois l'amour consommé, il s'agit de le faire durer : la séduction est sans fin. Cupidon lui-même refuse que sa femme le voie pour préserver le mystère de son amour. Sur le champ de bataille amoureux, durer est plus ardu que conquérir : qui a remporté une victoire est loin d'avoir remporté la guerre. Rares sont les vainqueurs qui, comme Philémon et Baucis, s'aiment au soir de leur vie comme à l'aube de leur passion. Les sentiments des Anciens sont volontiers versatiles. Dans *L'Art d'aimer*, véritable manuel du séducteur antique, Ovide consacre un livre entier aux moyens de changer en amour une amourette. Glanés çà et là, quelques textes nous renseignent sur les recettes pour résister à l'usure du quotidien.

HOMÈRE
VIIIᵉ s. av. J.-C.

VIRGILE
Iᵉʳ s. av. J.-C.

CLAUDIEN
Vᵉ s. ap. J.-C.

Apulée

Aux caresses enflammées, aux baisers trempés de larmes, aux yeux embués de Psyché, son époux divin ne sait résister. Il cède à ses prières mais leur impose une borne infranchissable : elle doit renoncer à satisfaire sa curiosité, ne jamais tenter de découvrir son identité ou de contempler ses traits.

GARDER LE MYSTÈRE

Son mari rentra un peu plus tôt que d'habitude, se mit de suite au lit, la prit dans ses bras, la vit encore à pleurer, et il l'attrapa comme ça : « Ma Psyché, c'est ça que tu m'avais promis à moi ton mari ? Qu'est-ce que je peux attendre de toi, qu'est-ce que j'ai à espérer ? Et le jour et la nuit et même pendant l'amour, à te torturer sans arrêt ! Fais donc comme tu voudras, suis ton idée de malheur ! Un jour tu te rappelleras comme je t'aurai bien prévenue, mais ça sera trop tard pour regretter ! »

Alors elle, à force de supplier et de menacer comme quoi elle allait mourir, elle arracha à son mari un oui à tout, qu'elle rencontrerait ses sœurs, qu'elle les consolerait de leur chagrin, qu'elle causerait en tête à tête avec elles, et lui il lui accorda tout ça à sa petite mariée et par-dessus le marché il lui permit de leur donner tout ce qu'elle voudrait comme or et comme colliers, mais il lui recommanda encore et toujours et en lui faisant bien peur de ne jamais essayer, même si ses sœurs lui conseillaient pernicieusement de le faire, de voir la figure de son mari, sans quoi sa curiosité sacrilège la ferait dégringoler du sommet de la richesse jusque tout en bas et lui jamais plus il ne la prendrait dans ses bras. Tout de suite bien joyeuse elle remercia son mari : « Oh ! Plutôt mourir cent fois que d'être privée du si délicieux plaisir d'être ainsi unie à toi ! C'est que je t'aime, et à la folie, et qui que tu sois tu m'es aussi cher que

mon souffle, même à Cupidon je ne te compare pas ! Oh !
S'il te plaît, je t'en prie, fais-moi encore ce plaisir, ton serviteur le grand Zéphyr, commande-lui de transporter mes
sœurs comme moi et de me les amener ici ! » Et de te l'em-
bobiner de bécots, de l'embarbouiller d'une saoulée de
paroles sucrées, de l'encercler bien serré dans ses bras, en
ajoutant encore à ses caresses des « mon miel, mon mari, le
doux cœur à sa Psyché », tant et si bien que le mari suc-
comba malgré lui à la toute-puissance de ses gazouillis et de
ses mamours et qu'il promit tout, et puis comme le jour
arrivait il se volatilisa d'entre les bras de sa femme.

Les Métamorphoses ou l'Âne d'or, V, 6

HOMÈRE
VIIIᵉ s. av. J.-C.

VIRGILE
Iᵉʳ s. av. J.-C.

CLAUDIEN
Vᵉ s. ap. J.-C.

Homère

Héra est la dernière épouse de Zeus. Le quotidien du couple divin est une longue scène de ménage : les infidélités de l'un n'ont d'égales que les reproches de l'autre. Toutefois Héra n'a aucun mal à ramener à elle le désir de son époux volage.

ZEUS ET HÉRA

La puissante Héra aux grands yeux hésite : comment tromper l'esprit de Zeus qui tient l'égide ? À la fin, ce parti lui paraît le meilleur en son âme : se rendre sur l'Ida, après s'être parée. Zeus éprouvera peut-être le désir de dormir amoureusement étendu contre son corps, et sur lui alors elle répandra un sommeil tiède et bienfaisant, qui couvrira ses yeux et son âme prudente. Elle s'en va donc à la chambre que lui a bâtie son fils Héphaïstos. Il a aux montants de la porte adapté de solides vantaux, munis d'un verrou à secret : nul autre dieu ne l'ouvre. Aussitôt arrivée, elle ferme les vantaux éclatants. Avec de l'ambroisie[1] elle efface d'abord de son corps désirable toutes les souillures. Elle l'oint ensuite avec une huile grasse, divine et suave, dont le parfum est fait pour elle ; quand elle l'agite dans le palais de Zeus au seuil de bronze, la senteur en emplit la terre comme le ciel. Elle en oint son beau corps, puis peigne ses cheveux de ses propres mains et les tresse en nattes luisantes, qui pendent, belles et divines, du haut de son front éternel. Après quoi, elle vêt une robe divine qu'Athéna a ouvrée et lustrée pour elle, en y ajoutant nombre d'ornements. Avec des attaches

---

1. Le mot ambroisie a chez Homère deux emplois assez différents. Il s'applique à un aliment solide qui constitue la nourriture des dieux, à côté du nectar, qui est leur boisson. Il s'applique également à un onguent parfumé dont ils usent pour leur toilette, comme ici, mais qui peut aussi servir à embaumer un cadavre humain.

d'or, elle l'agrafe sur sa gorge. Elle se ceint d'une ceinture qui se pare de cent franges. Aux lobes percés de ses deux oreilles elle enfonce des boucles, à trois chatons, à l'aspect granuleux, où éclate un charme infini. Sa tête enfin, la toute divine la couvre d'un voile tout beau, tout neuf, blanc comme un soleil. À ses pieds luisants elle attache de belles sandales. Enfin, quand elle a ainsi autour de son corps disposé toute sa parure, elle sort de sa chambre, elle appelle Aphrodite à l'écart des dieux et elle lui dit :

« Voudrais-tu m'en croire, enfant, et faire ce que je te dirai ? Ou t'y refuseras-tu, parce que tu m'en veux, dans le fond de ton cœur, de soutenir les Danaens, quand toi, tu soutiens les Troyens ? »

Et la fille de Zeus, Aphrodite, répond :

« Héra, déesse auguste, fille du grand Cronos, dis-moi ce que tu as en tête. Mon cœur me pousse à faire ce que tu me demandes, si c'est chose que je puisse faire et qui se soit faite déjà. »

L'auguste Héra alors, perfidement, lui dit :

« Eh bien ! donne-moi donc la tendresse, le désir, par lesquels tu domptes à la fois tous les dieux immortels et tous les mortels. Je m'en vais, aux confins de la terre féconde, visiter Océan, le père des dieux, et Téthys, leur mère. Ce sont eux qui, dans leur demeure, m'ont nourrie et élevée, du jour où ils m'avaient reçue des mains de Rhéa, dans les temps où Zeus à la grande voix avait mis Cronos sous la terre et sous la mer infinie. Je vais les visiter et mettre fin à leurs querelles obstinées. Voilà longtemps qu'ils se privent l'un l'autre de lit et d'amour, tant la colère a envahi leurs âmes. Si, par des mots qui les flattent, j'arrive à convaincre leurs cœurs et si je les ramène au lit où ils s'uniront d'amour, par eux, à tout jamais, mon nom sera chéri et vénéré. »

Et Aphrodite qui aime les sourires, à son tour, lui dit :

« Il est pour moi tout ensemble impossible et malséant de te refuser ce que tu demandes : tu es celle qui repose dans les bras de Zeus, dieu suprême. »

Elle dit, et de son sein elle détache alors le ruban brodé, aux dessins variés, où résident tous les charmes. Là sont tendresse, désir, entretien amoureux aux propos séducteurs qui trompent le cœur des plus sages. Elle le met aux mains d'Héra et lui dit, en l'appelant de tous ses noms :

« Tiens ! mets-moi ce ruban dans le pli de ta robe. Tout figure dans ses dessins variés. Je te le dis : tu ne reviendras pas sans avoir achevé ce dont tu as telle envie dans le cœur. »

Elle dit et fait sourire l'auguste Héra aux grands yeux, et, souriante, Héra met le ruban dans le pli de sa robe.

Héra a cependant vite atteint le Gargare, sommet du haut Ida. L'assembleur de nuées, Zeus, l'aperçoit, et à peine l'a-t-il aperçue que l'amour enveloppe son âme prudente, un amour tout pareil à celui du temps où, entrés dans le même lit, ils s'étaient unis d'amour, à l'insu de leurs parents. Dèvant elle, il se lève, lui parle, en l'appelant de tous ses noms :

« Héra, dans quelle pensée viens-tu donc ainsi du haut de l'Olympe ! Tu es là sans chevaux, sans char où monter. »

L'auguste Héra alors, perfidement, répond :

« Je m'en vais aux confins de la terre féconde visiter Océan, le père des dieux, et Téthys, leur mère. Ce sont eux qui m'ont nourrie, élevée dans leur demeure. Je vais les visiter et mettre un terme à leurs querelles obstinées. Voilà longtemps qu'ils se privent l'un l'autre de lit et d'amour, tant la colère a envahi leurs âmes. Mes coursiers sont arrêtés au pied de l'Ida riche en sources, prêts à me porter sur la terre et l'onde. Si à cette heure je descends de l'Olympe ici, comme je le fais, c'est à cause de toi, dans la crainte que plus tard tu ne te fâches contre moi, si j'étais, sans te rien dire, partie pour le palais d'Océan aux flots profonds. »

L'assembleur de nuées, Zeus, en réponse dit :

« Héra, il sera temps plus tard de partir là-bas. Va ! couchons-nous et goûtons le plaisir d'amour. Jamais encore pareil désir d'une déesse ni d'une femme n'a à tel point inondé et dompté mon cœur en ma poitrine. Héra, ne crains pas qu'homme ni dieu te voie, au milieu de la nuée d'or dont je te veux envelopper. Le Soleil lui-même ne nous verra pas à travers, lui dont les rayons sont les plus perçants. »

Il dit, et le fils de Cronos prend sa femme en ses bras. Et, sous eux, la terre divine fait naître un tendre gazon, lôtos frais, safran et jacinthe, tapis serré et doux, dont l'épaisseur les protège du sol. C'est sur lui qu'ils s'étendent, enveloppés d'un beau nuage d'or, d'où perle une rosée brillante.

Iliade, XIV, 160-350

HOMÈRE
VIIIe s. av. J.-C.

VIRGILE
Ier s. av. J.-C.

CLAUDIEN
Ve s. ap. J.-C.

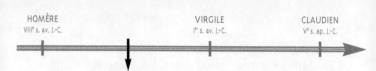

Aristophane

Les épouses ont entendu la leçon d'Héra, qui a pour tâche, entre autres, de protéger les femmes mariées: bien décidée à garder son honneur intact, Myrrhine fait du lit conjugal un champ de bataille quotidien.

L'AMOUR CONJUGAL

MYRRHINE. – *(Revenant avec une couchette.)* Voilà. Couche-toi vite; moi, je me déshabille. Mais, sapristi, il faut chercher une natte.

CINÉSIAS. – À quoi bon une natte? Pas pour moi du moins.

MYRRHINE. – Si, par Artémis; ce serait honteux, sur des sangles.

CINÉSIAS. – Laisse-moi donc te baiser.

MYRRHINE. – Tiens. *(Elle repart.)*

CINÉSIAS. – Ah! la, la, la. – Reviens à toute vitesse.

MYRRHINE. – *(Apportant une natte.)* Voilà une natte. Couche-toi; à l'instant je me déshabille. *(Il se couche.)* Mais, sapristi, tu n'as pas d'oreiller.

CINÉSIAS. – Mais je n'en ai pas besoin, moi.

MYRRHINE. – Par Zeus, moi oui. *(Elle s'en va encore.)*

CINÉSIAS. – Décidément, ce pauvre membre, c'est Héraclès[1] qu'on régale!

MYRRHINE. – *(Revenant avec un oreiller.)* Debout, lève-toi d'un saut. *(Elle met l'oreiller.)* Cette fois, j'ai tout.

CINÉSIAS. – Tout, bien sûr. Ici donc, mon trésor.

MYRRHINE. – Voilà, je détache mon soutien-gorge. Souviens-toi: ne va pas me tromper au sujet de la paix.

CINÉSIAS. – Non, par Zeus, ou je meurs.

---

1. Héraclès était le glouton par excellence. Les poètes comiques le représentaient souvent mourant de faim, exaspéré par la lenteur de ses hôtes à le servir.

MYRRHINE. – Allons bon, tu n'as pas de couverture.

CINÉSIAS. – Par Zeus, je n'en ai nul besoin. Je veux faire l'amour.

MYRRHINE. – Sois tranquille, tu le feras. Je reviens vite. *(Elle sort.)*

CINÉSIAS. – Cette femme me fera mourir, avec ses couvertures.

MYRRHINE. – *(Revenant.)* Mets-toi droit.

CINÉSIAS. – Mais il est droit, celui-ci.

MYRRHINE. – Veux-tu que je te parfume ?

CINÉSIAS. – Non, par Apollon, pas moi.

MYRRHINE. – Si, par Aphrodite, que tu le veuilles ou non. *(Elle part encore.)*

CINÉSIAS. – Ah ! puisse-t-il être répandu, le parfum, ô puissant Zeus !

MYRRHINE. – *(Revenant avec un flacon.)* Avance ta main ; prends et frotte-toi.

CINÉSIAS. – *(Flairant.)* Pas agréable, par Apollon, ce parfum-là. Il est tout juste bon à retarder, et ne sent pas le mariage. […]

MYRRHINE. – *(Revenant.)* Prends cette fiole.

CINÉSIAS. – Mais j'en tiens une autre. Allons, cruelle, couche-toi et ne m'apporte plus rien.

MYRRHINE. – C'est ce que je vais faire, par Artémis. Ainsi, je me déchausse. Mais, mon chéri, songe à voter pour la paix. *(Elle s'enfuit.)*

CINÉSIAS. – J'y réfléchirai. *(Ne la voyant plus.)* Elle m'a fait mourir, elle m'a tué, la femme, et pour comble, après m'avoir ôté la peau, la voilà partie !

(Dans le ton d'une lamentation tragique.)

Hélas ! que devenir ? Qui enfilerai-je, quand la plus belle de toutes m'a frustré ?

Lysistrata, 920-955

HOMÈRE
VIII* s. av. J.-C.

VIRGILE
I* s. av. J.-C.

CLAUDIEN
V* s. ap. J.-C.

Horace

*La forme du « chant amébée » fait alterner les voix de deux pro-
tagonistes. Elle entraîne Horace et Lydie, son amante de jadis, à
entonner un duo amoureux. Ils s'y avouent la tendresse qu'ils se
sont mutuellement conservée au fil des passions de l'existence.*

LA CHANSON DES VIEUX AMANTS

« Tout le temps où je te plaisais, où aucun jeune rival,
plus aimé, n'entourait de ses bras ton cou éblouissant, j'ai
prospéré, plus fortuné que le roi des Perses.

– Tout le temps où tu n'as pas brûlé davantage pour une
autre, où Lydie ne passait point après Chloé, Lydie nommée
partout, j'ai prospéré, plus illustre que la Romaine Ilia[1].

– Je suis maintenant sous les lois d'une Thrace, de
Chloé, instruite aux doux accords, savante à la cithare, et,
pour elle, je ne craindrai pas de mourir si, épargnée par les
destins, ma chère âme doit me survivre.

– Je suis consumée d'un feu qu'il partage pour un
Thurien[2], pour Calaïs, fils d'Ornytus, et, pour lui, je
consentirai à mourir deux fois si, épargné par les destins, le
cher enfant doit me survivre.

– Eh quoi ! si elle revient, la Vénus d'autrefois, si elle
rapproche sous le joug d'airain nos cœurs désunis, si je
congédie la blonde Chloé et si, à Lydie repoussée, la porte
se rouvre ?

– Bien qu'il soit plus beau qu'un astre et toi, plus léger
que le liège, plus irritable que l'Adriatique sans frein, avec
toi j'aimerais à vivre, avec toi je mourrais volontiers. »

Odes, III, 9

1. Mère de Romulus et Rémus.
2. De Thurie, ville de Lucanie.

HOMÈRE
VIII° s. av. J.-C.

VIRGILE
I°° s. av. J.-C.

CLAUDIEN
V° s. ap. J.-C.

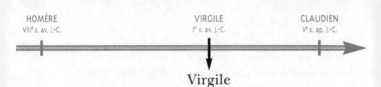

Virgile

Pour sa douce Eurydice, qui lui a été arrachée le jour de ses noces, Orphée n'hésite pas à braver l'enfer, ses ombres affligées et ses dieux impitoyables. Son chant assoupit Cerbère et adoucit les divinités infernales mais l'impatience de sa tendresse le perd. Avide de rassasier ses yeux, il se retourne trop tôt vers le visage aimé.

AFFRONTER L'ENFER

Il pénétra même dans les gorges du Ténare[1], profonde entrée de Dis, et dans le bois enténébré de noire épouvante ; il aborda les Mânes, leur roi redoutable et ces cœurs qui ne savent pas s'adoucir aux prières des humains. Cependant émus par son chant, du fond des demeures de l'Érèbe[2], les ombres ténues et les fantômes des êtres privés de la lumière s'avançaient, aussi nombreux que les milliers d'oiseaux qui se cachent dans le feuillage, quand Vesper[3] ou une pluie d'orage les chasse des montagnes ; des mères, des maris, des corps de héros magnanimes qui ont accompli leur vie, des enfants, des jeunes filles mortes avant le mariage, et des jeunes gens placés sur le bûcher sous les yeux de leurs parents ; autour d'eux un bourbier noir, les hideux roseaux du Cocyte, le marais odieux qui les tient prisonniers de ses ondes croupissantes, et le Styx qui les enferme neuf fois dans ses replis. Bien plus, la stupeur saisit même les demeures de la Mort, au plus profond du Tartare, et les Euménides aux

---

1. Cap du Péloponnèse. Pour les Anciens, c'était une entrée des enfers, le royaume d'Hadès, appelé aussi Dis.
2. Région des enfers, comme le Tartare et l'Averne cités plus loin. Le Cocyte et le Styx sont des fleuves des enfers.
3. Étoile du soir.

cheveux entrelacés de serpents azurés; Cerbère[4], béant, fit taire ses trois gueules et la roue d'Ixion[5] avec le vent qui la fait tourner s'arrêta.

Déjà, revenant sur ses pas, Orphée avait échappé à tous les hasards; Eurydice lui était rendue et remontait vers les airs en marchant derrière lui (car Proserpine lui en avait fait une loi) quand un égarement soudain s'empara de l'imprudent amant, égarement bien pardonnable, si les Mânes savaient pardonner! Il s'arrêta, et au moment où ils atteignaient déjà la lumière, oubliant tout, hélas! et vaincu dans son cœur, il se retourna pour regarder Eurydice. Aussitôt s'évanouit le résultat de tous ses efforts, le pacte conclu avec le tyran cruel fut rompu, et trois fois un bruit éclatant monta des marais de l'Averne. Alors: « Quelle est, dit-elle, cette folie qui m'a perdue, malheureuse que je suis, et qui t'a perdu, Orphée? Quelle folie! voici que pour la seconde fois les destins cruels me rappellent en arrière et que mes yeux se ferment, noyés dans le sommeil. Et maintenant, adieu! je suis emportée dans la nuit immense qui m'entoure et je tends vers toi des mains impuissantes, hélas! je ne suis plus à toi. » Elle dit, et hors de sa vue, soudain, comme une fumée se confond avec l'air impalpable, elle fuit du côté opposé; en vain il s'évertuait à saisir les ombres, il voulait lui parler et lui parler encore: elle ne le vit plus, et le nocher d'Orchus[6] ne permit plus qu'il repassât le marais qui les séparait. Que faire? Où porter ses pas, après que son épouse lui avait été ravie deux fois? Par quels pleurs émouvoir les Mânes? Quelles divinités invoquer? Déjà Eurydice glacée voguait dans la barque stygienne.

Géorgiques, IV, 467-506

4. Le chien à triple gueule qui gardait les enfers.
5. Ixion fut condamné à être attaché pour l'éternité à une roue qui tournait sans cesse.
6. Charon, qui faisait traverser les âmes des morts.

RUPTURES

Qui maîtrise parfaitement l'art d'aimer possède aussi le talent de rompre. Quand Cupidon a fui, il faut beaucoup d'élégance pour se libérer de la toile que l'on a soi-même tissée. Tout le monde ne sait pas prendre congé d'une relation passionnée. Pourtant, les circonstances hostiles, le poids des traditions, des obligations ou, tout simplement, le désamour contraignent parfois les liens les plus solides à se relâcher avant de se briser. *Dimisit inuitus inuitam,* « malgré lui malgré elle, il la renvoya » : la notation lapidaire de Suétone à propos du couple formé par l'empereur romain Titus et la reine de Palestine Bérénice inspira des tragédies à deux des plus grands dramaturges français, Corneille et Racine. D'autres, comme Sappho, puisent de leur séparation le sujet d'un poème. Les élégiaques latins en font tout un recueil, car leurs ruptures avec leurs maîtresses, les *discidia,* sont incessantes. On se quitte pour mieux se retrouver, sur l'oreiller – les ébats n'en sont que plus passionnés –, tandis que certains cœurs cruels n'aiment que pour quitter. Quand la réconciliation n'a pas lieu, les amants délaissés peuvent faire montre d'une violence peu commune. Mieux vaut éviter de rendre furieuse une femme amoureuse. Jason, Térée et Énée l'apprirent à leurs dépens : la passion anime la femme d'une volonté farouche qu'aucun discours raisonnable ne peut convaincre.

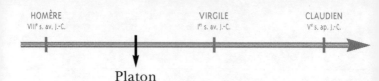

Platon

*Si le coup de foudre est un mystère, le désamour est tout autant
inexplicable. Platon raconte comment les charmes d'hier deviennent des défauts insupportables.*

LORSQUE L'AMOUR N'EST PLUS LÀ

Mais quand il a cessé d'aimer, il oublie désormais toute
bonne foi, dans ce temps auquel il pensait quand il multipliait
ses promesses, à grand renfort de serments et de prières pour
maintenir non sans peine les relations du moment – lesquelles
étaient fastidieuses – en faisant briller l'espoir de biens à venir.
Or, le moment est arrivé de payer sa dette. Mais il a changé de
maître et de chef: raison et sagesse ont remplacé amour et
folie. Il est devenu tout autre, à l'insu de celui qu'il aimait.
Celui-ci lui réclame le prix de ses faveurs passées, rappelant ce
qu'il a fait, ce qu'il a dit, comme s'il parlait encore au même
homme. L'autre, honteux, n'ose pas avouer qu'il a changé, et
ne sait comment tenir les serments et les promesses qu'il a faits
quand régnait en lui la déraison; à présent qu'il a recouvré la
raison, qu'il est devenu sage, il ne veut pas en se conduisant
comme avant, ressembler à l'homme qu'il a été et redevenir le
même. Il cherche donc à s'évader de ce passé: contraint de
faire défaut – lui qui d'abord était amoureux – parce que « la
coquille s'est retournée », il change de rôle et prend la fuite.
L'autre se voit forcé de courir après lui, s'indigne, prend à
témoin les dieux, ayant dès le début complètement ignoré
qu'il ne fallait jamais accorder des faveurs à un homme qui
aime, et qui fatalement n'a pas la tête à lui, mais bien plutôt à
un homme qui n'aime pas et qui a toute sa tête, sinon il se livre-
rait fatalement à un être sans foi, d'humeur chagrine, jaloux,
désagréable, nuisible à sa fortune, nuisible aussi à sa santé, nuisible enfin et surtout au perfectionnement de son âme.

Phèdre, 241 a-c

HOMÈRE
VIIIe s. av. J.-C.

VIRGILE
Ier s. av. J.-C.

CLAUDIEN
Ve s. ap. J.-C.

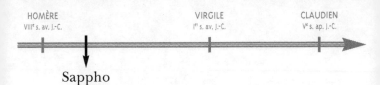

Sappho

Les littératures grecque et latine abondent en chagrins d'amour.
Ovide y consacre un recueil entier, les Héroïdes, *lettres d'amour*
fictives écrites par des femmes abandonnées de leurs amants. La
poétesse Sappho pleure sur sa solitude, nouvelle et non désirée.

SAPPHO ABANDONNÉE

La voilà donc partie à jamais et, sans mentir, je voudrais
être morte. Elle, en me quittant, pleurait

à chaudes larmes et me dit: « Ah! quelle est ma
détresse, ma Sappho! je te jure que je te quitte malgré
moi! »

Et moi je lui répondis: « Pars en joie et souviens-toi de
moi, car tu sais combien je me suis attachée à toi;

ou, sinon, laisse-moi te rappeler ce que tu as oublié, tant
d'heures douces et belles que nous vécûmes ensemble.

Oui, combien de couronnes de violettes, de roses et de
safrans à la fois tu posais sur ta tête à côté de moi!

Combien de guirlandes tressées, de charmantes fleurs,
tu enlaçais autour de ta gorge délicate!

Combien de vases de parfum, brenthium ou royal, tu
répandais sur ta belle chevelure!

ou, couchée, près de moi, sur un lit moelleux tu apaisais
ta soif (ou ta faim).

Sappho, Alcée. Fragments, V, 93

HOMÈRE
VIIIᵉ s. av. J.-C.

VIRGILE
Iᵉʳ s. av. J.-C.

CLAUDIEN
Vᵉ s. ap. J.-C.

Virgile

Les dieux ont rappelé à Énée sa mission : ce n'est pas pour qu'il finisse paisiblement ses jours à Carthage, marié à Didon, qu'il a été sauvé de Troie en flammes. Il doit fonder une nouvelle cité en Italie. Le pieux Énée se soumet et prépare son départ, le cœur lourd. Didon, furieuse, le prend violemment à partie. À cette femme qui parle de passion, Énée oppose le devoir qu'il lui faut accomplir, malgré ses regrets.

LE COURAGE DE ROMPRE

Elle avait parlé. Lui, docile à l'avertissement de Jupiter, tenait ferme son regard ; à grand effort, il étouffait sa peine au profond de son cœur. Enfin il répond en peu de mots : « Pour moi, toutes ces choses que ta parole pourrait dire, je ne nierai jamais, ô reine, qu'elles ne me soient autant d'obligations ; jamais je ne serai las de me souvenir d'Élissa[1], tant que je me souviendrai de moi-même, tant qu'un souffle animera ce corps. Pour ma défense, j'ai peu à dire. Non, je n'ai pas espéré, ne va pas l'imaginer, dissimuler furtivement une fuite, mais jamais non plus je n'ai mis en avant les droits d'un époux et ce n'est pas pour de tels engagements que je suis ici venu. Moi, si les destins me permettaient de conduire ma vie sous mes propres auspices et d'ordonner selon mon gré mes travaux, ils seraient d'abord pour la ville de Troie, pour honorer les douces reliques des miens ; les hautes demeures de Priam subsisteraient et j'aurais de ma main posé pour les vaincus une Pergame recommencée ; mais pour lors c'est la grande Italie que l'Apollon de Grynium, c'est l'Italie que les oracles lyciens m'ont ordonné de saisir sans retard : là est mon cœur, là ma

---

1. Autre nom de Didon.

patrie. Toi-même, Phénicienne[2], tu te sens tenue par les citadelles de Carthage, par l'aspect d'une ville libyenne; pourquoi donc envier aux Troyens un établissement en terre d'Ausonie[3]? Nous aussi pouvons bien quêter des royaumes étrangers. Je pense à mon père Anchise: chaque fois que de ses ombres humides la nuit couvre la terre, chaque fois que se lèvent les astres de feu, son image courroucée me presse et m'effraie dans mes songes; je pense à mon petit Ascagne, au tort que je fais à sa tête si chère, lui que je frustre du royaume, des champs prédestinés, de l'Hespérie. Maintenant, de surcroît, le messager des dieux, envoyé par Jupiter lui-même, j'en atteste nos deux têtes, m'a, traversant les airs rapides, apporté des ordres; moimême j'ai vu le dieu, en une lumière manifeste, pénétrant dans ces murs; j'ai de mes oreilles recueilli sa voix. Cesse de nous tourmenter tous les deux de tes plaintes; ce n'est pas mon vouloir qui me fait poursuivre l'Italie. »

Tandis qu'il prononce ces mots, depuis longtemps détournée, elle le regarde, les yeux égarés, parcourt toute sa personne en un examen muet, puis, enflammée, elle lui dit: « Non, une déesse n'est pas ta mère et Dardanus n'est pas l'auteur de ta race, perfide, mais du chaos de ses roches le dur Caucase t'a engendré et les tigresses d'Hyrcanie t'ont donné leur lait. Car pourquoi dissimuler ou pour quels pires maux me garder? A-t-il gémi quand je pleurais? A-t-il tourné les yeux vers moi? M'a-t-il, vaincu, donné ses larmes, ou pris en pitié celle qui l'aimait? Quelle est la pire de ces cruautés? Mais déjà, sans doute, ni la grande Junon ni l'auguste Saturnien ne nous regardent plus avec bienveillance; nulle part il n'est d'appui sûr. Il était jeté sur le rivage, manquant de tout, je l'ai recueilli, je l'ai, insensée, établi en une part de ma royauté; sa flotte perdue, ses compagnons, je les ai retirés de la mort; ah! les Furies me tour-

2. Didon, phénicienne, était reine de Carthage.
3. L'Ausonie désigne l'Italie (comme l'Hespérie, plus loin).

mentent et m'emportent! Maintenant l'augure Apollon, maintenant les oracles lyciens, maintenant encore le messager des dieux envoyé par Jupiter en personne lui porte à travers les airs des ordres qui le font frémir. Assurément c'est bien l'affaire des habitants du ciel, voilà les soins qui troublent leur quiétude! Non, je ne te retiens pas et je ne reprends pas ton discours. Va, poursuis l'Italie avec l'aide des vents, quête des royaumes au travers des flots. J'espère cependant qu'au milieu des écueils, si les dieux fidèles ont quelque pouvoir, tu subiras jusqu'au bout ton supplice et plus d'une fois appelleras Didon par son nom. Absente, je m'attacherai à toi avec des feux noirs et quand la froide mort aura de mon âme séparé mon corps, ombre je te serai présente en tous lieux. Tu seras puni, barbare. Je le saurai et le bruit m'en viendra au fond des enfers. » À ces mots, elle rompt l'entretien, douloureuse elle fuit les brises du ciel; elle se dérobe, disparaît à ses regards, le laissant plein de crainte, d'hésitation et s'apprêtant à parler longuement. Ses servantes la reçoivent, la portent défaillante dans sa chambre de marbre et la déposent sur sa couche.

Mais le pieux Énée, malgré son désir d'adoucir cette douleur par des consolations, de parler pour détourner ces peines, gémissant longuement, profondément ébranlé par ce grand amour, exécute pourtant les ordres des dieux et revient à sa flotte.

Énéide, IV, 330-396

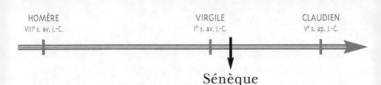

HOMÈRE
VIIIe s. av. J.-C.

VIRGILE
Ier s. av. J.-C.

CLAUDIEN
Ve s. ap. J.-C.

Sénèque

Comme Énée, Jason prétexte ses devoirs familiaux pour aban-
donner la femme qui l'a sauvé. Au milieu de ses regrets hyperbo-
liques, le lecteur ne peut s'empêcher d'entendre une note de
soulagement, accentuée par l'ironie de Médée. Le héros d'Iôlcos ne
commet qu'une erreur : il croit la magicienne aussi lâche que lui.
Surtout, il veut penser qu'elle est désormais plus mère qu'épouse, ce
à quoi nulle séductrice jamais ne se résout.

CE N'EST PAS MA FAUTE

JASON. – Ô destins toujours durs, sort cruel lorsqu'il
sévit, mais également lorsqu'il épargne. Que de fois le ciel
a trouvé pour moi des remèdes pires que les périls encou-
rus. Si je voulais reconnaître loyalement les services de mon
épouse, il eût fallu exposer ma tête au trépas ; si je ne voulais pas mourir, j'étais contraint au malheur de manquer à
ma parole. Ce n'est pas la crainte qui a vaincu ma parole,
mais mon affection tremblante de père, car les enfants
auraient suivi leurs parents dans une mort violente. Si tu
habites le ciel, sainte Justice, j'invoque et prends à témoin
ta puissance : mes enfants ont vaincu leur père. Et cette
femme aussi, même si elle est d'un cœur farouche et
rebelle au joug, préfère, je le crois, le sort de ses enfants à
son mariage. Mon âme a décidé d'affronter son courroux
avec des prières. Mais précisément la voici, en me voyant
elle a bondi, sa fureur se déchaîne ; elle met au jour ses
haines : sa rancœur est tout entière sur son visage.

MÉDÉE. – J'ai été une exilée, Jason, j'en suis encore une.
Il n'est pas nouveau pour moi de changer de séjour ; mais
la raison de mon exil est nouvelle : c'est pour toi que j'avais
l'habitude de m'exiler ; je m'éloigne, je sors, car tu me
forces à m'enfuir de tes pénates. Vers lesquels me renvoies-
tu ? Gagnerai-je le Phase, la Colchide, le royaume de mon

père, les campagnes qu'a inondées le sang de mon frère[1]? Quelles terres m'ordonnes-tu de gagner? Quelles mers me désignes-tu? Le détroit du Pont, par lequel j'ai ramené la troupe illustre des rois, en suivant mon séducteur à travers les Symplégades? Gagnerai-je la petite Iôlcos ou la thessalienne Tempé? Toutes les voies que j'ai ouvertes pour toi, je les ai fermées pour moi[2]. Où me renvoies-tu? Tu imposes à une exilée l'exil sans lui donner d'endroit où aller. Qu'on s'en aille! Le gendre du roi[3] l'a ordonné: je ne refuse rien. Inflige-moi de terribles supplices: je l'ai mérité. [...]

JASON. – Alors que dans sa haine Créon voulait te faire périr, vaincu par mes larmes, il a accordé l'exil.

MÉDÉE. – Je croyais que c'était une punition: à ce que je vois, l'exil est un cadeau.

JASON. – Tant qu'il est possible de partir, prends la fuite, arrache-toi d'ici: terrible est toujours la colère des rois.

MÉDÉE. – Tu me donnes ce conseil, mais tu sers Créuse: tu écartes ta maîtresse qu'elle déteste.

Médée, 431-495

---

1. Pour s'enfuir de Colchide avec Jason, Médée a tué son frère, retardant ainsi son père qui les poursuivait.

2. Médée a commis des crimes partout pour sauver Jason.

3. Jason est sur le point d'épouser Créuse, la fille de Créon.

SE CONSOLER

« Le dessein utile que je me propose est d'éteindre une flamme cruelle et de ne pas laisser un cœur esclave de son vice. Elle aurait vécu, Phyllis[1], si elle m'avait eu pour maître. » Après avoir dispensé des leçons de séduction, Ovide justifie par ces mots l'entreprise littéraire des *Remèdes à l'amour*. Il démontre l'utilité de son traité en rappelant que les récits mythologiques regorgent d'histoires d'amour malheureuses, endeuillées par la fin désespérée d'amants abandonnés. Le poète romain déplore que les flèches du dieu frivole puissent conduire à des issues si tragiques. Ovide reprend le parallèle entre l'amour et la maladie pour proposer divers traitements de l'affection. Son intention est parodique, mais elle est inspirée par les traités sérieux des philosophes qui proposent de guérir la passion par les secours de la raison. La thérapeutique ovidienne est pragmatique : elle propose à l'amoureux de se divertir, de dissiper ses chagrins dans les distractions. Elle l'encourage à traiter ses liaisons avec plus de désinvolture et de légèreté, pour ne garder des passions que le plaisir et la joie. La consolation la plus efficace reste celle qui guérit le mal par le mal. Elle échange un amour contre un autre en amenant le patient à se replonger avec délices dans les affres de la passion, et, sans jamais succomber, à endurer les douces incertitudes d'une séduction infinie.

1. Fille du roi de Thrace, Phyllis fut abandonnée par Démophon, fils de Thésée et mit fin à ses jours.

HOMÈRE
VIII° s. av. J.-C.

VIRGILE
I° s. av. J.-C.

CLAUDIEN
V° s. ap. J.-C.

Lucrèce

Pour l'épicurien Lucrèce, le meilleur moyen de s'épargner passions, tocades et lubies, c'est de distinguer le sentiment de l'exigence physique : pour un corps assoiffé de volupté, n'importe quelle femme, une prostituée en particulier, fera l'affaire.

NE PAS TOMBER AMOUREUX

Mais il convient de fuir sans cesse ces simulacres, de repousser ce qui peut nourrir notre amour, de tourner notre esprit vers d'autres objets ; il vaut mieux jeter dans le premier corps venu la liqueur amassée en nous que de la garder pour un unique amour qui nous prend tout entiers, et de nous réserver la peine et la douleur certaines. Car, à le nourrir, l'abcès se ravive et devient un mal invétéré ; de jour en jour, la frénésie s'accroît, la peine devient plus lourde, si tu n'effaces par de nouvelles plaies les premières blessures, si au hasard des rencontres tu ne les confies encore fraîches aux soins de la Vénus vagabonde, et ne diriges vers d'autres objets les impulsions de ton cœur.

Éviter l'amour, ce n'est point se priver des jouissances de Vénus, c'est au contraire en prendre les avantages sans rançon. Assurément ceux qui gardent la tête saine jouissent d'un plaisir plus pur que les malheureux égarés.

De la nature, IV, 1063-1076

HOMÈRE
VIIIe s. av. J.-C.

VIRGILE
Ier s. av. J.-C.

CLAUDIEN
Ve s. ap. J.-C.

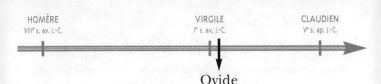

Ovide

Les Remèdes à l'amour *recensent toutes les techniques sus-*
ceptibles de délivrer de leur passion ceux qui se consument sans
espoir. Au centre du recueil, Ovide s'attarde sur le traitement le plus
opérant : renoncer à guérir pour se jeter dans une autre liaison
propre à effacer la première. N'accordez qu'une moitié de votre cœur
et gardez précieusement l'autre pour les prochains beaux yeux qui
croiseront votre route.

AVOIR DEUX AMOURS

Je vous conseille également d'avoir en même temps
deux maîtresses ; on est plus fort contre l'amour si l'on
peut en avoir davantage encore. Quand le cœur se partage et court d'une amie à l'autre, l'amour pour l'une
affaiblit l'amour pour l'autre. Les plus grands fleuves
diminuent quand on divise leurs eaux entre de nombreux ruisseaux, et, quand on écarte les bûches, la
flamme, privée d'aliment, s'éteint. Une seule ancre ne
suffit pas à retenir les vaisseaux enduits de poix ; et, dans
l'eau transparente, un hameçon unique ne suffit pas.
Celui qui, de longue main, s'est ménagé une double
consolation[1], celui-là, depuis longtemps, est installé en
vainqueur au sommet de la citadelle. Mais toi, puisque,
pour ton malheur, tu t'es donné à une seule maîtresse,
maintenant, du moins, il te faut chercher un nouvel
amour. Minos, en aimant Procris, cessa de brûler pour
Pasiphaé[2] ; celle-ci, vaincue par l'épouse de l'Ida[3], dut

1. Quand il est abandonné par l'une, l'autre le console.
2. Épouse du roi de Crète Minos, Pasiphaé conçut avec un taureau le
monstre appelé Minotaure.
3. Pendant un temps, Procris avait vécu sur les montagnes de Crète,
avec Artémis.

285

céder la place. Si le frère d'Amphiloque[4] cessa d'aimer la fille de Phégée, c'est qu'il admit Callirhoé dans son lit. Œnone aurait tenu Pâris enchaîné jusqu'à la fin des siècles, si elle n'eût été supplantée par la rivale œbalienne[5]. La beauté de sa femme aurait plu toujours au tyran odrysien[6]; mais plus belle était sa belle-sœur qu'il tint prisonnière.

Pourquoi m'attarder à ces exemples, dont le nombre m'accable? Il n'y a point d'amour qui ne cède à un autre amour le remplaçant.

Les Remèdes à l'amour, 441-462

---

4. Alcméon, marié d'abord à Alphésibée/Arsinoé, fille de Phégée, épousa ensuite Callirhoé.
5. Hélène.
6. Térée, époux de Procné, s'éprit de sa belle-sœur Philomèle.

HOMÈRE
VIII⁰ s. av. J.-C.

VIRGILE
I⁰ⁱ s. av. J.-C.

CLAUDIEN
V⁰ s. ap. J.-C.

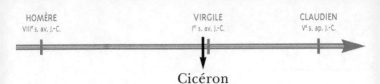

Cicéron

Dans les Tusculanes, *Cicéron passe en revue les thérapeu-
tiques de la passion. Dédaignant les recettes que développera Ovide,
il fait l'apologie de la raison, seule apte à éveiller la lucidité assou-
pie du patient.*

SE RAISONNER

Le traitement qu'il faut appliquer à pareil état consiste
d'abord à faire voir combien l'objet du désir est futile, combien méprisable, combien parfaitement insignifiant, combien aussi il serait facile de se le procurer ailleurs ou par un
autre moyen ou encore d'en faire fi complètement. Parfois
il faut chercher un dérivatif dans des goûts, des soucis, des
soins, des occupations autres ; enfin un déplacement,
comme pour les gens mal portants qui n'arrivent pas à se
remonter, est souvent indiqué. Certains estiment même
que, comme un clou chasse l'autre, il y a lieu d'employer
un amour nouveau pour chasser l'amour ancien. Mais surtout il faut attirer l'attention sur le degré de folie furieuse
où atteint l'amour. De toutes les passions en effet il n'en est
pas assurément de plus violente ; aussi, même sans mettre
en cause ses grands effets, j'entends le viol, et la séduction,
et l'adultère, l'inceste enfin, dont l'ignominie est justiciable
des tribunaux, sans tenir compte de ces choses, le seul bou-
leversement de l'esprit qui se produit dans l'amour est par
lui-même honteux.

Tusculanes, IV, 74-75

SE FAIRE ÉPOUSER ?

Mariage et amour ne vont pas de pair dans l'Antiquité : la réalité sociale est celle du contrat, d'une union d'intérêts où l'argent a plus sa place que les sentiments. Il obéit à des règles strictes, comme la *coemptio* romaine, l'achat « symbolique » de l'épouse devant témoins. À Rome toujours, après la *lex Canuleia*, qui, en 445 avant J.-C., autorise les mariages entre plébéiens et patriciens, l'empereur Auguste promulgue en 18 avant J.-C. une loi qui contraint les membres des ordres les plus élevés à se marier, pour endiguer la saignée démographique des guerres civiles. Hésiode recommande de ne pas se marier avant trente ans, et de choisir une femme du voisinage, dont la réputation est bonne et connue de tous, car « il n'est pas pour l'homme de meilleure aubaine qu'une bonne épouse, ni en revanche, de pire malheur qu'une mauvaise, toujours à l'affût de la table, qui, si vigoureux que soit son mari, le consume sans torche et le livre à une vieillesse prématurée[1]. » Socrate en fit l'expérience : uni à une mégère non apprivoisée, Xanthippe, il prétendait que les perpétuelles vexations endurées chez lui avaient forgé son tempérament de philosophe. Mieux vaut en demeurer à une union de la main gauche et ne pas se hâter de la régulariser. Les noces antiques sont loin de nos contes de fées ou du mythe romantique des amants enfin réunis dans le mariage. Si les Grecs et les Romains « eurent beaucoup d'enfants », il n'est pas certain que tous « vécurent heureux ».

---

1. *Les Travaux et les Jours*, 702-705.

HOMÈRE
VIIIᵉ s. av. J.-C.

VIRGILE
Iᵉʳ s. av. J.-C.

CLAUDIEN
Vᵉ s. ap. J.-C.

Pétrone

*Le mariage n'est pas toujours une sinécure. Le prince char-
mant des premiers jours peut céder la place à un rustre qui s'autorise à humilier son épouse en public tout en se vantant d'être un
Pygmalion.*

DES COULEUVRES POUR LA LÉGITIME

Mais voici qui d'emblée troubla la fête : comme parmi
les nouveaux serveurs était arrivé un garçon pas mal fichu,
Trimalcion se précipita et lui appliqua un long baiser. Du
coup Fortunata, pour défendre son honneur et affirmer ses
droits légitimes, entreprit de l'agonir de sottises, le traitant
d'ordure et de saligaud incapable de réfréner ses sales
envies, jusqu'à lui lancer, suprême injure : « Chien
vicieux ! » Outré par ces invectives, Trimalcion répliqua en
lançant une coupe à la figure de Fortunata, laquelle,
comme s'il lui eût crevé un œil, hurla en enfouissant sa
figure dans ses mains tremblantes. Tout aussi bouleversée,
Scintilla l'abrita sanglotante sur son sein, et il fallut qu'un
serveur s'empressât d'appliquer sur sa joue un carafon
d'eau glacée, tandis qu'elle s'affalait sur lui, gémissante et
éplorée. Cependant Trimalcion clamait : « De quoi ? Elle ne
se rappelle pas d'où je l'ai tirée, cette putasse de flûtiste
syrienne ? Je l'ai achetée sur des tréteaux à la foire et j'en ai
fait une femme libre, et la voilà à se gonfler comme une
grenouille et qui en oublie de cracher dans sa poche[1] ! Une
femme, ça ? Un bout de bois ! Quand on est née dans une
cabane, on ne va pas s'imaginer de jouer les châtelaines !
Avec la protection de mon Génie je me charge de la dresser, cette Cassandre, cette marchande de godasses ! Et dire

1. Pour conjurer le sort.

que moi, pauvre bon à rien, je pouvais toucher dix millions. Tu le sais, toi, que je ne mens pas. Agathon, le parfumeur de la dame d'à côté, m'a pris dans un coin pour me dire : "Un conseil, ne laisse donc pas périr ta race." Seulement moi, pour faire le brave type et ne pas avoir l'air d'un lâcheur, moi-même je me suis cloué la pioche dans le pied. Ça va, compte sur moi, c'est avec les ongles que tu essayeras de me ravoir ! Et tu vas comprendre de suite ce que tu y auras perdu ! Habinnas, défense de mettre sa statue sur mon tombeau, qu'au moins je n'aie plus de scènes une fois mort, et, surtout, pour qu'elle sache que je suis capable de faire mal, j'interdis qu'elle embrasse mon corps ! »

Satiricon, 74

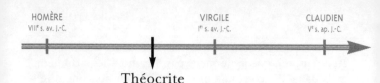

HOMÈRE
VIIIe s. av. J.-C.

VIRGILE
Ier s. av. J.-C.

CLAUDIEN
Ve s. ap. J.-C.

Théocrite

Un épithalame désigne une pièce composée à l'occasion d'un mariage. Les noces dont il est question dans ce poème comptent parmi les plus célèbres de l'Antiquité: ce sont celles, à l'origine de la guerre de Troie, de Ménélas et de la belle Hélène de Sparte.

ÉPITHALAME D'HÉLÈNE

Or donc, un jour à Sparte chez le blond Ménélas, des vierges, la chevelure ornée d'hyacinthe fleurie, formèrent un chœur devant la chambre nuptiale fraîchement décorée de peintures; elles étaient douze, les premières de la ville, de splendides Lacédémoniennes; c'était le jour où le plus jeune fils d'Atrée enfermait avec lui la Tyndaride[117] bien-aimée qu'il avait demandée en mariage, Hélène. Elles chantaient toutes de concert, frappant le sol de pas compliqués; et le palais, autour d'elles, résonnait des accents de l'hyménée:

« Tu t'es déjà assoupi, si tôt, cher marié? Es-tu donc un homme dont les genoux sont de plomb, un homme qui ne pense qu'au sommeil? Étais-tu en train de trop boire, quand tu t'es jeté sur ton lit? Vraiment, si tu avais hâte de dormir de bonne heure, il fallait y aller tout seul, et laisser la jeune fille jouer avec les jeunes filles auprès de sa tendre mère jusqu'à la première aurore, puisqu'elle sera à toi, Ménélas, cette nouvelle mariée, après-demain comme demain et tous les ans à venir.

« Belle fille, charmante fille, te voilà maintenant maîtresse de maison. Nous, au prochain matin, nous nous rendrons dans le lieu de nos courses, dans les prairies en

---

1. Tyndare, roi de Sparte, est le père putatif d'Hélène, dont le vrai père était Zeus.

fleurs, pour cueillir des couronnes au suave parfum, pensant à toi, Hélène, autant que les agneaux de lait désirent la mamelle de la brebis leur mère. Les premières, avec le lôtos qui pousse tout près de terre, nous tresserons en ton honneur une couronne, et nous l'irons suspendre à un platane ombreux; les premières, prenant une fiole d'argent, nous en verserons l'onctueuse liqueur goutte à goutte sous un platane ombreux. Et une inscription sera gravée sur l'écorce pour être lue du passant, à la mode dorienne: "Honore-moi; je suis l'arbre d'Hélène."

« Sois heureuse, jeune épouse; sois heureux, gendre d'un noble beau-père. Puisse Léto vous donner, Léto nourricière d'enfants, une belle progéniture; Cypris, la déesse Cypris, l'égalité d'un amour réciproque; et Zeus, le fils de Cronos, une prospérité impérissable, qui, des mains de nobles possesseurs, passe à de nobles possesseurs encore.

« Dormez, exhalant dans le sein l'un de l'autre un souffle de tendresse et d'amour. Et n'oubliez pas de vous éveiller à l'aurore. Nous-mêmes nous reviendrons pour la pointe du jour, lorsque le premier chantre se fera entendre de sa retraite, dressant son col emplumé. Hymen, ô Hyménée, daigne honorer ces noces de ta présence ! »

Idylles, XVIII, 8-60

HOMÈRE
VIIIe s. av. J.-C.

VIRGILE
Ier s. av. J.-C.

CLAUDIEN
Ve s. ap. J.-C.

Juvénal

Le charme du mariage réside finalement dans la pensée récon-
fortante qu'il permet à l'épouse, lassée de ses agréments routiniers,
d'avoir des amants. Pour leur complaire, comme il sera doux d'ab-
diquer vertu, dignité et caprices !

(DÉS)AGRÉMENTS DU MARIAGE

Mariée à un sénateur, Eppia a accompagné une école de gladiateurs jusqu'au Phase, jusqu'au Nil, jusqu'aux remparts mal famés de Lagus[1]. Canope[2] même condamnait la monstruosité des mœurs romaines. Quant à elle, oublieuse de sa maison, de son mari, de sa sœur, elle ne garde pas non plus le moindre souci de sa patrie ; elle abandonne ses enfants en pleurs, la scélérate, et, chose plus stupéfiante encore, elle renonce à Pâris et aux jeux du cirque. Dès son enfance, elle avait dormi, au milieu de l'opulence paternelle, dans la plume d'un berceau passementé d'or ; et pourtant elle brava la mer comme elle avait bravé l'honneur, dont le sacrifice ne coûte guère à ces habituées des moelleux fauteuils. Elle affronte d'un cœur intrépide les flots tyrrhéniens[3], les ondes ioniennes au loin retentissantes, toutes ces mers qu'il lui faut successivement traverser. Doivent-elles s'exposer pour une juste et honnête cause, elles ont peur, elles se sentent glacées d'effroi, leurs jambes flageolent et se dérobent sous elles. Elles n'ont d'énergie que pour leurs impudences. Qu'il est dur de s'embarquer, quand c'est un époux qui l'ordonne ! L'odeur de la sentine incommode, on sent tout tourner autour de

1. Alexandrie, où régna Ptolémée Ier, fils de Lagus.
2. Ville à la réputation douteuse de la Basse-Égypte.
3. Partie sud de l'Adriatique, entre la Sicile, l'Italie et la Grèce.

soi. Mais quand on suit un galant, l'estomac tient bon. Un mari, on vomit dessus ; avec un amant, on mange au milieu des matelots, on circule sur la poupe, on s'amuse à manier les rudes cordages. Quels sont donc les charmes qui enflamment Eppia de la sorte ? Quelle jeunesse la fascine ainsi ? Qu'a-t-elle vu, pour supporter d'être appelée la « gladiatrice » ? Voici : Sergiolus avait déjà commencé à se raser le menton, et son bras tout tailladé lui laissait espérer sa retraite ; sa figure était enlaidie par plus d'une misère – grosse bosse au milieu du nez, toute meurtrie par le casque ; âcre humeur découlant continuellement d'un de ses yeux ; – mais c'était un gladiateur ! Cela suffit à les muer en Hyacinthes[4], à leur donner le pas sur des enfants, sur une patrie, sur une sœur, sur un mari. C'est le fer qu'elles aiment !

Satires, VI, 82-112

---

4. Héros de la mythologie réputé pour sa grande beauté.

LES AUTEURS DU « SIGNET »[1]

Achille Tatius (IIe siècle ap. J.-C.)

Probablement originaire d'Alexandrie, Achille Tatius aurait écrit, selon les Anciens, un livre d'étymologie, une histoire des grands hommes et un traité sur les sphères. Toutefois, c'est son œuvre romanesque qui est passée à la postérité. *Le Roman de Leucippé et Clitophon* est le seul roman grec classique que son auteur n'ait pas enfermé dans le passé : son intrigue est en effet censée être contemporaine du conteur, ce qui la rend extrêmement vivante et plus proche du lecteur. Tyrien, Clitophon est promis à Calligoné, sa demi-sœur. Son oncle envoie à Tyr sa femme et sa fille, Leucippé, pour les mettre à l'abri des ravages de la guerre entre Byzantins et Thraces. Clitophon tombe follement amoureux de sa cousine. Commence alors une suite trépidante de voyages, de naufrages, de rencontres louches ou dangereuses, d'emprisonnements, de morts, de fausses morts et de trahisons. En écrivant son histoire, Achille Tatius, bien qu'utilisant les artifices traditionnels du roman d'amour et d'aventure, rend logiques ces épisodes rocambolesques grâce à un art consommé du *suspens* et des annonces. Loin d'être des pantins qui s'agitent devant nous, ses personnages sont de véritables êtres humains qui vivent devant nos yeux avec leurs caractères contrastés et nuancés : chez lui, le cœur le meilleur est parfois traversé de soupçons et l'âme la plus noire connaît quelques sentiments d'humanité.

Alciphron (IIe ou début du IIIe siècle ap. J.-C.)

D'Alciphron, nous ne savons rien si ce n'est que son œuvre offre d'évidentes parentés avec Lucien (*c.* 120-180) et Élien (*c.* 175-

---

1. La plupart de ces notices sont issues du *Guide de poche des auteurs grecs et latins* par P.-E. Dauzat, M.-L. Desclos, S. Milanezi et J.-F. Pradeau, Paris, Les Belles Lettres, 2002. Les auteurs de langue latine sont en italique.

230), ce qui a permis de situer Alciphron entre ces deux auteurs. Toutefois, cette ignorance est en elle-même révélatrice : elle témoigne à la fois de la pureté du style d'Alciphron et de la réussite de son projet, rendre l'atmosphère du IVe siècle avant J.-C. Les 122 *Lettres de pêcheurs, de paysans, de parasites et d'hétaïres* recueillent la correspondance fictive des modestes, des mendiants et des marginaux d'Athènes au IVe siècle. En donnant la parole à ces narrateurs pauvres et méprisés, Alciphron nous fait découvrir des réalités que les textes antiques montrent rarement : la misère des petites gens, les humiliations qu'entraîne la condition de parasite, les problèmes sentimentaux ou pécuniaires des hétaïres. L'ouvrage est en outre un jeu savant, riche en pastiches et en parodies. Plein d'humour et d'humanité, ce texte, très apprécié au XVIIIe siècle, est à redécouvrir.

Anthologie grecque

L'ouvrage, long de plus de dix livres, regroupe les collections d'épigrammes réalisées à l'époque byzantine (Xe siècle ap. J.-C.), dont les plus importantes sont l'*Anthologie palatine*, l'anthologie de Planude et celle de Méléagre. Par conséquent, rien n'est si varié que ce recueil à l'histoire rocambolesque et dont la lecture, en raison de son contenu licencieux, fut longtemps réservée à de rares initiés. Les thèmes évoqués, les dates de rédaction et les formes employées sont multiples et difficiles à établir, notamment en raison de l'habitude qu'avaient les compilateurs d'ajouter des vers de leur cru à ceux qu'ils rassemblaient. Le livre V, dont sont extraits les textes présentés dans ce volume, est tout entier consacré à l'amour. Les auteurs principaux en sont Simonide (VIe siècle av. J.-C.), Philodème, qui fut un contemporain de Cicéron, Parménion, Polémon et Nicarchos (Ier siècle ap. J.-C.), Rufin (IIe siècle ap. J.-C.), Posidippe, Dioscoride et Asclépiade, qui vécurent au IIIe siècle avant J.-C., Méléagre (130-60 av. J.-C.) et, pour les plus tardifs, Paul le Silentiaire (c'est-à-dire l'huissier à la cour), Macédonios et Agathias (VIe siècle ap. J.-C.).

Apulée de Madaure (*c.* 125-170 ap. J.-C.)

Né vers 125 à Madaure, non loin de l'actuelle Constantine, Apulée fait des études d'avocat et, comme tout bon lettré, se rend à Rome et à Athènes où non seulement il apprend le grec mais se fait initier à la philosophie et aux mystères. De retour dans son pays, il mène une vie publique de rhéteur et de conférencier. Il est même choisi comme prêtre du culte impérial. Jovial et plein d'esprit, il nous a laissé un roman désopilant, *Les Métamorphoses ou l'Âne d'or*, qui relate les mémoires de Lucius de Corinthe, métamorphosé par mégarde en âne. Accusé de sorcellerie pour des raisons obscures, Apulée écrit à cette occasion une *Apologie* où il se défend contre les imputations dont il fait l'objet. On lui connaît aussi des opuscules philosophiques, notamment un allègre *De deo Socratis*, et diverses poésies, maniérées ou scabreuses.

Aristénète (début du VIe siècle ap. J.-C.) n'a laissé aucun témoignage ni sur sa vie, ni sur son œuvre. Même son nom est contesté. Toutefois, les recherches minutieuses des érudits ont permis d'établir que l'auteur des *Lettres d'amour* aurait vécu dans la première moitié du VIe siècle, à Constantinople. À cette époque, malgré les efforts de l'administration impériale pour éradiquer la culture classico-païenne, celle-ci se maintient, comme le montre le recueil d'Aristénète. L'ouvrage rassemble une cinquantaine de lettres, fictives, et traite avec humour des aléas de la vie amoureuse : coups de foudre, rendez-vous galants, hésitations adultères, avortements, liaisons infamantes et mariages heureux sont évoqués avec grâce et légèreté.

Aristophane (445-386 av. J.-C.)
Aristophane fut le plus grand poète comique d'Athènes. Issue du dème de Kydathénée, sa famille aurait possédé des terres à Égine. Sous un nom d'emprunt, il débuta au théâtre de Dionysos en 427 avec *Les Babyloniens*. Son talent fut très rapidement reconnu et il obtint un premier prix en 425 avec *Les Acharniens*, puis l'année suivante avec *Les Cavaliers*. Ayant vécu pendant la guerre du Péloponnèse, il évoque dans ses comédies la cité en proie aux vicissitudes de la guerre et à la recherche de la paix (*Les Acharniens, La Paix, Lysistrata*). Il attaque également la politique athénienne, dominée par des démagogues qu'il juge corrompus (*Les Cavaliers, Les Guêpes*). Il excelle à tourner en dérision la vie athénienne, du pouvoir politique (*L'Assemblée des Femmes, Les Oiseaux*) à l'éducation (*Les Nuées*) en passant par la littérature elle-même (*Les Grenouilles, Les Thesmophories*). Enfin, sa dernière pièce, *Ploutos*, évoque la situation désastreuse d'Athènes ravagée et humiliée par la guerre. Son humour, caustique, acerbe et souvent

trivial, n'est jamais vain : par ses caricatures et ses jeux de mots, Aristophane a invité ses concitoyens et ses lecteurs autant à la distraction qu'à la réflexion.

Catulle (84 ?-54 ? av. J.-C.)

Héritier des poètes alexandrins, Catulle fait partie du cénacle des *poetae novi*, « les poètes nouveaux » dont Cicéron se moquait. Né à Vérone dans une famille aisée, il s'empresse de rejoindre Rome et ses plaisirs, intellectuels et sensuels. C'est là qu'il fait la connaissance de la vénéneuse Lesbia, cause de tous ses ravissements, ses déconvenues, ses espoirs, ses désespoirs mais aussi de ses plus beaux poèmes. Les 116 pièces qu'on lui connaît ont été recueillies après sa mort, à trente ans. Elles empruntent à la veine alexandrine pour explorer des sujets et des tonalités variées, de la poésie satirique et grossière aux vers érotiques et précieux en passant par les inflexions pathétiques que lui arrache la mort de son frère, dans la lointaine Troade.

Cicéron (106-43 av. J.-C.)

Comment résumer la vie et l'œuvre du plus fameux des écrivains romains ? Son existence nous est connue dans les moindres détails mais elle déborde de rebondissements car cet avocat brillant fut de tous les combats, tant judiciaires que politiques ou philosophiques. Né à Arpinum, dans un municipe éloigné d'une centaine de kilomètres de Rome, Marcus Tullius Cicero voit le jour dans une famille de gens aisés et de notables. Toutefois, comme Caton l'Ancien, qu'il admire, Cicéron est un « homme nouveau » (*homo nouus*) : il est le premier de sa lignée à gravir les échelons de la carrière des honneurs jusqu'à son degré le plus élevé, le consulat, qu'il occupe en 63. C'est lors de ce consulat qu'il dénonce, dans ses célèbres *Catilinaires* (*o tempora, o mores*), une conjuration qui menaçait la République. À la suite des manœuvres de son ennemi juré, le tribun Clodius, il est exilé pendant un an (58-57) pour avoir fait mettre à mort Catilina sans jugement. Malgré le triomphe qui l'accueille à son retour, son rôle politique ne cesse de décliner dans les années suivantes. Cicéron, l'un des plus fervents défenseurs du régime républicain, finit par rallier le camp de Pompée contre César, juste avant que ce dernier ne l'emporte définitivement. À la mort du dictateur, l'orateur prend le parti de son petit-neveu, Octave, le futur Auguste, pensant pouvoir facilement diriger ce jeune homme de 19 ans. Il le sert en rédigeant les *Philippiques* contre Marc Antoine qui lui voue dès lors une haine inexpiable. Antoine réclame à Octave la tête de l'orateur dès leur première réconciliation. Abandonné par le jeune homme, Cicéron est assassiné par des émissaires d'Antoine. Sur son ordre, la tête et les mains de l'Arpinate sont clouées à la tribune du forum. L'œuvre de Cicéron est immense : il s'est essayé à tous les genres et à toutes les disciplines. Il est en particulier l'auteur d'une vaste correspondance, d'environ 139 discours judiciaires ou politiques et de plusieurs traités de rhétorique et de philosophie qui ont joué un rôle déterminant dans la tradition culturelle de l'Occident, jusqu'à nos jours.

Claudien (Ve siècle ap. J.-C.)

Grec d'Alexandrie venu à Rome, Claudien est le dernier grand poète païen de la Rome antique. Dans la Rome théodosienne, décadente et harcelée par la menace barbare, il connut un succès immédiat. De lui nous avons conservé de nombreux poèmes de circonstance, où il fait l'éloge des puissants de son époque, notamment Honorius, l'empereur d'Occident. C'est à lui aussi que nous devons la dernière épopée mythologique latine, *Le Rapt de Proserpine*, dont 1 100 vers ont été conservés. L'enlèvement de Proserpine (appelée aussi Koré et Perséphone par les Grecs) par Pluton (Hadès) et sa recherche éperdue par sa mère Cérès (Déméter) est un des plus grands mythes de l'Antiquité. Claudien relate dans des vers magnifiques la belle histoire de cette pure jeune fille qui, séduite par la beauté des fleurs, devient la reine des enfers.

Élien (*c.* 175-235 ap. J.-C.)

Claude Élien, affranchi originaire de Préneste près de Rome, se vantait de ne jamais être sorti d'Italie. Élève de sophistes et sophiste réputé lui-même, il préféra une vie retirée et tranquille au prestige d'une carrière d'orateur et aux faveurs de la turbulente cour impériale des Sévères. Son ouvrage le plus fameux, l'*Histoire variée*, se présente comme un recueil d'anecdotes, d'aphorismes, de nouvelles, de cancans, de notices et de faits étonnants concernant le passé classique de la Grèce mais aussi celui d'autres contrées. Elle est peuplée d'une foule de personnages : tyrans, rois, guerriers, philosophes, artistes, médecins, poètes, mignons et courtisanes côtoient dieux et personnages légendaires. Outre son *Histoire Variée*, il composa en grec (une langue qui peut-être n'était pas la sienne mais qu'il maîtrisait admirablement) un ouvrage *Sur les caractéristiques des animaux*, des *Lettres paysannes* et deux traités sur la providence divine. L'œuvre d'Élien témoigne du goût de l'époque pour la *poikilia* (en grec la « variété ») ainsi que de l'infatigable curiosité de son auteur.

Hérodote (480-420 av. J.-C.)

Né en 480 avant J.-C. à Halicarnasse, ville dorienne du territoire d'Ionie, en Asie Mineure, celui que Cicéron tenait pour « le père de l'histoire » voyagea beaucoup, d'Athènes, où il séjourna, en Égypte, à Tyr et en Scythie. Il ne vit pourtant pas toutes les contrées qui sont décrites dans ses *Histoires*, vaste « enquête » (c'est le sens de *historié* en grec), dont le premier but est de rapporter les tenants et aboutissants des guerres médiques. Friand d'anecdotes, Hérodote est célèbre pour ses digressions, si bien que les *Histoires* débordent largement le projet annoncé : la Lydie, l'Égypte, la Scythie et la Libye, autant de contrées visitées, pour le plus grand plaisir du lecteur. L'œuvre fut, à la période alexandrine, divisée en neuf livres, nommés selon les Muses. Les quatre premiers rapportent la formation de l'empire perse et les cinq derniers les guerres médiques. « Roi des menteurs » pour certains, « père de l'histoire » pour d'autres, Hérodote nous éclaire cependant sur les rapports entre les Grecs et les Barbares et fournit nombre de renseignements ethnologiques, géographiques et anthropologiques, aussi précieux qu'amusants.

Hésiode (vers 700 av. J.-C.)

Tout ce que nous connaissons de ce poète, nous le trouvons dans ses œuvres, la *Théogonie* et *Les Travaux et les Jours*. De condition modeste, Hésiode, poète et paysan, prétend tenir son savoir des Muses, qui lui seraient apparues au sommet de l'Hélicon alors qu'il faisait paître ses bêtes. Dans la *Théogonie*, il évoque les origines du monde (la cosmogonie) et la naissance des dieux (la théogonie), jusqu'à l'avènement de Zeus et la victoire sur le chaos initial ; puis le poète définit la place et le rôle des hommes par rapport aux dieux. Postérieur à Homère, et contemporain de la naissance de la cité-État, Hésiode propose une synthèse de la pensée religieuse des Grecs. Dans *Les Travaux et les Jours*, il donne des conseils pratiques à ses contemporains, et notamment à son frère, Persès. Sa poésie est didactique : elle délivre un enseignement. Dans cet enseignement, les mythes sont centraux : c'est dans ce poème que se trouvent le mythe des races et celui de Pandore. Bien que sa renommée ait été éclipsée par celle d'Homère, il constitue la source la plus belle et la plus complète de la mythologie grecque. Les Anciens lui attribuaient en outre *Le Bouclier*, dont l'authenticité a été mise en doute, et *Le Catalogue des Femmes*, aujourd'hui perdu.

Homère (VIIIᵉ siècle av. J.-C. ?)

Ce n'est pas le moindre des paradoxes que le plus célèbre poète de l'Antiquité est peut-être aussi l'un des moins connus. Homère a-t-il seulement existé ? Étaient-ils plusieurs ? Le nom désigne-t-il une école d'aèdes[2] ? Nul ne sait. « L'affaire Homère » a fait couler beaucoup d'encre, et aujourd'hui encore, les érudits multiplient les hypothèses. L'obscurité s'est faite dès l'Antiquité, en partie à cause de la célébrité de l'auteur : nombre de « vies », fictives, ont circulé, tant et si bien que, s'il y a un Homère, c'est celui que la tradition a forgé. Celui-ci vécut en Ionie, au VIIIᵉ siècle avant J.-C., et a composé l'*Iliade* et l'*Odyssée*, immenses épopées comptant respectivement près de 16 000 et plus de 12 000 vers. Louées dès l'Antiquité, ces deux œuvres sont fondatrices de la culture occidentale. Chantées par les aèdes dans les cours aristocratiques, elles sont les premières œuvres de notre patrimoine qui nous sont parvenues intactes. L'*Iliade*, poème de la gloire et de la guerre, relate la colère d'Achille qui, pour ne pas manquer à l'idéal héroïque, fait le sacrifice de sa vie. Récit de voyage et conte merveilleux, l'*Odyssée* chante les errances d'Ulysse jusqu'à son retour à Ithaque. Les deux textes s'intègrent aux légendes issues de la guerre de Troie. À la suite de l'enlèvement d'Hélène, la femme du roi de Sparte Ménélas, les chefs grecs[3] partent à la conquête de Troie. Gouvernée par Priam, Troie est une riche cité d'Asie Mineure (en actuelle Turquie) où ont trouvé refuge Hélène et Pâris, le prince troyen qui a ravi la jeune femme. Les combats font rage pendant dix ans, tant de part et d'autre les

---

2. Poète et interprète, l'aède récite et improvise hymnes et épopées, accompagné de musique, à l'occasion des banquets.

3. Homère les appelle tantôt les « Achéens », tantôt les « Danaens ».

héros sont vaillants. Parmi les Troyens, Hector et Énée sont les plus valeureux, tandis que, côté achéen, Achille, Ajax et Diomède sont les meilleurs guerriers, auxquels il faut ajouter Ulysse le rusé. Les dieux prennent aussi part à la guerre, en favorisant leurs champions, quand ils ne vont pas eux-mêmes sur le champ de bataille. Hector puis Achille meurent au combat, si bien que l'issue de la guerre est, jusqu'aux derniers moments, incertaine. C'est alors qu'Ulysse imagine un stratagème appelé à devenir fameux : les troupes grecques font mine de partir. Il ne reste sur la plage qu'un gigantesque et mystérieux cheval de bois. Les Troyens y voient un présent des dieux et l'introduisent dans leurs murs. Les Achéens, dissimulés dans le cheval, sortent de leur cachette. Troie est dévastée : seuls Énée et quelques hommes parviennent à fuir la cité en flammes. Les chefs achéens reprennent la mer, leurs navires chargés de l'or de Troie et des princesses captives.

Horace (65-8 av. J.-C.)

Méridional natif de Venouse, aux confins de l'Apulie, Quintus Horatius Flaccus était probablement le fils d'un ancien esclave public affranchi. Il commence par séjourner à Rome qu'il déteste, avant de poursuivre sa formation à Athènes qui l'enchante. Après les troubles des guerres civiles, où il eut le malheur de prendre sans gloire le parti des assassins de César, il rentre en Italie où il a été dépossédé de tous ses maigres biens. C'est son talent qui le sauve. Remarqué par Mécène, avec lequel la sympathie et la complicité sont immédiates, il rentre dans son cénacle restreint et glorieux où il finit par attirer l'attention du maître de Rome, Auguste. Ce dernier lui propose même de devenir son secrétaire, mais le poète, attaché à son indépendance, décline son offre. Peu attiré par l'agitation citadine, il préfère partager son temps entre Rome et la villa de Sabine que lui a offerte Mécène. Le chantre épicurien du *carpe diem* est fameux pour ses satires, ces « mélanges » libres, enjoués et enlevés, où il attaque les travers de ses contemporains avec autant de justesse que d'esprit et de bonhomie. Outre les *Satires*, nous possédons de lui des œuvres lyriques, les *Odes* et *Épodes,* qui explorent ses thématiques favorites comme l'amour et l'amitié. Ce recueil témoigne aussi de l'exigence morale du poète et de son attention au destin de la cité : ces soucis justifient son adhésion au régime monarchique mis en place par Auguste. Enfin, ses *Épîtres* sont conclues par la célèbre

Épître aux Pisons, où Horace définit un art poétique qui fut long-temps la référence des poètes et des théoriciens de la poésie, comme Boileau.

Jérôme (saint) (347-419 ap. J.-C.)

La plus célèbre figure d'ermite, toujours figurée avec le lion qu'il aurait soigné et apprivoisé, est un écrivain prolifique. Né près d'Aquilée, en Italie, dans une famille chrétienne, il est dans sa jeunesse l'élève du grammairien Donat et l'émule de Cicéron. Vers 370, il a la révélation de sa vocation en fréquentant des communautés monastiques : il sera lui-même ascète et moine bibliste. Outre sa correspondance parénétique, ses traités polémiques ou apologétiques, ses ouvrages hagiographiques et ses commentaires exégétiques, son œuvre la plus fameuse reste la traduction en latin du Nouveau Testament grec, qui signait le début de la « Vulgate » destinée à faire autorité pendant des siècles. La palette de ses tons et de ses styles est extrêmement variée, comme les sujets qu'il aborde, même si la postérité a surtout retenu ses talents de satiriste et de polémiste et son écriture « surexpressive » selon la formule de Pierre Lardet.

Juvénal (60-140 ap. J.-C.)

D'origine modeste, D. Iunius Iuvenalis, natif d'Aquin, se plut à opposer aux mœurs chastes et droites des Romains de la République la dépravation de son temps. Ce râleur professionnel, cet atrabilaire des lettres latines, après s'être essayé à la rhétorique, commença à composer des satires vers l'âge de quarante ans, lorsque la chute de Domitien puis l'accession au pouvoir de Trajan et surtout d'Hadrien lui permirent de dénoncer les abus dont il avait été le témoin sous le règne de leur prédécesseur. La saynète burlesque qu'il composa autour d'un turbot, dont la taille exigea une délibération du conseil politique de Domitien, marqua Victor Hugo, qui l'évoque dans la *Préface à Cromwell*. Ses *Satires* ne sont pas uniquement politiques : flagorneurs, rimailleurs, ripailleurs, coquettes et avares, toutes les castes de la société romaine, tous les vices du genre humain pâtissent de la plume vitriolée de Juvénal.

Lucain (39-65 ap. J.-C.)

Neveu de Sénèque, Lucain ne reste qu'un an dans son Espagne natale avant d'être amené à Rome, où il est confié aux meilleurs professeurs puis introduit dans les cercles du pouvoir et dans l'intimité de Néron. La légende veut que ce génie littéraire se soit attiré la jalousie et la haine de Néron par ses succès poétiques. L'empereur aurait cherché à l'empêcher de publier ses œuvres, et en particulier son épopée, *La Guerre civile,* également appelée *La Pharsale,* consacrée à l'affrontement entre Pompée et César. Son chef-d'œuvre, qui, par sa taille, se place juste après *l'Énéide* virgilienne, relève d'une toute autre esthétique. L'ouvrage, d'inspiration stoïcienne, qui ne redoute pas d'aborder des événements récents, est marqué au coin du pessimisme et du désespoir. Le seul personnage qui suscite l'admiration de Lucain, le sage stoïcien Caton le Jeune, le dernier républicain, se suicide à Utique. Le vers qui résume le destin du sage pourrait prophétiser celui de Lucain : « La cause du vainqueur plut aux dieux, mais celle du vaincu à Caton » (I, 128). L'écrivain s'enrôle en effet dans la conjuration de Pison qui cherche à détrôner l'empereur-tyran. Le complot échoue et Lucain, âgé de 26 ans, est condamné, comme son oncle, au suicide.

Lucrèce (99/94-55/50 av. J.-C.)

La légende, propagée par Jérôme, veut que Lucrèce, égaré par un philtre d'amour, ait composé ses vers dans les moments de lucidité que lui laissait sa folie. Le *De natura rerum* serait donc la dissertation d'une tête folle. S'il n'y a guère de crédit à porter à cette histoire, force est de constater toutefois le manque navrant d'informations relatives au poète. La seule certitude est que Cicéron fut si admiratif de l'œuvre qu'il entreprit de l'éditer. Les six magnifiques livres qui la composent relatent en vers les préceptes du matérialisme inspiré de Démocrite et de l'épicurisme. Aucun préjugé ne résiste à la vigueur de la pensée de Lucrèce : le poète attaque tour à tour les croyances, la religion, les peurs, les superstitions et les mythes amoureux. L'ouvrage, dans une langue imagée et harmonieuse, développe une physique atomiste, dont est issue la théorie du *clinamen,* et une morale dans laquelle le poète fait l'éloge de son maître, le penseur grec Épicure.

Martial (38/41-c. 104 ap. J.-C.)

M. Valerius Martialis est né dans une famille aisée de Tarraconnaise sous le règne de Caligula. Il se rend à Rome où il est bien accueilli par les autres Romains d'Espagne, Quintilien,

Sénèque et Lucain. Mais ses relations lui portent préjudice lors de la conspiration de Pison à laquelle ses amis sont mêlés. Il parvient cependant à échapper à la répression. C'est pour subvenir à ses besoins que Martial, poète pauvre, tributaire de ses « patrons », s'essaie à la « poésie brève », l'épigramme, à l'occasion de l'inauguration du Colisée par Titus. Il y excelle. Cette poésie alimentaire lui vaut le succès et la reconnaissance : entre 85 et 96, il publie onze livres d'épigrammes, riches en flagornerie certes, mais aussi en traits d'esprit et en allusions grivoises où il alterne attaques, suppliques, railleries et louanges. Hypocondriaque notoire, il ne cesse de se plaindre et finit sa vie dans l'ennui de la Tarraconaise qu'il souhaitait si ardemment revoir.

Ménandre (*c.* 342-*c.* 292 av. J.-C.)

Le « prince de la comédie nouvelle », né à Athènes au milieu du IVe siècle, était issu d'une famille aisée. Formé tôt à la poésie, il étudia la philosophie avec Théophraste et se lia d'amitié avec Démétrios de Phalère, avant de se passionner pour le théâtre : il n'était encore qu'un éphèbe quand il connut ses premiers succès. Toutefoi, sa renommée est surtout posthume : il n'aurait été couronné que huit fois, tandis que son principal rival, Philémon, remportait tous les prix. Dans sa courte carrière, il aurait composé une centaine de pièces, dont seul *Le Dyscolos* nous est parvenu en entier.

Musée (V^e ap. J.-C. ?)

Musée fait partie des énigmes de l'Antiquité : nous ignorons tout de lui, jusqu'à l'époque à laquelle il vécut. Toutefois, les érudits ne manquent pas de formuler des hypothèses : celle faisant de Musée un auteur antérieur à Achille Tatius et proche de Nonnos de Panopolis est la plus communément admise et permet de situer Musée aux alentours de 460. Si l'homme est obscur, son œuvre traite d'une des histoires d'amour les plus fameuses de l'Antiquité. Ovide et Virgile ont chanté les vicissitudes du jeune Léandre et de la belle Héro. La jeune fille est prêtresse d'Aphrodite à Sestos, sur la rive européenne de l'Hellespont, tandis que son amant habite à Abydos, sur la rive asiatique. La nuit venue, Léandre traverse le détroit à la nage, guidé par la lampe qu'Héro a allumée en haut de la tour où elle vit. Lors d'un orage, la lampe s'éteint et Léandre meurt noyé. Lorsque la mer rejette son corps, Héro se suicide en se jetant du haut de sa tour.

Némésien (IIIe siècle ap. J.-C.)

De l'existence de Némésien, nous ne savons à peu près rien, sinon qu'il était originaire de Carthage. Ses églogues, imitées des *Bucoliques* de Virgile, furent même longtemps attribuées à un poète du Ier siècle après J.-C., Calpurnius Siculus. Némésien emprunte également des motifs et des tournures à Ovide et aux poètes alexandrins. Les critiques s'accordent à louer la troisième de ses pastorales : le dieu Pan y entonne un chant que Fontenelle préfère à celui de Silène chez Virgile. Némésien composa également un poème didactique sur la chasse, les *Cynégétiques*.

Nicandre (250-170 av. J.-C.)

Comment guérir la morsure d'une vipère ? Quel onguent utiliser contre les scorpions ? Quel remède administrer contre la ciguë ou la céruse ? Telles sont les questions, médicales, auxquelles *Les Thériaques* et *Les Alexipharmaques* répondent, sous la forme, pour nous peu attendue, du poème épique. En effet, le genre iologique avait, durant la période hellénistique, un double intérêt : il permettait l'emploi d'un vocabulaire précis, précieux, voire contourné, qui plaisait au goût littéraire de l'époque et correspondait à une réalité de la société hellénistique, l'empoisonnement. De Nicandre, on peut supposer qu'il fut le pharmacologue d'Attale III, même si peu de renseignements à son sujet ont été conservés.

Ovide (43 av. J.-C.- *c.* 18 ap. J.-C.)

Le « clerc de Vénus », le « précepteur d'Amour » est le plus jeune des poètes augustéens et n'a connu que la paix. Pour cette raison, il sera moins reconnaissant à Auguste de l'avoir ramenée et plus insolent envers le nouveau maître de Rome. Un premier poste de *triumvir* le détourne vite de la vie politique au profit d'une vie mondaine vouée à l'érotisme et à la poésie. Les joutes du forum l'ennuient, le cénacle de Messala l'exalte, même s'il n'entend pas limiter la diffusion de ses œuvres à ce cercle restreint. Il est l'un des premiers auteurs à se soucier de son public anonyme mais nombreux et fidèle. Pour des raisons qui nous sont obscures – Auguste invoquera l'immoralité de *L'Art d'aimer*, mais ce prétexte paraît peu convaincant – Ovide est exilé à Tomes dans l'actuelle Roumanie, au bord de la mer Noire, où il meurt dans la désolation, abandonné de tous et de tout, sauf de ses livres. Son œuvre de virtuose, étourdissante de facilité et de beauté, s'étend dans trois directions. Un premier ensemble regroupe les *Héroïdes* (les lettres d'amour écrites par les héroïnes de la mythologie à leurs amants), commencées à l'âge de 18 ans, *Les Amours*, *L'Art d'aimer* et *Les Remèdes à l'amour*. *Les Fastes* et *Les Métamorphoses* appartiennent à une veine plus purement mythologique et savante : *Les Fastes* relatent l'origine des fêtes du calendrier tandis que *Les Métamorphoses* narrent les transformations des hommes en animaux et en plantes. La troisième période s'ouvre avec l'exil où Ovide, dans les *Tristes* et les *Pontiques*, revient au vers élégiaque qui lui est cher et se consacre à une poésie de la vieillesse et de la nostalgie. Tendre, enjoué et incisif, Ovide est l'un des plus célèbres poètes latins, le rival de Virgile dans les cœurs effrontés, et l'une de nos meilleures sources pour la mythologie.

Pétrone (mort en 66 ap. J.-C. ?)

L'homme demeure un inconnu, bien qu'on l'identifie au Pétrone dont parle Tacite, un sybarite insouciant et raffiné. Surnommé « l'arbitre des élégances », il sut entrer à la cour de Néron, avant d'en être évincé et contraint au suicide, comme beaucoup de proches de l'empereur, non sans avoir pris le temps de composer un récit des débauches du prince, qu'il lui fit parvenir. Mais d'autres le font vivre au début du IIIᵉ siècle ou bien encore à la cour des Flaviens. Reste l'œuvre, insolite et éclectique, le *Satiricon*, « histoires satiriques » ou « histoires de satyres », le premier « roman réaliste ». Il se distingue des romans grecs contemporains centrés sur une intrigue mièvre. Nous en possédons de larges extraits qui paraissent se situer sous les règnes de Claude ou Néron. Accompagné de son ami Ascylte et du petit Giton, son esclave, Encolpe, le narrateur, vole d'aventure en aventure. Trois temps forts rythment le récit : le repas de Trimalcion, le « nouveau riche » affranchi, la légende de la veuve d'Éphèse et le séjour à Crotone, paradis des vieillards encore verts et des captateurs d'héritages. Exploration de la « comédie humaine », le livre donne l'occasion de savoureuses descriptions de la société romaine et de parodies, pleines d'humour et de grivoiserie.

Platon (427-347 av. J.-C.)

Le célèbre philosophe grec était un citoyen athénien, issu d'une des grandes familles de la cité. Alors que sa noble origine, sa richesse et son éducation le destinaient à devenir un dirigeant politique ou un savant pédagogue (un de ces sophistes honnis par l'écrivain), Platon choisit de devenir philosophe, à l'imitation de son maître et concitoyen Socrate. Loin toutefois de se retirer de la vie publique, le philosophe tel que Platon l'a inventé se consacre à la réforme de la cité et de ses habitants, soit par ses écrits, soit par son enseignement. Il institua en outre l'Académie, où les élèves (parmi lesquels Aristote) venaient suivre ses leçons aussi bien que celles des prestigieux savants invités. Son œuvre est immense et la culture occidentale n'a cessé d'y puiser des enseignements.

Plaute (*c.* 255-184 av. J.-C.)

Tenté par le « bas comique » jusque dans le nom qu'on lui prête, T. Macc(i)us (la « grosse mâchoire ») Plautus (« aux pieds plats ») est né en Ombrie. C'est du savant latin Varron (116-27 av. J.-C.) que nous tenons nos informations sur son existence, qui restent sujettes à caution. Venu à Rome pour faire carrière dans les métiers du théâtre, il fut acteur, s'essaya au commerce, se ruina et tenta divers métiers (jusqu'à être l'esclave d'un meunier) avant de se mettre à écrire des comédies, toujours pour gagner sa subsistance ; la réalité semble dans son cas dépasser la fiction. On lui attribue 130 pièces, dont 21 ont été conservées et jugées authentiques par Varron. Soucieux de plaire au goût de l'époque qui réclamait des sujets grecs, Plaute puisa le sujet de ses pièces dans les « comédies nouvelles » de Ménandre, tout en les adaptant au public latin, friand d'allusions et de jeux de mots sur la situation contemporaine. L'usage du prologue où le personnage s'adresse directement au public, les intrigues vaudevillesques sont ses innovations les plus délectables. Après sa mort, Plaute eut un tel succès que beaucoup de pièces ont circulé sous son nom. Molière s'est inspiré de son talent et de ses sujets, notamment dans *Amphitryon* et dans *L'Avare*.

Plutarque (*c.* 45-125 ap. J.-C.)

Né à Chéronée, en Béotie, Plutarque est issu d'une famille de notables. Après avoir visité Athènes, où il étudie, l'Égypte et l'Asie Mineure, il s'installe à Rome et acquiert la citoyenneté. Plutarque a laissé une œuvre importante, dans laquelle la philosophie et la biographie occupent une place de choix. Sous le titre de *Moralia* sont regroupés ses nombreux traités de philosophie morale qui offrent une synthèse érudite et passionnante des différentes écoles, de Platon, d'Aristote, des stoïciens et des épicuriens. En sa qualité de moraliste, Plutarque s'est intéressé à la vie des hommes illustres, en rédigeant des biographies dans lesquelles il établit et analyse les vices et les vertus de chacun. Nous disposons ainsi de 23 paires de ses *Vies parallèles*, où sont à chaque fois rapprochés un Grec et un Latin. À noter, pour compléter une vie et une œuvre riches et éclectiques, les *Dialogues pythiques*, écrits durant les années que Plutarque a passées à Delphes comme prêtre du sanctuaire d'Apollon. Dès l'Antiquité, l'influence de Plutarque a été considérable. Au-delà de leur portée philosophique, ses œuvres sont une mine de renseignements pour tous ceux qui s'intéressent à la civilisation gréco-romaine.

Properce (*c.* 50 - *c.* 15 av. J.-C?)

Properce, le « Callimaque romain », le véritable héritier de l'alexandrinisme grec, révèle dans son œuvre qu'il est né en Ombrie, sans doute à Assise, dans une famille proche du rang équestre. Son enfance, durant laquelle il voit mourir son père, est marquée par la violence des guerres civiles dont il est directement victime. Sa mère le conduit à Rome pour achever une éducation qui le destinait à devenir avocat. Properce lui préfère une carrière poétique et amoureuse. Il appelle « Cynthie » la femme qui lui inspire la *monobiblos,* le premier livre de son recueil d'*Élégies,* publié vers 29. Le pseudonyme dissimulerait une certaine « Roscia » (et non « Hostia »). Cette première publication lui apporte le succès, l'intérêt et la faveur de Mécène, l'éminence grise d'Auguste. Le chevalier Mécène, féru d'art et de littérature, entretenait un cercle d'écrivains qu'il encourageait à chanter les vertus du nouveau régime instauré par Auguste, sans les y contraindre toutefois. Properce peut ainsi continuer à composer et à publier un deuxième, puis un troisième recueil d'élégies érudites et précieuses où sa liaison amoureuse tient le premier rôle. Dès le troisième livre, cependant, la place concédée aux péripéties de cette passion se réduit. L'auteur élégiaque commence à aborder d'autres sujets, plus sérieux et plus conformes aux orientations de la politique du prince. C'est surtout dans le quatrième et dernier livre qu'il laisse libre cours à une inspiration morale, civique et historique en conservant toutefois le mètre élégiaque et quelques allusions à sa bien-aimée. Les témoignages sur la date de sa mort ne concordent pas et nous ignorons toujours si le quatrième livre est posthume.

Sappho (*c.* 630 av. J.-C.)

La plus célèbre habitante de Lesbos, Sappho, dut toutefois s'exiler en Sicile avant de s'adonner à la poésie. Elle aurait également dirigé un thiase en l'honneur d'Aphrodite et des Muses, où les jeunes filles de bonnes familles venaient parfaire leur éducation avant de se marier. Si elle est à l'origine des amours lesbiennes, qu'elle célèbre dans nombre de ses poèmes, Sappho fut mariée à un dénommé Cercylas, dont elle eut une fille, Cleïs. Ses vers, rassemblés en neuf livres, furent loués dès l'Antiquité, notamment par Catulle. Chantre des amours, première femme poète de l'Antiquité, Sappho, selon la tradition littéraire, serait morte d'amour : désespérant de séduire Phaon, un jeune batelier, elle se serait donné la mort en se jetant à la mer, depuis la roche de Leucade qui passait pour guérir les maux d'amour.

Sénèque (1 av. J.-C.-65 ap. J.-C.)

Le « toréador de la vertu », selon le mot de Nietzsche, est né autour de l'an 1 avant J.-C., à Cordoue, dans le sud de l'Espagne. Si le nom de Sénèque est, à juste titre, associé à la pensée stoïcienne, sa vie et son œuvre ne s'y résument pas. Sénèque suit les enseignements de Sotion d'Alexandrie, un stoïcien, puis est initié en Égypte aux cultes orientaux. La carrière politique du philosophe est tout aussi brillante que sa carrière littéraire, même s'il connaît des disgrâces, un exil et échappe à une première condamnation à mort sous Caligula : précepteur de Néron, régnant dans l'ombre sur l'Empire, on lui attribue aussi neuf tragédies fameuses, dont *Œdipe*, *Hercule furieux* et *Médée*, qui représenteraient les ravages des passions dénoncées dans ses traités philosophiques. Son œuvre philosophique reste la plus marquante : *De tranquillitate animi*, *De clementia*, *De vita beata* ou *De constantia animi*, autant de traités où Sénèque, parallèlement à sa carrière d'homme d'État, développe les principes de la philosophie stoïcienne, invite à la conversion au souci de soi et évoque les avantages de la retraite : le sage n'y occupe plus une responsabilité mesquine et disputée dans la cité mais une place essentielle dans la république de l'univers. Néron au pouvoir se méfie de son ancien maître et tente de le faire empoisonner. Retiré à Naples par crainte de l'empereur, le penseur stoïcien mène l'existence érudite et tranquille d'un philosophe, soigne son corps et son âme et compose les *Lettres à Lucilius*. Sa fin est exemplaire : impliqué dans la conjuration de Pison, Sénèque choisit de se suicider et s'emploie avec un grand courage à rejoindre dans la mort une autre figure emblématique du stoïcisme, Caton d'Utique.

Soranos d'Éphèse (Ier-IIe siècle ap. J.-C.)

Si Soranos est peu disert sur lui-même dans son œuvre, des témoignages extérieurs nous renseignent sur sa vie. Fils de Ménandre et de Phoèbe, il est né à Éphèse, alors un important centre médical, avant de poursuivre ses études à Alexandrie. Il exerce à Rome sous le règne des empereurs Trajan et Hadrien ainsi qu'en Aquitaine, lors d'une épidémie. Son œuvre, les *Maladies de femmes*, est consacrée aux « choses de la femme ». Si bien des traités de médecine antique s'occupaient de gynécologie, le texte de Soranos en présente la conception la plus riche, traitant avec compétence, délicatesse et tact des problèmes de la femme en période d'activité génitale, et de la petite enfance. L'ouvrage eut une influence considérable, surtout dans ses adaptations latines. Sa langue, riche de néologismes, est du plus grand intérêt.

Suétone (*c.* 70-122 ap. J.-C.)

Des très nombreux ouvrages que composa Suétone, deux seulement sont parvenus jusqu'à nous, les fameuses *Vies des douze Césars* et le traité *Grammairiens et rhéteurs*, et encore de manière fragmentaire : le recueil des *Vies des douze Césars* est amputé de son début et le *De grammaticis et rhetoribus* de sa fin. Nous n'avons donc qu'un témoignage partiel de l'œuvre de Suétone, biographe aussi prolixe qu'éclectique : il s'intéressa tout autant aux courtisanes célèbres qu'à l'histoire naturelle, aux empereurs romains qu'aux injures grecques. Qui était C. Suetonius Tranquillus ? Pline le Jeune, qui fut son ami et veilla sur sa carrière, en donne un portrait peu amène : couard, il se fit exempter de la charge militaire et dut son rôle de responsable de la correspondance impériale à des intrigues qui lui valurent de tomber en disgrâce en 122. Si la vie de Suétone est tristement banale, ses *Vies*, tant par les empereurs qu'elles évoquent que par le talent de l'auteur, qui aspire à un récit objectif des faits et gestes de ses modèles, sont un chef-d'œuvre de la littérature latine. Il est toutefois possible de leur reprocher une trop grande attention aux rumeurs et légendes malintentionnées dont chaque dynastie accablait la précédente.

Tacite (55/57-116/120 ap. J.-C.)

Le « plus grand peintre de l'Antiquité », comme l'a appelé Racine, s'est intéressé à la politique avant de se consacrer à l'histoire. Servi par de brillants talents d'oratoires, son amitié avec Pline le Jeune et un mariage avantageux, Tacite, né dans une famille de rang équestre de la Gaule narbonnaise, devint consul en 97 puis proconsul d'Asie en 112-114. Il disparaît ensuite, comme son grand ami Pline le Jeune, et meurt sans doute au début du règne d'Hadrien. Sa carrière d'écrivain commence par un essai consacré à la rhétorique, le *Dialogue des orateurs*, où il s'interroge sur les causes de la décadence de l'art oratoire et sur ses raisons d'être sous le régime impérial où l'empereur détenait la plupart des pouvoirs. Suivent deux brèves monographies, une apologie de son beau-père, Agricola, et un essai ethnographique sur la Germanie. C'est ensuite que Tacite écrit ses deux chefs-d'œuvre, les *Histoires*, qui retracent les destinées de Rome du règne de Galba (3 av. J. C.- 69 ap. J.-C.) au règne de Domitien (51-96), et les *Annales*, qui remontent plus loin dans le passé, de Tibère (42 av. J.-C.-37 ap. J.-C.) à Néron (37-68). S'appuyant sur une documentation de première main et visant à l'impartialité, Tacite cherche à pénétrer le secret des âmes pour mieux mettre en lumière les ressorts de l'histoire et recréer l'atmosphère de ces moments qu'il présente sous un jour généralement sombre et pessimiste. Loin d'être un catalogue d'*exempla*, les œuvres de Tacite montrent les vertueux toujours punis et les innocents persécutés. Toujours à l'affût de la « scène à faire », il est célèbre, comme Tite-Live, pour les discours qu'il recrée. Il ne dédaigne pas de tirer des leçons de morale, dans un style personnel, cultivant les raccourcis et les dissymétries, les formules condensées et expressives. Son style est l'incarnation de la *breuitas*, la « brièveté », que certains présentent comme une vertu du discours, et son nom, « Tacite », semble présager son style.

Térence (*c.* 190-159 av. J.-C.)

L'existence du deuxième plus grand auteur comique, après Plaute, nous reste mystérieuse : la *Vie de Térence* composée par Suétone et conservée par Donat, grammairien du IVᵉ siècle après J.-C., est loin d'être univoque. Il mourut jeune, de toute évidence, mais le reste n'est que spéculations. Il est peut-être d'origine africaine, capturé pendant les guerres puniques et ramené comme esclave à Rome avant d'être affranchi par son maître. Mais ce récit peut aussi dériver de son surnom *Afer,* « l'Africain ». Il est à peu près certain qu'il était l'intime d'un groupe d'aristocrates romains cultivés et philhellènes, et l'ami en particulier de Scipion Émilien et de Laelius, que Cicéron met en scène dans plusieurs de ses traités. De là à soupçonner que ce sont ces jeunes gens et non l'ancien esclave carthaginois qui sont les auteurs des fameuses pièces, il n'y a qu'un pas, que certains s'autorisent à franchir malgré les protestations contenus dans certains prologues. Quoi qu'il en soit, tous s'accordent aujourd'hui à souligner que de ces comédies romaines, qui mêlent souvent l'intrigue de deux pièces de Ménandre ou de la nouvelle comédie grecque, se dégage un comique subtil, propre à provoquer, chez le lecteur ou le spectateur, moins le rire aux éclats des farces de Plaute qu'un « sourire » spirituel de connivence. Térence, qui accorde une place essentielle à la question de l'éducation dans ses pièces, était visiblement un lettré, imprégné d'une culture morale et philosophique qui lui vaudra l'admiration de Cicéron.

Théocrite (315 av. J.-C.)

Originaire de Syracuse, Théocrite se rend à Alexandrie où les Ptolémées ont la cour le plus fameuse de l'époque hellénistique. Avec Aratos, Callimaque et Nicandre, il est un des protégés de Ptolémée Philadelphe. Son nom est aussi attaché à l'île de Cos, où il aurait séjourné. La poésie de Théocrite appartient à la tradition pastorale ou bucolique : la vie aux champs, celle des pâtres, des bouviers, des moissonneurs, devient l'objet d'un poème évoquant la joie et la douceur de vivre. Les *Idylles,* d'une grande liberté stylistique, prennent pour modèles tour à tour les hymnes, les monologues, les éloges, les dialogues, les descriptions ou les joutes poétiques. Sa poésie n'est pas uniquement pastorale : la vie citadine, comme dans *Les Syracusaines ou les Femmes à la fête d'Adonis,* les peines d'amour, dans *Les Magiciennes,* ou la mythologie, par exemple dans *Héraclès enfant,* y sont aussi évoquées. Quels que soient les sujets, la poésie de Théocrite est pleine d'esprit et de vie.

Théognis (VIe siècle av. J.-C.)

Poète élégiaque de l'époque archaïque, né vers 545 avant J.-C., Théognis serait originaire de Mégare et issu du milieu aristocratique. Dans ses poèmes, adressés au jeune Cyrnos, il fait allusion à cette origine sociale et à la situation des aristocrates de Mégare, si bien que son œuvre est un ensemble original où se mêlent vie privée, vie publique et érotisme. Les deux livres de *Poèmes élégiaques* que la tradition a conservés de lui suscitent encore les controverses, notamment quant à leur attribution. Quoi qu'il en soit, les vers qui nous sont parvenus sous le nom de Théognis sont l'occasion de découvrir un genre en vogue dans l'Antiquité, la poésie didactique, et touchent par leur humour, parfois cynique, et leur justesse.

Tibulle (55 av. J.-C.-*c.*19 ap. J.-C.)

« Le plus élégant et le plus pur » des poètes élégiaques, selon le jugement du rhéteur Quintilien, est aussi celui qui s'écarte avec le plus de regret de la vertueuse existence du citoyen romain traditionnel. Particulièrement attaché à la campagne des environs de Rome, dont il est sans doute originaire, Tibulle chante son « petit domaine ». L'expression désigne la terre que lui ont léguée ses ancêtres, entre Tibur et Préneste, et la veine délicate de son talent. Par dévouement envers son protecteur, Valerius Messalla Corvinus, il accepte de le suivre lors d'une expédition militaire en Orient, en 30. Peu après le départ, il tombe malade et croit mourir sur l'île de Corcyre, d'où il adresse une élégie désespérée aux femmes de sa famille et à la femme de ses désirs, Délia, qui cacherait une certaine « Plania ». Tibulle est l'ami des hommes les plus lettrés de son temps, en particulier de Messalla, d'Horace puis d'Ovide, qui déplore sa mort dans une pièce émouvante des *Amours* où l'on voit l'Élégie et Cupidon pleurer le trépas de leur chantre. Moins précieux que Properce, qui multiplie les allusions érudites et mythologisantes dans ses poèmes, Tibulle est l'auteur de deux livres d'*Élégies* où il chante avec sincérité le bonheur qu'il trouve à l'amitié de son protecteur et les tourments dans lesquels le plongent ses amours tumultueuses avec Délia, puis avec Némésis, sa seconde maîtresse ou avec un jeune esclave, Marathus. Un troisième livre est joint à ses œuvres. Le *corpus tibullianum,* retrouvé dans les papiers du mécène de Tibulle, comporte les élégies amoureuses d'un mystérieux Lygdamus, dont l'identité suscite toujours nombre de spéculations, celles de la nièce de Messalla, Sulpicia, pour son amant Cerinthus et une longue pièce, le *Panégyrique de Messalla.*

Tite-Live (*c.* 60 av. J.-C-17 ap. J.-C.)

La vie de Tite-Live est sans doute l'une des plus calmes parmi les existences d'auteurs antiques. Il fallait bien une telle sérénité pour composer une œuvre-fleuve comme celle à laquelle le plus prolixe des historiens latins donna le jour. Originaire de Padoue, il consacre sa vie à sa famille et à son œuvre. Cet intime d'Auguste, attaché à ses convictions républicaines, limite ses séjours à la cour, où il occupe toutefois les fonctions de précepteur du futur empereur Claude. Il est l'auteur d'écrits d'inspiration philosophique aujourd'hui perdus, mais surtout d'une histoire romaine, *ab Vrbe condita*, « depuis la fondation de Rome », en 142 livres. Seule la mort interrompt son travail. Il nous reste 35 livres, fort instructifs, qui sont notre source principale sur l'histoire archaïque de Rome. Malheureusement, les livres consacrés aux guerres civiles ont disparu. Tite-Live s'appuie sur différents matériaux : des légendes, des documents officiels, les œuvres des premiers historiens, les « annalistes », qui consignaient tous les événements importants survenus chaque année. Il ne se livre pas nécessairement à une critique des sources : il juxtapose les différentes versions, sans forcément évoquer ses préférences ou les doutes qu'une légende peut lui inspirer. Son travail se veut non seulement narratif mais aussi explicatif et didactique : son ouvrage multiplie les *exempla,* les figures de citoyens exemplaires qui ont fait la force et la grandeur de la Rome des premiers temps et qui doivent aujourd'hui servir de mémento à ses contemporains dévoyés par le luxe et la débauche. Tite-Live cherche également à composer une œuvre d'art : l'exigence de vérité ne l'amène jamais à sacrifier sa visée esthétique.

Virgile (70-19 av. J.-C.)

Si Homère devait avoir un double latin, ce serait Virgile, tant son œuvre fut célébrée, autant par les Anciens que par les générations suivantes. Issu d'une famille modeste, spoliée d'une partie de ses biens par la guerre civile, Virgile est né à Mantoue et ne tarde guère à se consacrer à la poésie, après avoir étudié la rhétorique et la philosophie épicurienne à Crémone, Milan et Rome. À trente ans à peine il a déjà composé les *Bucoliques*, pièces champêtres à la manière du poète grec Théocrite, qui comportent plusieurs allusions à la triste réalité contemporaine des propriétaires spoliés. Il poursuit avec les *Géorgiques,* imitées de la poésie didactique d'Hésiode. Mécène puis l'empereur Auguste le remarquent, l'encouragent et lui redonnent un petit domaine rural en Campanie. Virgile devient ainsi le chantre officiel de l'Empire.

Toutefois, ce poète de cour est un poète de génie. Désireux de chanter la gloire d'Auguste, il a cependant l'idée de ne pas célébrer directement ses exploits mais d'entreprendre une épopée propre à flatter tant le prince que l'orgueil national: l'*Énéide* relate les exploits d'Énée, chef troyen, fils de Vénus et ancêtre mythique de la famille d'Auguste et du peuple romain. Un réseau complexe d'allusions à la destinée future du peuple romain assure le lien entre le récit fabuleux des origines et l'histoire contemporaine. C'est ainsi que les Romains ont pu rivaliser avec les glorieux héros grecs. Insatisfait de son œuvre, Virgile avait demandé à Varron de la jeter dans les flammes s'il venait à mourir. Bravant la volonté du poète mort brusquement d'une insolation, Auguste en ordonna la publication. Dès lors l'épopée nationale fut considérée comme un véritable abrégé du savoir humain et le modèle de la grande poésie, louée tant par les païens que par les chrétiens. À partir des trois œuvres du poète s'élabora le modèle de « la roue de Virgile »: les motifs, les tournures de chacune servaient de références aux trois niveaux de style, bas, moyen et élevé (*humile, mediocre, sublime*).

Xénophon (426-354 av. J.-C.)

Né près d'Athènes, Xénophon est issu d'une famille aristocratique très aisée. Il prend part à la défense d'Athènes dans la guerre du Péloponnèse. En 401, il rejoint les Spartiates combattant en Asie Mineure aux côtés de Cyrus, qui cherchait alors à renverser son frère. Après l'échec de la campagne des Dix-Mille, où Cyrus perdit la vie, il est élu général, et, traversant l'Asie, conduit les Grecs jusqu'à Trébizonte, exploit qu'il raconte dans l'*Anabase*. Surnommé « l'abeille grecque », Xénophon nous a laissé une œuvre aussi variée qu'abondante. De l'enseignement de Socrate dont il fut le disciple, il a tiré des ouvrages dits socratiques, les *Mémorables, Le Banquet*, l'*Apologie* et, d'une certaine manière, l'*Économique* (dialogue socratique évoquant les problèmes de gestion d'un domaine). Son travail d'historien se compose de l'*Anabase* et surtout des *Helléniques* où il poursuit le récit de la guerre du Péloponnèse là où Thucydide avait interrompu son enquête. Outre des traités sur la cavalerie, la chasse et une histoire romancée de la vie de Cyrus, la *Cyropédie*, nous lui devons des ouvrages politiques, témoignant de son admiration pour Sparte, la cité rivale d'Athènes.

ANNEXE

Marsile Ficin

La théologie d'un Dieu d'amour, pourtant sévère envers les flammes impudiques, offre aux néoplatoniciens chrétiens de la Renaissance l'occasion de reprendre, d'adapter et de prolonger les théogonies antiques fécondées par la genèse chrétienne. La distinction opérée par Platon entre les deux Aphrodites et les deux Amours les séduit également. Marsile Ficin (1433-1499), médecin et helléniste hors pair, qui fut le professeur de Pic de la Mirandole et de Laurent le Magnifique, est un éminent représentant de ce courant de pensée dans la Florence de la Renaissance où il prend la tête de l'Académie platonicienne refondée. Il publie à vingt-six ans Le Commentaire sur Le Banquet de Platon *qui opère la synthèse entre les traditions platoniciennes, hermétiques et chrétiennes, sans négliger celle des poètes érotiques qui avait culminé un siècle plus tôt dans l'œuvre de Pétrarque. Le cheminement érotique devient une élévation progressive de l'âme vers Dieu en passant par l'autre, miroir de la divinité, capable de purifier le désir de l'âme de ses scories charnelles. C'est chez Ficin que par la suite les poètes érotiques puiseront les éléments de la représentation de l'« amour platonique », qui affadit considérablement les doctrines platoniciennes et ficiniennes.*

MÉTAMORPHOSE DE L'AMOUR

Les platoniciens appellent Chaos le monde sans forme, et monde, inversement, le Chaos informé. Il y a chez eux trois mondes, et par conséquent trois chaos. Au commencement est Dieu, auteur de l'univers, que nous nommons le Bien en soi. Il crée d'abord l'Intelligence angélique, puis, selon Platon, l'Âme de ce monde et enfin le Corps de ce monde. Du dieu suprême, nous ne disons pas qu'il est un monde, car ce mot désigne un ornement composé de multiples parties, alors que Dieu doit être absolument simple ; en revanche, nous affirmons qu'il est de tous les mondes le principe et la fin. L'Intelligence angélique est le premier monde créé par Dieu. Le deuxième est l'Âme du corps universel. Le troisième, toute cette machine que nous avons sous les yeux.

Dans ces trois mondes, trois chaos sont aussi à considérer. Au commencement, Dieu crée la substance de cette Intelligence – nous l'appelons aussi son essence. Celle-ci, au premier moment de sa création, est informe et obscure. Mais, étant née de Dieu, elle est portée par un appétit inné à se tourner vers lui, qui est son principe. Se tournant vers lui, elle est éclairée par son rayon. Sous l'éclat de ce rayon, son appétit s'enflamme et l'appétit enflammé adhère tout entier à Dieu. Cette adhésion lui donne forme, car Dieu tout-puissant façonne dans l'Intelligence qui s'unit à lui les natures pour créer les choses. En elle donc se peignent d'une manière spirituelle toutes les choses que nous percevons dans les corps ici-bas : là sont engendrées les sphères des cieux et des éléments, les astres, la nature des vapeurs, la forme des pierres, des métaux, des plantes, des animaux.

Que les modèles de toutes les choses de ce genre, conçues dans cette Intelligence supérieure grâce à l'influence de Dieu, soient les Idées, nous n'en doutons pas. Et nous appelons souvent Dieu-Ciel cette forme et idée des cieux, et Saturne la forme de la première planète, Jupiter celle de la seconde, et ainsi de suite pour les autres. De même, l'idée du feu, nous l'appelons dieu Vulcain, et celle de l'air, Junon, Neptune, celle de l'eau, et celle de la terre, Pluton. Aussi les dieux affectés à telle ou telle partie du monde inférieur ne sont-ils que les idées de ces parties rassemblées dans cette Intelligence supérieure. Mais cette conception des idées, parfaite en tant que formée par Dieu, est précédée du rapprochement de l'Intelligence avec Dieu, celui-ci de l'embrasement de son appétit, celui-ci de la réception du rayon, celui-ci de la conversion de l'appétit, celle-ci enfin de l'essence informe de l'Intelligence. En outre, nous tenons que cette essence non encore formée est chaos, et nous disons que sa première conversion à Dieu est la naissance de l'Amour, la pénétration du rayon la nourriture de l'Amour, l'embrasement qui s'ensuit l'accroissement de l'Amour, son rapprochement avec Dieu l'élan de l'Amour, sa formation la perfection de l'Amour. Et le réseau de toutes les formes et idées, nous l'appelons *mundus* en latin, *kosmos* en grec, ce qui veut dire «ornement». Le charme de ce monde, ou ornement, c'est la beauté, vers laquelle l'Amour, dès qu'il est né, entraîne et conduit l'Intelligence, cette même Intelligence d'abord difforme et sans beauté et qui acquiert ensuite forme et beauté. Aussi est-ce la vocation même de l'Amour d'entraîner vers la beauté et d'unir belle forme et difformité.

Qui doutera dans ces conditions que l'Amour ne succède immédiatement au Chaos et ne précède le monde ainsi que tous les dieux qui se partagent les parties de ce monde? puisque cet appétit de l'Intelligence préexiste à sa formation et que les dieux aussi bien que le monde naissent dans l'Intelligence une fois formée. C'est donc à bon droit qu'Orphée l'a nommé «le plus ancien». Il ajoute «parfait en soi», entendant par là qu'il se perfectionne lui-même. Car ce premier mouvement de l'Intelligence, il semble bien que ce soit par nature qu'il puise en Dieu sa perfection, puis la communique à l'Intelligence qui reçoit d'elle sa forme, ainsi qu'aux dieux, qui sont ainsi engendrés. Enfin, il le nomme «supérieurement avisé». Non à tort, car si toute la sagesse, dont le privilège est le conseil, a été donnée à l'Intelligence, c'est bien parce que, tournée vers Dieu grâce à l'Amour, elle en a reflété la splendeur. L'Intelligence se tourne vers Dieu tout ainsi que l'œil se tourne vers le soleil. L'œil regarde d'abord, puis voit la lumière du soleil, et en troisième lieu perçoit dans la lumière du soleil couleurs et figures. Aussi l'œil, d'abord obscur et sans forme, à l'instar du Chaos, aime la lumière dès qu'il la regarde; la regardant, il est illuminé par son rayon; recevant ce rayon, il prend la forme des couleurs et des figures des choses. Or, de même que l'Intelligence, à peine née et informe, se tourne par amour vers Dieu et reçoit sa forme, de même l'Âme du monde se tourne vers l'Intelligence et vers Dieu, dont elle est née, et elle qui n'est d'abord qu'un chaos informe, orientée par l'Amour vers l'Intelligence et recevant d'elle les formes, elle devient le monde. Pareillement pour la matière de ce monde : au commencement elle gisait, Chaos informe, privée de l'ornement des formes ; mais aussitôt, grâce à un amour inné, elle s'est portée vers l'Âme, docile à son influence et recevant, toujours sous l'effet de l'Amour, l'ornement de toutes les formes visibles dans le monde ; de chaos, elle est devenue monde.

Il existe donc trois mondes et trois chaos. En tous, Amour accompagne le Chaos, précède le monde, éveille ce qui dort, illumine ce qui est obscur, ressuscite ce qui est mort, donne forme à l'informe, perfectionne ce qui est imparfait : louange telle qu'il est impossible d'en concevoir ou exprimer de plus grande.

Commentaire sur Le Banquet *de Platon*, I, 3

LES DIEUX DES GRECS ET DES LATINS [1]

APHRODITE/VÉNUS. Déesse de l'Amour et de la Fécondité, Aphrodite est née de la mer. Elle a pour symbole la pomme, la grenade et la colombe. Les Romains la révèrent sous le nom de Vénus.

APOLLON. Le dieu des Arts, des Oracles et du Soleil, est aussi un archer redoutable semant la mort et la peste. Fils de Zeus, il a pour sœur jumelle Artémis/Diane, déesse de la Chasteté, de la Chasse et de la Lune.

ARÈS/MARS. Le dieu de la Guerre n'est guère apprécié des Grecs, qui le nomment Arès, mais il l'est davantage des Romains qui le révèrent sous le nom de Mars, et font de lui le père du fondateur de Rome.

ATHÉNA/MINERVE. Déesse guerrière, Athéna, Minerve pour les Romains, est née en armes du crâne de Zeus. Déesse de l'Intelligence, son animal est la chouette. Elle a donné aux hommes l'olivier.

DÉMÉTER/CÉRÈS. Déméter, Cérès pour les Latins, est la déesse de la Fertilité. Elle a donné aux hommes la culture du blé, et les a initiés à des mystères, célébrés à Éleusis.

DIONYSOS/BACCHUS. Dieu du Théâtre, de la Folie et de l'Ivresse, Dionysos, Bacchus pour les Romains, a donné le vin aux hommes. Muni d'un bâton, le thyrse, il guide le cortège des femmes vouées à son culte, les bacchantes ou les ménades.

---

1. Voir dans la même collection le *Panthéon en poche. Dieux et déesses de l'Antiquité.*

HADÈS/PLUTON. Hadès, nommé Pluton par les Romains, est le souverain des morts. Il habite les enfers. Sa demeure est gardée par Cerbère, un chien monstrueux à trois têtes. Il est aussi le maître des richesses et des profondeurs de la terre.

HÉPHAÏSTOS/VULCAIN. Le dieu de la Forge est révéré par les Grecs sous le nom d'Héphaïstos. Les Romains l'appellent Vulcain. Boiteux, le plus laid des dieux est marié à la plus belle et la plus volage des déesses, Aphrodite/Vénus. Il est le protecteur des artisans.

HÉRA/JUNON. L'épouse de Zeus est célèbre pour ses colères et pourchasse les conquêtes innombrables de son époux. Le paon et la génisse lui sont consacrés. Les Romains la révèrent sous le nom de Junon. Elle protège la vie féminine et le mariage.

HERMÈS/MERCURE. Hermès, que les Romains appellent Mercure, est le dieu du voyage, du commerce, des marchands et des voleurs. Muni de sandales ailées, il est le messager des dieux. Il a aussi pour mission de conduire les défunts aux enfers. Il est dit alors psychopompe, « qui guide les âmes ».

HESTIA/VESTA. Hestia, Vesta pour les Romains, est la déesse des Foyers, symbolisés par la flamme de ses temples, que ses prêtresses, les vestales, doivent conserver.

POSÉIDON/NEPTUNE. Poséidon, Neptune pour les Romains, est le dieu des Mers et des Tremblements de terre. Ombrageux et versatile, il a pour emblèmes le cheval et le taureau. Avec son trident, il déchaîne les tempêtes.

ZEUS/JUPITER. Père des dieux, Zeus, Jupiter pour les Romains, est le maître de la foudre et du tonnerre. Son oiseau est l'aigle et il détient l'égide, un bouclier qui a le pouvoir d'effrayer ses adversaires.

POUR ALLER PLUS LOIN

ARON C., *La Sexualité. Phéromones et désir*, Paris, Odile Jacob, 2000.

BAUDRILLARD J., *De la séduction*, Paris, Galilée, 1980.

BOEHRINGER S., *L'Homosexualité féminine dans l'Antiquité grecque et romaine*, Paris, Les Belles Lettres, 2007.

BOLOGNE J.-C., *Histoire de la conquête amoureuse*, Paris, Seuil, 2006.

BUFFIÈRE F., *Éros adolescent. La pédérastie dans la Grèce antique*, Paris, Les Belles Lettres, nouvelle éd. 2007.

CANTARELLA E., *Selon la nature, l'usage et la loi. La bisexualité dans le monde antique*, Paris, La Découverte, 1991.

DAREMBERG C., SAGLIO E., *Dictionnaire des antiquités grecques et romaines*, Paris, Hachette, 1877-1919.

DUPONT F., ÉLOI T., *L'Érotisme masculin dans la Rome antique*, Paris, Belin, 2001.

FAU G., *L'Émancipation féminine à Rome*, Paris, Les Belles Lettres, 1978.

FLACELIÈRE R., *L'Amour en Grèce*, Paris, Hachette, 1971.

FLANDRIN J.-L., *Un Temps pour embrasser. Aux origines de la morale occidentale*, Paris, Seuil, 1983.

FOUCAULT M., *Histoire de la sexualité*, 3 vol., Paris, Gallimard, 1984.

GRIMAL P., *L'Amour à Rome*, Paris, Hachette, 1963.

—, *Rome et l'amour. Des femmes, des jardins, de la sagesse*, Paris, Robert Laffont, 2007.

LECOINTE J., « *Basia, oscula, suauia*: d'une possible influence de la réflexion *de differentiis* sur le sens de la *proprietas* dans les *Basia* de Jean Second » dans J. Balsamo et P. Galand-Hallyn (éds.), *La Poétique de Jean Second et son influence au XVIᵉ siècle,* Actes du colloque international des 6 et 7 février 1998, École normale supérieure, Paris, Les Belles Lettres & Klincksieck, 2000, p. 39-54.

LEMOINE P., *Séduire. Comment l'amour vient aux humains,* Paris, Robert Laffont, 2004.

MAZEL J., *Les Métamorphoses d'Éros. L'amour dans la Grèce antique,* Paris, Presses de la Renaissance, 1984.

NÉRAUDAU J.-P., *La Jeunesse dans la littérature et les institutions de la Rome républicaine,* Paris, Les Belles Lettres, 1979.

PERROT M., DUBY G., *Histoire des femmes en Occident,* tome 1, Paris, Perrin, 2002.

QUIGNARD P., *Le Sexe et l'Effroi,* Paris, Gallimard, 1994.

ROBERT J.-N., *Eros romain,* Paris, Les Belles Lettres, 1997.

—, *Les Plaisirs à Rome,* Paris, Les Belles Lettres, 3ᵉ éd. 1997.

ROUSSELLE A., *Porneia,* Paris, PUF, 1983.

SALLES C., *Les Bas-Fonds de l'Antiquité,* Paris, Robert Laffont, 1982.

VEYNE P., *L'Élégie érotique romaine. L'amour, la poésie et l'Occident,* Paris, Seuil, 1983.

—, *Sexe et pouvoir à Rome,* Paris, Tallandier, 2005.

VEYNE P., LISSARRAGUE F., FRONTISI-DUCROUX F., *Les Mystères du gynécée,* Paris, Gallimard, 1998.

VINCENT L., *Comment devient-on amoureux ?,* Paris, Odile Jacob, 2004.

—, *Petits Arrangements avec l'amour,* Paris, Odile Jacob, 2005.

—, *Où est passé l'amour ?,* Paris, Odile Jacob, 2007.

INDEX DES AUTEURS ET DES ŒUVRES

TABLE DES MATIÈRES

Retrouvez tous les textes des auteurs du « Signet »
dans notre collection « Classiques en Poche »

Ce volume,
le troisième
de la collection « Signets »,
publié aux Éditions Les Belles Lettres,
a été achevé d'imprimer
en juin 2014
par La Manufacture imprimeur
52202 Langres Cedex